连锁经营管理专业高技能人才培训基地系列教程

智慧零售实务

主编 ◎ 邱云　唐鸿铃

西南交通大学出版社
·成　都·

图书在版编目（CIP）数据

智慧零售实务 / 邱云，唐鸿铃主编. —成都：西南交通大学出版社，2023.3
ISBN 978-7-5643-9209-3

Ⅰ. ①智… Ⅱ. ①邱… ②唐… Ⅲ. ①零售业－网络营销－教材 Ⅳ. ①F713.32②F713.365.2

中国国家版本馆 CIP 数据核字（2023）第 047863 号

Zhihui Lingshou Shiwu
智慧零售实务

主编　　邱　云　　唐鸿铃

责任编辑	罗爱林
封面设计	GT 工作室
出版发行	西南交通大学出版社 （四川省成都市金牛区二环路北一段 111 号 西南交通大学创新大厦 21 楼）
邮政编码	610031
发行部电话	028-87600564　028-87600533
网址	http://www.xnjdcbs.com
印刷	四川森林印务有限责任公司

成品尺寸	185 mm × 260 mm
印张	11
字数	256 千
版次	2023 年 3 月第 1 版
印次	2023 年 3 月第 1 次
定价	35.00 元
书号	ISBN 978-7-5643-9209-3

课件咨询电话：028-81435775
图书如有印装质量问题　本社负责退换
版权所有　盗版必究　举报电话：028-87600562

前 言

PREFACE

随着新一轮消费升级的到来，我国进入消费者主权时代，消费环境已经从"卖方市场"转向"买方市场"，消费者对商品与消费适配度提出了更高的要求。对传统零售商来说，无论是线上渠道还是线下渠道都面临着巨大的挑战，亟需寻找新的发展渠道。

2017年苏宁控股集团董事长张近东在全国政协十二届五次会议上，就未来零售发展做了题为"大力推动实体零售向智慧零售转型"的发言，明确提出未来的零售就是智慧零售。当前，我们正在经历虚实融合的零售业第三次变革——智慧零售（前两次变革分别是实体零售和虚拟零售）。智慧零售的"革命性"不仅体现为数字化和新技术的应用，还对技术创新与商业模式变革提出了要求，体现在业态演变、数据运用、场景重塑、营销链路、供应链融合等多个方面。可以说，整个行业的每一个环节都在发生着深刻的变化，而这些变化积聚起来，使零售业正式迈入智慧零售时代。

2020年的肺炎疫情促使零售企业技术手段升级与产业结构调整。零售企业加强线上布局，通过数字化手段更好地触达客户，加速零售行业通过线上线下相结合的模式实现数字化转型。根据爱分析联合微盟发布的《2020智慧零售研究报告》，在商家对于智慧零售发展前景的认同程度评分中，82.5%的商家给予了4分以上的评价，智慧零售得到普遍认同，实体零售开通线上渠道的商家占比高达84%。

高等职业院校是连锁零售企业的人才储备"蓄水池"，为适应零售行业的发展，培养符合行业新要求的高端技能型人才，我们编写了《智慧零售实务》教材。本教材依托连锁经营与管理专业重庆市高技能人才培训基地、重庆市职业教育"双基地"、现代物流管理重庆市高水平专业群建设、重庆市高等教育教学改革研究项目"高职院校商贸流通专业群校企双元育人研究与实践"（项目编号:Z213093）等专项项目建设，在编写过程中得到重庆永辉超市有限公司、重庆海印餐饮管理有限公司、美宜佳便利店（重庆）有限公司等合作单位的大力支持。本教材在内容设计上以零售企业营运管理工作为出发点，结合高职教育改革的基本要求，科学设计了6个章节的学习内容，重点培养学生的智慧零售思维、智慧零售运营能力及零售数字化分析能力。本教材可作为高职连锁经营与管理、市场营销、工商企业管理等专业的教材，也可作为连锁经营管理师新职业技能等级证书培训教材。具体来说，本教材主要有以下特点：

1.紧密结合零售行业发展前沿，突出案例教学和社会实践教学，注重学生专业素养培养与专业技能提升，以增强学生分析和解决实际问题的能力。

2.融入课程思政元素，以"价值塑造、知识传授、能力培养"为主线，推进课程育人。

3.强调启发性及趣味性，注重互动式教学，倡导自主性学习。

本教材由重庆城市管理职业学院邱云、唐鸿铃担任主编，具体撰写分工如下：邱云撰写第1章，肖丽撰写第2章，杨静撰写第3章，唐鸿铃撰写第4章，青雪梅撰写第5章，朱云波撰写第6章。本书在编写过程中，参考和借鉴了智慧零售研究方面的文献资料、网络资源和相关的研究成果，在此向相关作者表示真诚的感谢！

由于编者水平有限，书中不足乃至错漏之处在所难免，敬请各位专家、同行和学生批评指正，并对本教材提出宝贵意见，帮助我们在修订中不断完善。

编者
2022年10月

目录
CONTENTS

1 智慧零售发展概况 ······ 001
    1.1 智慧零售概述 ······ 003
    1.2 智慧零售发展阶段 ······ 006
    1.3 智慧零售发展现状 ······ 008
    1.4 智慧零售的驱动力 ······ 012

2 消费发展概况 ······ 019
    2.1 消费趋势 ······ 022
    2.2 消费者 ······ 025
    2.3 消费品 ······ 034

3 智慧零售企业的典型战略及模式 ······ 045
    3.1 智慧零售企业经营战略 ······ 047
    3.2 智慧零售企业经营模式 ······ 057

4 零售数字化运营 ······ 067
    4.1 零售数字化运营概述 ······ 069
    4.2 零售数字化工具使用 ······ 080
    4.3 零售数字化营销策略 ······ 087

5 零售数据分析策略 ………………………………………………… 099
5.1 智慧零售数据分析认知 ……………………………………… 0101
5.2 零售数据分析分类解析 ……………………………………… 116
5.3 零售数据分析与应用：自动售货机数据分析案例 …………… 144

6 社交零售运营策略 ………………………………………………… 151
6.1 社交零售概述 ………………………………………………… 153
6.2 消费者社交零售行为洞察 …………………………………… 154
6.3 企业社交零售策略 …………………………………………… 158

参考文献 ………………………………………………………… 169

1　智慧零售发展概况

知识目标

1. 了解智慧零售的定义。
2. 熟悉智慧零售的发展阶段。
3. 了解智慧零售发展的现状。
4. 掌握智慧零售发展的驱动力。

技能目标

1. 阐述智慧零售的内涵。
2. 区分智慧零售发展阶段。
3. 洞察智慧零售发展的驱动力。

思政目标

1. 了解智慧零售发展对我国经济社会发展的重要性。
2. 了解模式创新与技术变革在企业履行社会责任中的重要性。

知识导图

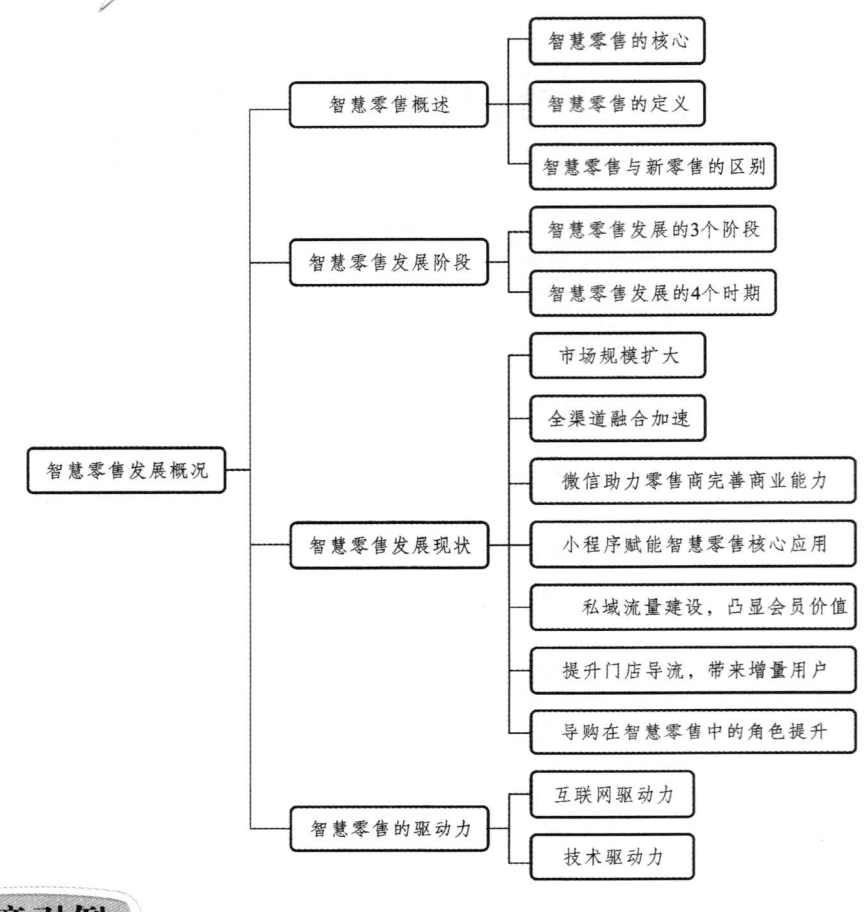

本章引例

永辉超市：从"卖菜的"到智慧零售

"现在的时代变了。"永辉超市创始人、CEO 张轩宁在智慧零售"云+未来"峰会演讲时发出了一声感慨。"永辉就是一家卖菜的公司，原来我们对生鲜的理解是只要通过源头购买到新鲜的商品，为用户提供好的商品就可以了。"张轩宁说道。而当面临转型时，永辉紧跟时代发展，已经推出以生鲜为核心的 6 个业态，并运用腾讯智慧零售工具，一步步实现传统零售向智慧零售转型的目标。

腾讯助力场景、体验、商品供应链多维度提升

随着消费升级，传统零售也需要满足用户需求的多样性和多变化，从而吸引顾客。而永辉和腾讯的合作，正是从场景、体验、商品 3 个方面顺应了消费升级时代的需求。

场景升级：原来用户到店只是为了买东西，现在可以是吃饭、约会、朋友见面、商务会面。而腾讯智慧零售的多项工具则能助力线下零售门店成为一种新的生活方式。

体验升级：用户在追求更加方便的体验。现在永辉支持在家打开小程序，在线下单，30分钟就能送货到家。到超级物种门店，用小程序扫码购物或者微信支付快速结账，到店、到网、到家，融合线下的场景，提供更好的消费体验。

商品升级：在腾讯智慧零售的数据助力下，永辉的商品更加匹配用户需求。商品实现进销存全流程数据化，能匹配出用户需求的产品。从原产地端到用户端全流程供应链，每一个节点通过算法、算力可计算、责任到人，使成本和效率更优。

腾讯云+永辉=永辉智慧云

在技术和消费升级的变革之中，永辉提出了零售智慧云，以用户为中心，重新构造人货场3大要素，运用云计算、人工智能、大数据、物联网、区块链和混合现实等关键技术，打造智能物流、智慧零售，创造新的业态。在这些关键技术中，有两个核心，一个是大数据，另一个是人工智能。

大数据主要是6个方面：永辉的Cloud—Native大数据分析系统和分析平台、云数据湖、数据易用、数据智能、数据函数及数据思维。基于这些理念，永辉正在全面数据化、数据智能和智慧赋能。

在人工智能上，永辉有5个方面的做法：①提高效率。②降低成本。③用户体验。通过人工智能让用户感受到买东西时更方便、更容易。④智能工程。如何让人工智能走向工程化，这是AI领域共同探索的事情，也是永辉的智能理念。⑤数据的价值。如何应用人工智能，让过去的数据和现在的数据产生新的数据，用于预测、判断、决策。

资料来源： TechWeb.永辉创始人张轩宁：从"卖菜的"到智慧零售[EB/OL]. 2018-05-31.

【思考】

1. 智慧零售需要用到哪些前沿技术？
2. 智慧零售如何赋能传统零售迭代升级？

1.1 智慧零售概述

1.1.1 智慧零售的核心

中国的零售行业正处于关键转型期。线下零售面临前所未有的冲击，线上流量红利也逐渐见顶，线上巨头积极入场，线下龙头企业也纷纷转型，零售行业已经进入自我改造和快速更迭的快车道。正如数字经济时代不断涌现的新经济业态，智慧零售的"革命性"不仅体现在数字化和新技术的应用方面，还对技术创新与商业模式变革提出了要求，体现在业态演变、数据运用、场景重塑、营销链路、供应链融合等多个方面。可以说，整个行业的每一个环节都在发生着深刻的变化，而这些变化积聚起来，使零售业正式迈入智慧零售时代。

智慧零售的核心在于，在围绕消费者而产生的购买行为、场景体验、生产设计和跟踪服务中，融入数字化和智能化的技术、平台，满足企业对于消费者观察、供应链管理和场景布局的效益优化，打通线上线下流量实现线上运营的精准化营销和线下店铺的获客、转化、提效（见图1.1.1）。

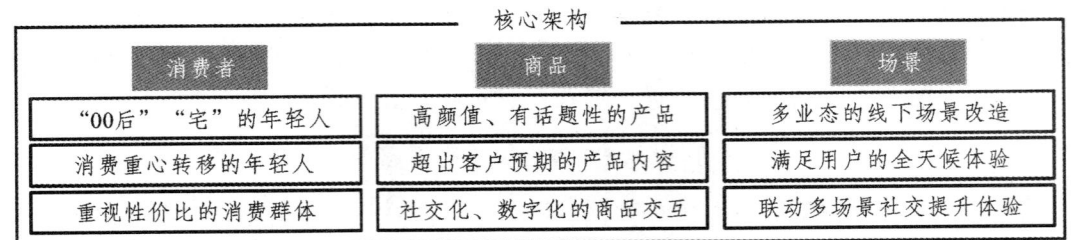

图1.1.1　智慧零售的核心架构

1.1.2 智慧零售的定义

近年来，随着科技的发展特别是互联网与传统零售的融合加剧，以阿里巴巴、苏宁和京东为代表的高科技互联网智慧零售企业相继提出零售新业态、新模式的概念（见表1.1.1）。以苏宁为代表的企业描述了智慧零售的概念，即运用互联网、物联网技术，感知消费习惯，预测消费趋势，引导生产制造，为消费者提供多样化、个性化的产品和服务。智慧零售的发展在于3个方面：一是要拥抱时代技术，创新零售业态，变革流通渠道；二是要从B2C转向C2B，实现大数据牵引零售；三是要运用社交化客服，实现个性服务和精准营销。

表1.1.1　智慧零售相关概念

相关概念	新零售	智慧零售	无界零售
提出者	马云（阿里）	张近东（苏宁）	无界零售（京东）
核心内涵	阿里的新零售拥有强电商基因，以盒马鲜生为线下发起点，以消费者体验为中心，实现生产变革	苏宁的智慧零售以"场景互联网+智能供应链"为核心，以更高的效率、更好的体验为用户提供商品和服务	京东的无界零售强调技术的改变为消费者带来购物的便捷性，消费者可以随时、随处地消费而不设限

【案例】苏宁近30年的零售实践证明，过程变化丛生，但科技角色始终不可缺少。苏宁零售技术研究院院长王俊杰表示："作为中国'智慧零售'的首倡者和实践者，苏宁已经建立全场景、全渠道、全品类的智慧零售布局，实现了科技与零售的深度结合。智慧零售大脑，汇集云计算、大数据、人工智能、物联网等前沿技术，有效提升管理效率和用户体验，其所代表的苏宁科技能力，已从支撑零售，发展到了驱动零售的新阶段。"苏宁极物就是智慧零售时代下的创新物种。技术驱动下，苏宁首创"一体两翼三云四端"的O2O模式，在国内零售业率先实现线上、线下的融合。2017年，苏宁提出"智慧零售"战略。2018年，苏宁科技集团正式成立，并入苏宁8大产业，研发人员突破10 000人。2019年，"智慧零售大脑"全面支撑全场景零售，赋能零售生态圈。一路走来，科技与零售的深度融合，是苏宁发展的强大推动力，也是未来方向。"两大、两小、多专"的苏宁全场景业态

布局，已经成为全球零售业首家，也是唯一一家实现线上、线下全场景均衡发展的零售企业。

资料来源：科技创新，赋能千企万店[EB/OL]. 苏宁科技, http://bean.suning.com，2022-10-18.

零售前沿：零售总额不断增长的背后，是零售企业的乘胜长驱。作为国内消费的基本形态之一，零售是扩大内需的关键抓手。过去20年，新技术不断推动这一领域的深刻变革，产业格局也随之调整。苏宁零售技术研究院研究显示，从科技创新能力的维度划分，现在的零售企业大致分为4类：第一类，全国性线上、线下一体化O2O大型零售企业，他们已经有能力通过科技扩大发展；第二类，地域性、业务覆盖一定广度的零售企业，这类公司是科技创新的追随者和重要实践者；第三类，有连锁经营、互联网运营能力，有一定IT管理能力，聚焦单品经营的零售企业，科技创新相对保守；第四类，在技术创新上尚处弱势群体的零售企业。4类零售企业技术创新实力不一，但在业内看来，对科技驱动未来零售发展，普遍达成共识。如何进行数字化转型，几乎是所有零售企业都在面对和亟待解决的重要问题。

1.1.3 智慧零售与新零售的区别

1. 目的性不同

新零售这种新的模式是指通过互联网技术对传统的零售行业进行产品与服务方面的改造和升级，而智慧零售则可以让从事线下零售的实体门店有效实现数字化的管理，因此可以大幅优化客户采购时的体验，增进消费者对零售门店的依赖性。

2. 融合性不同

新零售在渠道融合上采取了开放的态度，不仅会大力推进功能融合，也着重推进形态方面的融合。但是，智慧零售的侧重点主要在于功能方面的融合，对渠道形态则还是有着十分明显的区分，所以智慧零售使用之后，可以通过线上各项服务将消费者引导至线下门店。因此，不管是线上还是线下的客户，都可以将他们沉淀在线下。

3. 注重点不同

虽然都是零售新模式，但是新零售主要注重对场景的引流效果以及消费的便捷性。智慧零售则更看重帮助大家构建一个好的体验场景，所以，其侧重点主要是在客户的消费心理方面，能够在构建场景时发挥出实体渠道的经验长处。

通过对比新零售和智慧零售的不同之处，可以了解专业的智慧零售更注重零售本身，所以，通过帮助零售企业构建一个有效的场景，来达到更好的销售目的，提高消费者的购物体验。

【**案例**】2016年1月，阿里巴巴的自营生鲜类商超"盒马鲜生"在上海金桥广场开设了第一家门店,面积达4 500平方米，成绩斐然，年坪效高达5万元，是传统超市的3~5倍。在随后的一年多时间里，上海的门店数量迅速增至7家，并成功扩张至宁波。盒马是一家只做"吃"这个大品类的全渠道体验店。整个门店完全按全渠道经营的理念来设计，完美实现了线上和线下的全渠道整合，每天的线上订单数不到半年，就达到 4 000 张。体验为王，盒马鲜生学习了意大利的 Eataly，门店内设餐厅，盒马鲜生的牛排、海鲜，及熟食餐厅区占地 200 平方米左右，里面设置了 5 张四方桌子。同时顾客在店内选购了海鲜等食材之后还可以即买即烹，直接加工，现场制作。这个做法，深受消费者欢迎，提升了到店客流的转化率和线下体验，也带动了整个客流的高速增长。

资料来源： 根据联商网（http://www.linkshop.com.cn）新闻整理。

1.2 智慧零售发展阶段

1.2.1 智慧零售发展的 3 个阶段

第一阶段，雏形期，以传统企业的数字化转型为主。零售企业利用 ERP 等信息系统搜集和整合企业内部数据。企业以计分板的形式看到自己所需要的数据，并且展现出决策者最为关注的运营要素，关键绩效指标如渠道销售额、用户信息、生产成本、原料采购、管理费等。这一阶段，管理以经营者为中心。

第二阶段，成长期，人机协同开始，部分业务开始智能化和网络化。零售决策者从"发生了什么"向"为什么发生"转变。通过各种商业智能系统和大数据分析软件，企业整合价值链各环节的数据，如上下游供应商、企业内部数据、下游经销商和零售网点数据，分析数据背后的含义，指导商业决策，提升运营效率。在过去以自建会员体系和搜索为主的获客模式中融入串联移动支付、公众号、小程序、社交效果广告、礼品卡、会员卡、金融服务等高频交互场景，使社交流量的力量逐渐显现。

【案例】诞生于 2015 年 6 月的生鲜传奇是由安徽乐城投资的一家社区生鲜连锁品牌。生鲜传奇立足生鲜及厨房周边商品，采购供货聚焦消费者家庭一日三餐所需，并划分成水果岛、蔬菜岛、肉类水产岛 3 大区块，打造标准化门店、标准化生鲜产品、标准化运营基础管理模式。生鲜传奇通过引入大数据 BI 分析系统，在门店管理，门店订货、补货，智能预警应用 3 个方面实现数字化转型，提升营运管理水平。

资料来源： 生鲜传奇完成数亿元融资 社区生鲜硝烟四起电商版[EB/OL].电商报，https://baijiahao.baidu.com/s?id=1639773580439756052&wfr=spider&for=pc.2019-07-23.

第三阶段，成熟期，在人工智能、大数据、AR、物联网等新技术和新模式的双重驱动下对"人、货、场"三要素进行重塑。科技的复杂度提升，各式各样的传感器、计算机视觉等技术的广泛应用，提供了更多维度的数据采集手段，使数据来源扩充到直接相关与非直接相关的多维数据。全面数据将带来精准化，无论是市场细分颗粒度，还是商品和服务的颗粒度都将越来越精细。通过数据+算法围绕业务场景，通过全渠道、数字化、场景化的改造，实体零售实现降本提能，实现从生产端到最终销售端的全面提升改善。

【案例】2021 年，永辉发布新十年规划，明确接下来将坚定科技永辉战略，加速向以生鲜为基础、以客户为中心的全渠道科技零售企业迈进。在这一战略下，科技投入必不可少，2021 年全年永辉科技投入达 6.7 亿元，远超业界其他公司。目前，永辉大科技中心已完成千人团队的组建，永辉自主研发的全链路零售数字化系统"YHDOS"也已在福州等地进行了规模性的投入使用。目前，永辉到家业务商品丰富度、门店履约效率均已显著提升。行业撤店大潮之下，永辉 2021 年依然顺利完成了 70 多家门店的开业及 50 余家仓储店的升级改造。同时，得益于数字化的稳步推进，永辉的运营效率也显著提升。据悉，永辉数字化标杆店货物库存时间已经降低至 16 天左右，而行业其他同类型商超普遍为 20 至 24 天。

资料来源： 担任 CEO 这一年李松峰对永辉超市做了什么[EB/OL].中国商报网，https://3g.k.sohu.com/t/n642185693，2022-10-22.

零售前沿： 梦想照进现实，不少传统零售业开启"元宇宙"探索之路，在新技术上的落地上已经迈出了脚步。宜家成功地采用增强现实技术，让客户可以使用其 Studio 应用程序设计空间。Gucci 开始销售虚拟服装，推出由创意总监 Alessandro Michele 设计的 Gucci Virtual 25 运动鞋，每双售价仅为 12.99 美元。美妆巨头欧莱雅打造了完整的虚拟化妆品系列。想知道新鞋适不适合自己的风格，Wanna Kicks 可以进行虚拟试穿。Warby Parker 能体验不同款式的眼镜虚拟试戴效果。"元宇宙"概念的提出，为人类社会实现最终的数字化转型提供了新的路径，在新的交互式环境中，电商也会产生颠覆性的变化，全新的互动式购物体验将更加流畅，更繁荣的数字经济不再只是想象。

1.2.2 智慧零售发展的 4 个时期

零售行业发展阶段涵盖 4 个阶段，总体可分为从零售 1.0 到零售 4.0 的 4 个时期（见表 1.2.1），智慧零售时代线上线下边界模糊。

零售 1.0 时期的零售业是线下业务高速发展的阶段。零售 2.0 时期，eBay 进入中国市场，本土电商以淘宝为代表，同时以苏宁为代表的传统零售商也开始将业务重心向线上转移。零售 3.0 时期是移动互联网主导的消费升级时代，线上交易变得更加多元。随着技术的进一步迭代，进入物联网和 AI 引领的零售 4.0 时代——智慧零售。

表 1.2.1　智慧零售发展的 4 个时期

时期		特征
零售 1.0 初入市场经济 线下发展高速进行	供需关系	零售 1.0 是以线下实物交易为主体的阶段，基于基础通信技术和电子交易平台组建内部网络，形成管理架构体系
零售 2.0 eBay 进入中国市场 淘宝开启电商时代	电商时代	零售 2.0 是以电子商务为主的 C2C 和 B2C 服务模式，零售行业完成了线上交易的用户教育，以苏宁为代表的传统零售商也开始将业务重心向线上转移
零售 3.0 移动互联网时代 去库存、消费升级	移动互联网	零售 3.0 是移动互联网大范围普及的阶段，社交 App 和移动支付的普及促使线上流量见顶，消费迎来升级，供应链管理成为零售关键要素
零售 4.0 线上线下边界模糊 三要素升级概念凸显	智慧零售	零售 4.0 逐渐模糊线上线下的边界，物联网和人工智能的普及推动零售业进入智慧零售时代，也即以消费者体验为核心的服务型零售

1.3 智慧零售发展现状

1.3.1 市场规模扩大

近年来，中国零售市场规模增长迅速，且随着企业数字化升级的持续推进和智慧零售应用的深入，智慧零售市场规模持续扩大。根据中商产业研究院的数据，2020年中国智慧零售市场规模将增长至3 870亿元，预计到2022年，智慧零售市场规模将达到1.8万亿元，复合增长率达116%（见图1.3.1）。

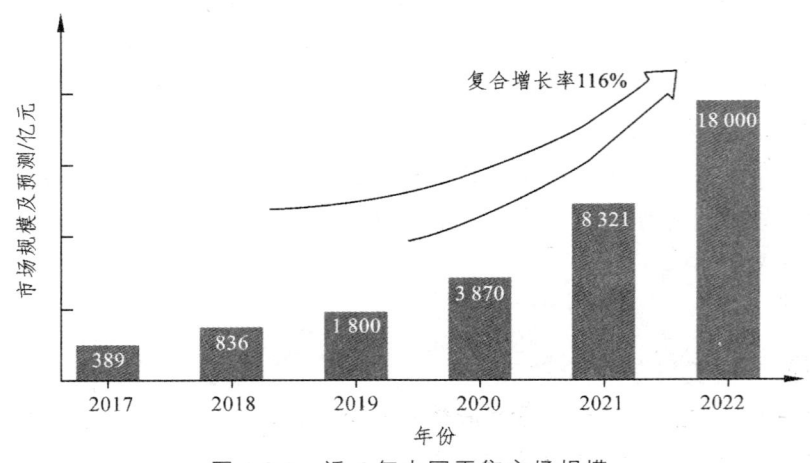

图1.3.1　近6年中国零售市场规模

零售前沿：中国连锁经营协会与德勤中国联合发布了2021年中国网络零售百强报告。报告显示，过去5年，网络零售对消费市场的贡献作用持续提升。受新冠疫情冲击，2020年社会消费品零售总额经历了改革开放以来的首次负增长，但实物网上零售额仍然保持14.8%的增速，占社会消费品零售总额的比重增加了4.2个百分点，增至24.9%。服装鞋帽、日用品、家电、3C类产品是线上销售规模靠前的品类，总占比超过了实物网络零售交易额的50%。本次上榜企业2020年的总销售额超1.47万亿元，较2019年上升18.5%。百强企业中有93家为非电商企业，其中消费品企业数量较2019年增加9.4%，为51家。网络零售TOP100企业广泛分布在全国各个地域，华东地区以46家企业入榜继续大幅领先，华南地区以21家企业名列第二，东北地区也有企业首次上榜。

1.3.2 全渠道融合加速

当前，很多实体零售商家加大布局线上业务，从而实现人、货、场的全面在线，线上线下加速融合。相关调研报告显示，实体零售商家开通线上渠道的企业占比达84%，仅有16%的实体商户未开通任何形式的线上渠道。实体商户升级线上零售的方式多样，以百货行业为例，中国百货商业协会发布的《2020年实体零售全渠道及数字化发展报告》显示，在100多家以经营百货业态为主的企业样本中，已开展线上销售渠道的企业占比达70%，百货店开展线上销售渠道的形式多样，其中以运营较轻的公众号和小程序为主。

【案例】 科技助力之下，永辉线上业务增长迅速。财报显示，2021年上半年，永辉线上销售额达68.1亿元，同比增长49.3%，占主营业收入的比重为14.1%。"618电商节"期间，永辉订单总量同比增长32%。"永辉生活"App已覆盖近千家门店，会员数达7 220万户。公司将继续推进全渠道业务的战略转型，重点布局供应链的数字化、门店的数字化发展。

资料来源： 永辉超市2021年半年报：线上销售额同比增长49.3%[EB/OL].人民资讯，https://baijiahao.baidu.com/s?id=1709253529269892169&wfr=spider&for=pc，2021-08-27.

1.3.3 微信助力零售商完善商业能力

作为典型的数字经济产品，微信构建了一个以12亿+微信用户为支撑的商业生态，以微信支付、小程序等为核心，打造商业能力矩阵，为零售商家构建零售数字化闭环（见图1.3.2）。2020年，微信开通小程序直播，更新搜一搜、视频号等多元连接功能，推出快速开店工具微信小商店，助力中小微企业实现数字化经营，微信已成为零售商家数字化经营的关键一环。权威调查报告显示，零售商家对微信的各项应用中，微信支付占比最高，其次分别是小程序、服务号、订阅号、企业微信等。

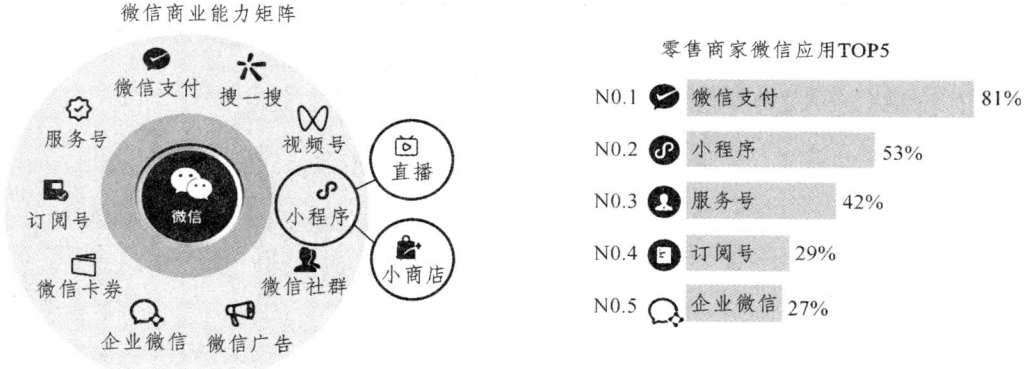

图1.3.2 微信商业生态

【案例】 2020年2月18日起，微信支付页面中间栏将开放"智慧零售"入口，深圳地区用户可通过微信客户端"我—支付—腾讯服务—智慧零售"访问腾讯智慧零售小程序。小程序中已接入的商家包括每日优鲜、永辉、优衣库、沃尔玛等，此后陆续在北京、上海、广州、成都、重庆等地上线。实际上，面对突如其来的新冠疫情，零售企业也遭到了重大挑战，不过也正是这个契机才让许多零售企业能够推出"无接触"式配送服务，满足用户需求的同时也保障了内部的正常运转。以微信中"每日优鲜"小程序为例，从除夕到大年初六这段时间，该小程序上的订单同比2020年增长了309%，实收交易额增长了465%。

资料来源： 微信支付将开放智慧零售入口已接入每日优鲜等商家[EB/OL].中意征信，http://www.zycredit.com/front/webhotnews/blog_detail?id=16dc291cb1794eca9cf815b21ee245c4，2022-02-18.

1.3.4 小程序赋能智慧零售核心应用

自 2017 年上线以来,微信小程序用户规模增长迅速,2020 年 DAU(Daily Active User,日活用户数)突破 4 亿,在微信用户中的渗透度越来越高,小程序商业生态蓬勃发展持续释放活力。官方数据显示,2021 年小程序全年累计交易额同比增长超过 100%,交易大盘稳步增长(见图 1.3.3)。另外,小程序尤其在零售场景得到广泛普及,实物商品 GMV(商品交易总额)年增长率达 154%,商家自营程序 GMV 年增长率达 255%。零售商家对小程序的各项功能应用中,排名前五的分别是小程序直播、智能导购、数字化会员、社交互动营销以及扫码购。小程序已经成为零售商家的常态化部署和数字化标配。

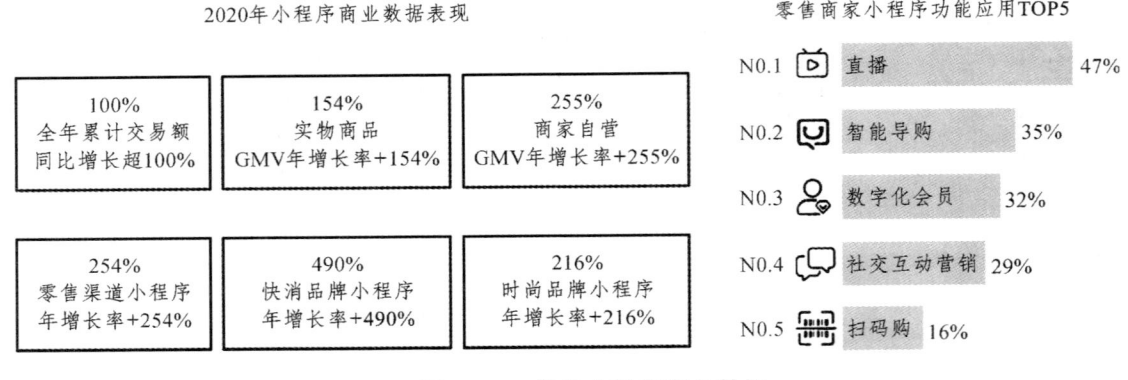

图 1.3.3　微信小程序商业数据

【案例】微信官方推出小程序后,小程序凭借自身极快的获客速度和极低的获客成本,仅上线 30 天用户便超过百万。商家们看到小程序背后的红利,先后向小程序进军。永辉旗下"永辉生活"小程序上线 3 个月后,用户数字化率便超过了 87%,会员增速是之前的 2 倍,留存率高达 60%。目前微信有超 12 亿的月活用户,小程序与微信的完美衔接,为永辉带来了超 3 万的到家业务日订单。

资料来源: 永辉超市上线小程序,如何实现日订单破 3 万?[EB/OL].得有店,http://deiyoudian.com/help/1721.html,2020-12-15.

1.3.5 私域流量建设,凸显会员价值

如今私域流量的建设成为商家运营的重点,而会员又是私域流量的重要组成,小程序私域流量已经成为商家重点关注的对象。商家在智慧零售运营中,重视会员体系建设,通过专属服务、优惠折扣等会员权益引导用户注册会员,沉淀属于自己的私域流量,进行精细化运营。在零售小程序购物用户中,会员占比达 6 成,表明会员已成为零售小程序的购买主力(见图 1.3.4)。

 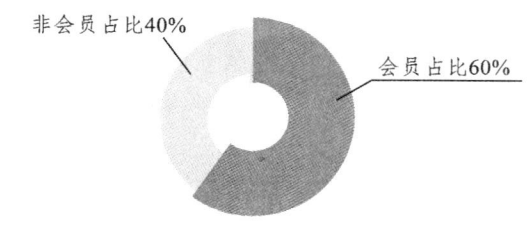

图 1.3.4 小程序私域流量数据

[案例] 乐友孕婴童是支付宝"会员通"的尝鲜者，它与支付宝联手展开合作，通过天猫、乐友门店的交易数据整合、会员身份识别、会员权益整合等开展了会员"三通"，形成了线下线上一体化的 CRM（客户关系管理）体系。消费者无论是在乐友的天猫官方旗舰店购物，还是在乐友 App 上购物，抑或是在乐友遍布全国各地的连锁店购物，会员积分都可以"通积通兑"（统一积分，统一使用）。乐友和支付宝合作，联手构建了孕婴新零售闭环生态圈，打破了线上支付、线下购买的壁垒，将线上资源引流到线下，再通过线下门店为线上服务提供更加稳定、高效的客流支撑，建立起了全渠道的会员服务，利用一张会员卡破除孕婴新零售困局，促进了孕婴消费升级。

资料来源： 产品+服务，乐友孕婴童探索 O2O 的广阔发展空间[EB/OL].联商网，http://www.linkshop.com/news，2015-08-28.

1.3.6 提升门店导流，带来增量用户

智慧零售为线下门店客流带来增量，用户在小程序下单，线下自提。调查数据显示，线下零售商家小程序商户月均到店自提订单占比达 3 成，表明通过小程序线上下单到店自提的方式，将 3 成的线上流量有效引导至线下门店，助力门店客流增长。小程序商城到店自提成为商家门店引流、打通线上线下的重要手段（见图 1.3.5）。

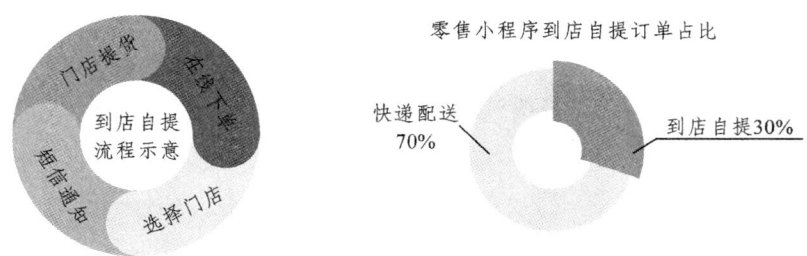

图 1.3.5 用户线下自提数据

1.3.7 导购在智慧零售中的角色提升

导购作为连接企业和消费者的关键触点，在零售企业智慧升级中扮演重要角色。新冠疫情期间，线下经营遇阻，基于小程序、企业微信等工具，智慧零售有效助力导购"云复

工",实现在线维护和运营顾客,促进线上成交。根据第三方调查数据显示,在使用智慧零售导购功能的商户中,归属导购的订单业绩 GMV 占总 GMV 的比例超过 5 成;应用智慧零售导购功能的商户数量排名前五的行业分别是:服饰鞋包、家居家具、数码家电、化妆品、母婴儿童(见图 1.3.6)。

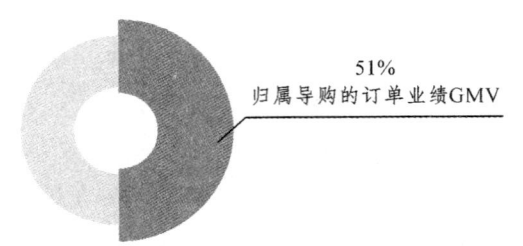

图 1.3.6 导购在智慧零售中的角色

零售前沿: 门店零售企业私域流量激活的关键,就是门店导购。商品与消费者之间,往往都需要一个沟通桥梁,起这一作用的便是导购。行业数据显示,中国从事导购工作的一线人员已经达到 1.2 亿人,对于拥有众多线下门店的零售企业来说,这些导购是商品到达消费者整个环节中的第一个触点。传统线下零售的导购都在店里等待客人上门,而经历疫情之后,众多企业早已意识到私域流量的重要性。如:梦洁家纺,全国近 3 000 个门店终端、3 万多名导购,通过私域,单月创造了一个亿的销售额;特步,通过激活和赋能导购,建立了一个百万数量级的私域流量池,小程序单日 GMV800 万+,社群成交转化率最高达到 16%。

资料来源: 品牌零售企业,如何让每一个导购成为私域带货专家[EB/OL].Marry 聊私域,https://baijiahao.baidu.com/s?id=1709488677261071008&wfr=spider&for=pc,2021-08-3.

1.4 智慧零售的驱动力

推动零售业迈入智慧零售时代的驱动力,总体分为互联网和技术两类核心驱动力。其中,互联网这一核心驱动力又可分为流量驱动、用户驱动与成本驱动。

1.4.1 互联网驱动力

1. 流量驱动

零售行业面临互联网电商的第一轮冲击时,更多地将重心由线下实体业务转移到线上电商运营和供应链管理。但随着线上红利的逐渐消失,线上平台流量也临近天花板,多渠道发展和线下场景多业态融合开发成了客群流量的新走向。线上电商和线下实体零售也不再是对立、对抗的关系,两者融合协作,共同驱动零售业发展。

流量在线上的走向主要以渠道平台的变革为导向,特色品牌商阶段性占据流量红利优势；在移动端，以小程序为代表的轻应用逐渐改变了流量结构，并以此为基础驱动智慧零售的进一步升级。

线下的流量走向则体现在获客以及有效转化到店消费等方面。线下发展以一线城市购物广场和购物中心为基础并开展数据化与智能化分析，优先布局存量市场，进而促进三四线增量市场的门店转化。

[案例] 2020年，"国民零食第一股"三只松鼠发布半年财报。财报显示，报告期内公司营业收入达到52.52亿元，同比增长16.42%。在线上业务板块，公司抓住行业整体高速增长的发展机遇及第三方电商平台汇集的巨大用户流量，迅速进行渠道布局，已发展成为休闲食品零售领域的旗舰品牌，具备优秀的需求洞察能力及供应链优势。三只松鼠将紧紧围绕"线上造货、引领消费、聚焦需求、调整供给"的核心方向全速前进，同时利用好直播和短视频兴起所带来的红利，以更高效的方式实现产品到用户的连接。

资料来源： 三只松鼠发布2020上半年财报：营收52.52亿，净利润下降29.51% [EB/OL].艾媒网，https://www.iimedia.cn/c1040/73719.html，2020-08-21.

2. 用户驱动

零售行业的终端是以消费者为核心的客群，企业从以往的B2C模式逐渐转变为以用户体验为核心并延伸至一定的C2B2C模式。其发展核心在于跟随用户需求的趋势变化，不断引导客户到达消费偏好场景。

（1）消费意识。用户在消费端的意识变化是建立在电商对用户的教育行为之上的。电商时代，消费者在店铺或平台消费时，更局限在单纯的线上或线下购买行为，而品牌商制造的促销活动和营销活动则是主导线上线下流量的集中爆发。

当零售进入移动互联网时代后，用户消费完成了自我提升，年轻消费者在购物体验中享受过程，愿意分享和接收社交媒体的营销信息，消费意识也逐渐倾向即时、平价、快速的特点，再加上分期付款和移动支付的支付便捷性，零售业的风向转向了以用户消费意识为基础的数据化和智能化的智慧零售。

（2）消费群体。消费者根据年龄层分为年轻群体和中老年群体，形成两类截然不同的消费价值观。年轻群体率先适应线上线下融合交易的多种消费模式，结合社交媒体的热点事件传播，对自己喜爱品牌的周边产品有较强的消费能力。中老年消费者在场景上更偏好线下交易，对品牌商的线上营销事件敏感程度较低，对商品价格敏感度较高，零售业主打的消费品类以日用品及家电消耗品类为主。

[案例] 创立之初，小米就定位于"走群众路线"，通过为用户营造参与感，打造"100个梦想赞助商"，并借助社会化媒体形成了早期种子用户爆发。与其他论坛纯线上的交流不同，小米有一个强大的线下活动平台——同城会。同城会每两周举办一次，小米官方根据后台分析的不同城市的用户数量决定同城会举办的顺序，并在论坛上发布宣传帖让用户报名参加。每次"同城会"邀请30~50个用户到现场与工程师进行面对面交流，极大地增加了用户的黏性与参与感。小米还设立了"米粉节"，不仅会发布全新产品，还会对往期产品进行大促销，创造了一个又一个销售奇迹。

资料来源： 李忠美.新零售营运管理（慕课版）[M].北京：人民邮电出版社，2020.

3. 成本驱动

"坪效"如今已不再是单一衡量效益高低的标准,如何有效利用消费场景的每一寸空间、减少人力成本、在吞吐量扩增的前提下提升物流效率、提升店面的整体坪效都是零售业需要通过精细化运营解决的问题。

(1)场景精细化。消费场景的多元化布局,说明精细化运营将不仅致力于单一空间的优化,购物广场、零售门店、无人店、无人货柜的场景都需要一定程度的数据运算分析来处理每一个 SKU(Stock Keeping Unit,保存库存控制的最小单位)的布局。而人力成本则需要包括计算机识别、物联网技术的多重协作,整体构建场景的无人化模式。

(2)供应链精细化。以往,供应链由于存在人力成本重复和库存货物不合理摆放问题,导致整体物流效率无法满足智慧零售的供应链需求。只有更合理的库存部署、适合零售商角色定位的分拣系统、结合数据化平台分析分配的人力资源,才能让供应链成本模式更合理,物流配送更高效。

1.4.2 技术驱动力

由于电商模式逐渐触及流量天花板,零售巨头和互联网电商逐渐开始探索创新零售业经营模式。随着人工智能和大数据等技术的成熟,推动场景落地,分析消费者购买行为,提升用户在场景中的体验,结合创新技术与用户进行交互是智慧零售发展的必经之路。

智慧零售要素升级技术的驱动,总体来说是对"用户、商品、场景"三要素的升级,在整个过程中融入物联网、人工智能、VR、AR 和大数据技术,通过多样的数据采集手段,让数据来源变得多维,再通过数据+算法围绕业务场景进行数字化、智能化的场景改造。技术水平的提升以及在不同场景的技术渗透,重塑了生产关系结构,提升了零售行业的经营效率,促进了零售要素的转型(见图1.4.1)。

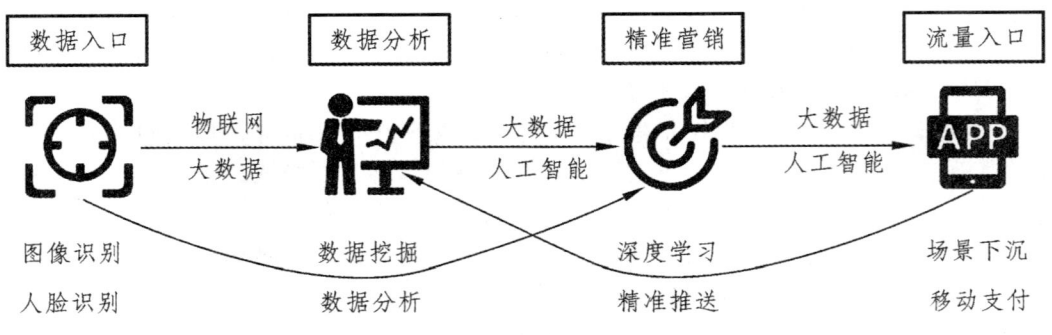

图 1.4.1 智慧零售要素升级

1. 技术水平促进驱动

整体层面看,物联网和人工智能毫无疑问是推动智慧零售时代到来的两个核心技术。物联网在供应链及线下场景都扮演着重要的角色,传感器设备、射频识别技术(RFID)、红外感应的发展,到最后基于云计算平台对获取的数据进行决策。人工智能在以深度学习为起点的整体技术偏早期,目前较成熟的是人脸识别技术。

零售前沿:随着人工智能技术的发展,很多门店的管理者和经营者对机器人智媒平台、物联网思维的培养与智能硬件的应用能力越来越重视，而智能导购机器人为新零售行业带来了全新的科技体验。在实体门店中，智能导购机器人可以承担迎宾、讲解、导览等任务，它可以主动迎客、送客，协助商场工作人员解答消费者提出的问题，包括位置引导及商场各类基本问题，还可以向消费者推荐其可能感兴趣的热销商品，完全充当了商场导购的角色。此外，智能导购机器人能够通过视频、图片、文字和声音等方式，为消费者提供商品展示、商品宣传片展示、语音互动聊天等服务，多样化、智能化的服务可以让实体门店尽情演绎丰富的商品内容和品牌企业文化。智能导购机器人系统建立在互联网技术、云平台大数据交互的基础上，能够有效打通品牌资源匹配传统零售的线上与线下渠道，突破时间和空间的限制，通过与消费者分享商品和品牌信息，将实体门店的品牌传播出去，引导更多的消费者发现、关注、找到品牌。

资料来源： 李忠美.新零售营运管理（慕课版）[M]．北京：人民邮电出版社，2020.

2. 技术渗透场景

技术渗透场景主要驱动了零售要素的升级。以"用户、商品、场景"为核心的零售要素，在不同场景应用创新技术的频率和丰富度，打造零售业的智慧体系。技术驱动主要体现在商品的智能化、数据的多维度、社交应用的普及以及支付手段的多样化等方面，从不同流量入口对用户构建画像，结合数字化的商品构建多场景体验，联合线上营销，利用人工智能等技术打造智慧零售。

【案例】2021年被业内视为零售业"元宇宙"的元年，从无人便利店到无人货架，从生鲜零售到能源零售等，新零售似乎成为无所不包的新概念。作为一家34年的零售头部实体企业，国美在数字化赋能下以多种新玩法激活线下活力，坚持以人为本理念，共建集约开放的零售新生态（见图1.4.2）。随着大数据、云计算、区块链、5G物联网、人工智能、虚拟现实等数字化新技术新应用的融合演进，数字创造、数字交易、数字资产和数字消费等轮廓日渐清晰，零售业也正在快速进入连接面更广、融合度更深、互动性更强、场景感更真、智能性更高的升级新轨道，未来零售业的"元宇宙"雏形正在显现。

图 1.4.2　国美智慧零售新生态

资料来源： 零售业"元宇宙"兴起 国美共享共建新零售平台[EB/OL].人民资讯，https://baijiahao.baidu.com/s?id=1711023217814860555&wfr=spider&for=pc，2021-09-16.

智慧零售业态的升级核心在于三要素的升级，对消费者、供应链和场景精细化运营的全链条进行管理与控制，实现零售企业"更了解、更智能、更精细"。根据用户行为数据，对用户进行行为预测与精准营销，提升整体用户体验。完成对流量的获取、留存与进一步转换升级，实现对用户群体"更了解"。通过对商品进行数字化与智能化处理，优化商品选择与营销方向，结合供应链优化，实现仓库库存布局优化、分拣技术提升、人员成本控制的精确管理，实现零售企业营运与管理"更智能"。精细强调的是场景的成本优化与体验提升，推动场景结合更多符合消费者消费观的产品，实现零售服务"更精细"。

在移动互联网占据流量热点的趋势下，多渠道发展线下场景，结合线上的自有流量入口、广告流量入口、支付流量入口，解决用户时间、距离和体验的3个"痛点"，是智慧零售发展要解决的核心问题。圈层化地构建新产品、新服务和新场景同样是智慧零售发展的必然趋势。未来智慧零售将持续推动传统价值链条的重构，搭建一个更加开放，协同与价值共享更加充分的新一代生态系统。客流和流量的巨无霸将不复存在，商业民主化进程步步推进，并在技术手段的加速推动下，呈现一个越发百花齐放、兼容并蓄的商业环境。在智慧零售的时代，各类零售企业与品牌商应通过不断探索零售行业的价值链重塑，对自身体系进行分层次的审视与优化，从而由内而外地适应新时代的质的蜕变。

本章小结

智慧零售是移动互联网时代到来后，对零售行业新业态的重新定义。智慧零售的核心在于零售三要素的升级，实现场景互联网化，对消费者、供应链和场景实施全链条管理与控制，使零售商对用户行为更了解，使零售商品更智能，对场景构建更精细。在移动互联网占据流量热点的趋势下，多渠道发展线下场景，结合线上自有流量入口、广告流量入口、支付流量入口，解决用户时间、距离和体验的3个"痛点"，是智慧零售要解决的核心问题。

【课程思政】

"无人"抗疫下智慧零售的进程将再次提速

新冠疫情下，"无人"显得尤为重要，在抗疫过程中，无人技术的应用起到了一定作用，自助终端、智慧仓储、无人超市、无人配送、无人机等产品都派上用场，并一定程度上为大家提供了安全便捷的购物途径，同时降低了消费者高频接触物品感染病毒的风险。

（1）无人超市。火神山医院内启用的无人超市引发大家关注。这家无人超市没有店员、没有收银员，买完东西扫码即走。自助收银后也不会产生小票，最大可能地减少人与人之间的接触。

（2）无人柜。美团"无接触配送"进一步升级，并率先在武汉、北京两地试点运营"美团智能取餐柜",为小区、医院用户提供便利服务。疫情期间,部分地区丰巢携手美团外卖,开放柜机格口作为送餐代收点,推行无接触配送。

(3) 智能零售仓。此前,财货通已在市场中投放相应的智能零售仓,对外提供手机数码 3C 产品的销售服务,通过闪正小程序购买即可在零售仓上快速提货。疫情期间,财货通更是对仓内产品开展了消毒措施,消除购物过程中病毒存在的传播风险,最大限度地保障了用户安全。财货通智能零售仓的应用不仅解决了货品单一、库存限制的问题,并从用户体验上真正做到了线上线下的融合,满足了不同用户的消费行为习惯。

智慧零售生态形成合力,全场景保障民生

2020 年 1 月,疫情暴发正值春节期间,为了让全国人民在这个特殊时期也能吃上新鲜、平价的蔬菜,12 万苏宁员工坚守一线,通过苏宁易购线上平台和家乐福、苏宁小店等线下门店为消费者提供 24 时送达服务,合力保障市民"菜篮子"稳定供应。

线上及到家服务需求激增,苏宁"1 小时场景生活圈"服务快速增长。据悉,苏宁易购主站流量在春节期间同比增长超过 50%,线上苏宁超市业务也呈现翻倍增长;推客销售额在春节期间同比增长迅猛,并且下单用户超过 1/3 为新用户。深耕社区市场的苏宁小店已经成为居民买菜最便捷的渠道。春节期间苏宁小店线上订单了增长了 650%,其"线上下单,线下取货"的苏宁菜场模式,也获得消费者的热捧。家乐福的到家订单则在春节期间实现同比增长 300%,其中蔬菜订单更是增长 600%,为超过百万顾客提供了安心便捷的到家服务。

除了为消费者提供稳定的生活用品供应,面对受到疫情影响发展受困的中小企业,苏宁在线上线下都为中小商户提供了全方位的支持。2020 年 2 月 4 日,苏宁易购针对苏宁云台商户发布涵盖入驻续签、服务支持、资金周转、流量支持等 9 项支持政策,帮助平台商家减压。此外,苏宁充分调动物流、科技、金融、置业等资源力量,凭借其以零售为核心的多产业融合优势与线上线下融合的全场景零售优势,在这个特殊时期充分发挥出智慧零售的作用与价值,为防疫供应与保障民生提供有力支持。

"艰难时期,疫情当前,再大的利益也无足轻重,所有体系都要把保障和援助放在首位;坚守岗位保障百姓的生活所需,就是我们最大的责任。"正如苏宁控股集团董事长张近东所言,苏宁要始终坚持做社会的企业,助力全民共同打赢这场抗疫保供的攻坚战。

资料来源:苏宁发挥全场景优势保民生抗疫情[EB/OL].苏宁广场,2020-02-10.

思考与讨论:

1. 你认为在疫情背景下连锁零售企业在哪些方面体现出行业使命和担当?
2. 请谈谈连锁零售业在哪些方面体现科技赋能助力行业高质量发展?

2 消费发展概况

知识目标

1. 了解我国消费趋势。
2. 熟悉我国消费市场。
3. 掌握消费者洞察和消费市场洞察的方法。

技能目标

1. 了解我国消费趋势变化。
2. 能够多渠道收集资料,洞察消费者的需求变化。
3. 能够顺应消费趋势,实现个人成长价值。

思政目标

1. 了解我国消费发展现状及未来方向,在学习过程中培养民族自豪感。
2. 能够从消费的角度感知我国经济的快速发展,在学习过程中培养爱国主义热情。

知识导图

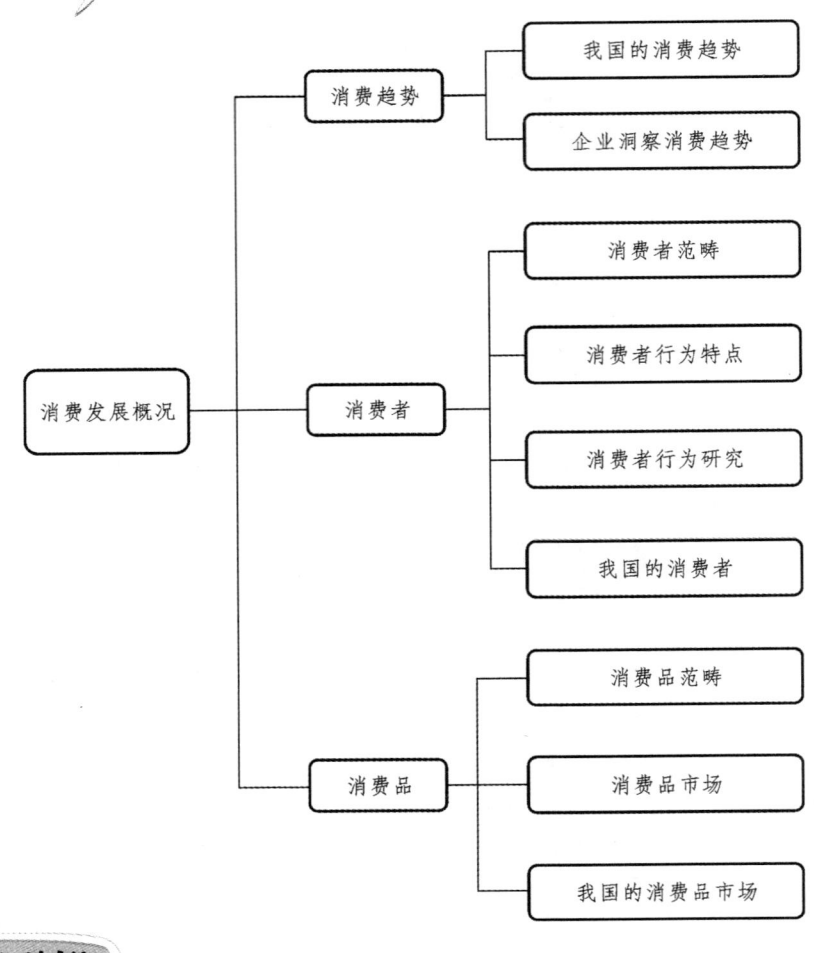

本章引例

改革开放 40 年我国消费领域的变化

改革开放 40 年来，我国居民生活经历了从温饱不足到小康和富裕水平的变化，具体表现在如下 6 个方面。

第一个变化是居民生活从温饱不足走向了小康甚至富裕水平，消费结构不断升级。改革开放初期，我国农村居民生活还处于温饱不足的状态，城镇居民的生活也仅仅能满足温饱，农民的饮食支出占了总支出的 67.7%，城镇居民的饮食支出也在 57.5% 以上。城乡居民生活从温饱、小康到富裕，消费结构不断升级，在满足了温饱的基础上，经历了耐用品消费、住房、汽车以及服务消费的不断升级。现在，城乡居民的恩格尔系数下降到 30% 以下，交通通信、教育文化娱乐等服务支出的占比不断增加，消费质量大幅度提升。

第二个变化是消费品从短缺到丰富，消费商品更加多元化。改革开放初期，我国各类消费品都非常短缺，饮食结构单一，衣服则是新三年、旧三年、缝缝补补又三年，各类工业消费品都是凭票购买，按照计划供应。经过40年的发展，我国从商品短缺一跃成为世界制造业大国，不但能充分满足国内的消费需求，更是成为工业品出口大国。各种生活用品应有尽有，从饮食、穿衣到各种生活用品都极大丰富。进入新时代，随着新一轮产业结构调整、供给侧结构性改革和对外开放的深入推进，国产消费品品质不断提升，进口商品消费更加便捷，城乡居民的消费选择空间更大，更加多元化。

第三个变化是消费方式从单一到多元，更加现代化。过去，商业设施落后，供销社和百货公司是最主要的消费场所，人们排队购物，消费方式单一。现在，从社区便利店到各种大型购物中心，从丰富多样的实体商店到无所不在、无时不在的网上商城，给人们提供了无限丰富、无限便利的消费体验，越来越多的人从实体店消费转移到网络消费。特别是电子商务、网络支付的发展和普及，偏远农村和大都市一样能享受到经济发展带来的消费盛宴。其他像外出就餐以及各种精神文化、体育健身等消费场所也越来越多元化、平民化，城乡居民消费变得越来越便利、丰富和现代化，消费方式发生了深刻变化。

第四个变化是消费主体从先富起来的少数人到庞大的中产阶层，日益壮大。改革开放初期，先富起来的少数人是个体工商户、私营企业主、外资企业的白领以及其他最早踏入市场经济的一批人。随着我国市场经济体制不断发展和完善，国内的就业机会不断增多，就业质量不断提升，越来越多的人实现职业上升、收入提高、经济社会地位提升，形成了以国家社会管理者、私营企业主、企业经理人员、办事人员、个体户及商业人员组成的中产阶层。他们的收入水平不断提高，消费能力不断提升，形成规模庞大的消费市场。中产阶层不但在国际市场上表现出强劲的购买力，也是内需增长的庞大动力。据测算，目前我国中产阶层大概有三到四亿人。中产阶层的崛起是我国社会结构现代化的重要标志之一。

第五个变化是消费关系从独占性消费向共享性消费发展，酝酿新模式。在短缺经济时代，消费具有独占性，每个人都希望拥有更多更好的商品，但现在新的苗头出现了。由互联网发展带来了消费新变化，分享经济正在引领一种新的消费模式，即共享消费。随着共享单车的出现，越来越多的消费领域引入了共享的理念，共享汽车、共享充电器、共享雨伞等，各种共享消费应运而生，出现了各类社群消费。消费变革带动生产模式创新，一些企业也在共享、分享理念下不断寻找"共赢"模式。总之，在互联网、大数据的支持下，消费关系发生新变化，消费模式变化带动生产模式变化，一场新的消费革命正在出现。

第六个变化是我国从生产社会转变为消费社会，消费日益成为影响经济社会发展的关键力量。长期以来，我国社会一直是一个生产不足的社会，社会主要矛盾一直是人民群众日益增长的物质文化需要与落后的社会生产力之间的矛盾。扩大生产一直是我国经济生活的重中之重。改革开放以来，生产不足的问题得到解决，消费不足的问题逐渐凸显，扩大国内消费需求，成为经济发展的新引擎，我国也从过去的生产社会转变为消费社会。消费社会的表现之一是消费在经济生活中的地位越来越重要，消费而非生产成为拉动经济增长的一个关键变量；表现之二是消费在个人生活中的地位越来越重要，逐渐从满足基本生活需求转变为满足多元需求，消费更多更好的商品，消费所带来的享受、体验和意义变成消费的价值目标。在消费社会，如何提供更高质量的产品和服务，满足人民群众的美好生活需要成为新时代生产领域的新任务。

案例来源：北京日报.改革开放40年我国消费领域的七大变化[EB/OL]. 2018-11-26.

【思考】

1.查阅资料，谈谈20世纪70年代和80年代我国消费的主要特征？

2.后疫情时代，消费市场发生了哪些变化？

2.1 消费趋势

2.1.1 我国的消费趋势

消费社会的变迁，是人类工业化和城市化进程的必然产物，背后有一些普遍规律。从整个发展过程来看，我国经济社会经历了3次消费升级，每次消费升级都是在上一次基础上的革新，在完成升级的同时又改变了消费者的消费特征。

20世纪80年代末，必需品消费升级。消费者追求更好质量和更健康的基本消费品，主要在衣食领域消费者追求更高档的餐饮，也对时髦的服装开始产生购买行为。80年代末至21世纪初，小康消费升级。"老三件"和"新三件"分别先后形成消费风潮，家用电器等高档耐用消费品的普及率迅速上升，带动消费者生活质量的提升。冰箱、洗衣机、彩电等家电成为消费新潮，家电成为家庭生活的必需品。21世纪初到现在，品质消费升级。在满足了基本的生活物资需求的基础上，消费者在追求消费品质和服务上有了更高的要求，娱乐、文化及旅游等消费在规模和品质上有了大幅提升。旅游、教育、医疗健康等消费开始大幅增长，购买高品质商品、海淘等现象越来越普遍。现在至未来一段时间，个性化消费升级，慢慢脱离工业化时代的标准化产品模式。随着信息资源的介入，消费者越来越多地参与上游的原创设计和需求定制；随着生产能力的大幅提升，更多的消费者有能力进行个性化消费，消费者的个性化需求得到满足，小众消费、个性化品牌越来越被重视。

目前，我国已进入了第四消费阶段，正进入个性化升级的新消费时代。但我国地域广阔，人口众多，地区发展不平衡，导致不同区域和圈层的消费结构复杂多变，因而当下我国各"消费时代"并存，带来更多细分消费群体。如代表下沉市场的拼多多和代表高端市场的北京SKP同时火爆，就诠释了不同阶段消费社会重叠的现象。

但总的来说，以消费者为核心的新消费时代已经到来。数字技术的发展，互联网、移动智能设备的普及，重塑了消费场所，使消费场所多样化；改变了消费者的消费方式，使消费方式全渠道化，不再局限于某些特定场所；消费者的消费结构、消费需求、消费渠道和消费理念也随之发生变化。消费结构由生存型消费占主导转变为发展型消费占主导，消费需求从满足基本生理需求的消费升级为满足个性化和品质化等更多情感诉求的消费；消费渠道从线下消费为主，到线上消费出现，再到线上、线下融合的全渠道消费；消费理念从过去节俭、炫耀性或者盲从消费变为追求个性化、绿色健康、便捷高效、注重体验的消费。

[案例] 后疫情时代，对全球零售行业都是一场大考验。一边是消费者对美好品质生活

的追求在持续提升；另一边是他们渴望降低生活成本，花钱更加注重性价比。

受大环境影响，不少零售企业都步履维艰，但偏偏中国的胖东来、美国的Costco，经营却又非常稳健。胖东来总共12家门店，年营收却高达70亿元，单店最高收入达20亿元。Costco体量更大，最新财季营收高达525亿美元，同比增加16%，远超华尔街预期。

对此有专家分析，消费者的核心诉求是性价比和服务，而胖东来和Costco，恰恰掌握了这两个关键因素。胖东来的服务在河南是有口皆碑，当地人一提起都竖大拇指。前段时间在网上，有人说胖东来卖的葱贵，结果胖东来算了一笔账，再次让大家感慨真不愧是良心企业。

再来说说Costco，这家超市目前在我国只开了两家店，分别在上海和苏州。上海刚解封时，一上午就有7 000人涌入Costco消费；还有苏州Costco开业时，五粮液只卖999元一瓶，消费者凌晨3点都去排队抢购。东西价格便宜，是Costco的核心竞争力。

Costco的服务，更是被网友赞誉做到了极致。超市规定，除了电脑、数码相机和投影仪等电子产品需要在购买后90天内进行退换外，其他商品没有退货期限。顾客如果有任何不满意，可随时取消会员卡，Costco会退还全年会员费。

当然，除了Costco和胖东来，其实国内还有一家零售企业，同样把性价比和服务做到了极致，那就是特卖电商唯品会。这家平台最擅长的就是品牌、特卖，各种大牌天天有3折，甚至遇到双11，5000+大牌价格低至1折。

资料来源：零售行业性价比为王，Costco、唯品会模式走红[EB/OL].网易，https://www.163.com/dy/article/HLR85F4O0511D4CG.html，2022-11-10.

2.1.2 企业洞察消费趋势

面对消费市场日益多元化、个性化的新消费趋势，企业要抓住新消费带来的市场机遇，就要提升洞察力，把握新趋势，通过强化创新驱动，持续满足消费者需求。

1. 大众生活观察

很多时候，我们的判断来自我们的观察，敏锐地观察可以捕捉到精彩的信息。当我们不了解一个消费者到底在想什么的时候，观察是获得信息最有效的手段。比如我们可以选择和普通消费者共同度过生活中的某一天，来看他们是如何度过的，就地找到很多信息。

2. 消费者的记录

当我们很难去形成对一个消费群体的判断时，让消费者用最自然的方式参与到生活方式的研究中来。比如：让他们去记日记、拍摄一些自己喜欢的数码照片；研究人员与消费者一起举办一些群体活动，与消费者进行座谈，可以发现一个人群的真实的生活表现，而这些是形成新产品概念的源泉。

3. 消费者的语言

一个产品之所以能够受到某个群体的追捧，原因在于这个产品传递的语言是这个群体的语言，如"动感地带"传递的"我的地盘我做主"就是现在很多年轻人自己的语言，所以很容易建立沟通的平台。搜集和分析这些语言，了解消费者在一些特定的情境中使用的语言，可以帮助产品的创意和概念寻找到能够具象的元素。这些研究通过对网上的 BBS、贴吧、各种博客文章等上面流行的语言的内容结构和分析就可以获得，比如你要设计一款电脑给这些追星族时，只要去他们建立的各种各样的追星论坛上看看就可以找到这些人的鲜活语言。

4. 了解社会趋势

社会趋势往往影响着人们消费生活的变迁，而全球的社会趋势的融合对于形成产品概念意义重大。因为从这些趋势中往往可以看到很多未来的新概念和新方向，同时社会趋势带来的潜在消费需求对于产品研发是很有价值的信息。了解社会趋势，需要培养对这类信息的高敏感度，可通过全球众多研究机构的趋势报告，来了解于目标群体的消费趋势。

[案例] 喜茶为什么比你更懂年轻人？

消费疲软背景下，餐饮服务业客流普遍下降，喜茶的逆势坚挺值得研究。

一、产品方面

1.如何让自己的产品给用户留下极致的难忘体验？喜茶的经验是，换个角度设计体验，没准就会打开一扇门。

2.喜茶做产品的第二条法门：重新定义产品标准。

观察喜茶产品的名字可知，它是一款由草莓、绿茶、奶盖组成的茶饮，叫"芝芝莓莓"。喜茶给产品起名很有学问。为什么不叫"鲜榨草莓芝士茶"？喜茶相关负责人说："如果以原料命名，顾客就会以自己的标准来判断，而喜茶呈现给顾客的，并不一定是你之前理解的那种原料的味道。"

喜茶正是通过接触越来越多的消费者进而定义一种茶叶文化的。从培养年轻人喝喜茶的习惯入手，最终覆盖所有人；从随手即得的一杯茶饮开始，或将进军上游茶产业。喜茶的战略思路简单而清晰，顺着这样的思路，很多行业真有机会重做一遍。

二、品牌方面

喜茶火爆的背后，是我国优秀本土消费品牌脱颖而出时代的到来。如今，我国处于民族自信上升期，人们对本土的产品更有尝试的热情。任何以小博大的事情，都应该从产品和品牌出发，再来拉动其他方面。如果说产品创新是在必须合法合规的"镣铐"中跳舞，品牌创新则是自由无限的。

三、真正读懂年轻人

年轻人的舌头没啥变化，可观念变化很大。喜茶的品牌之道有一条很重要：克制。其中一个方法论就是：管理顾客预期。

喜茶品牌的灵魂是"灵感""酷"与"茶艺"，但这些字眼也极少出现在喜茶的宣传中。"重要的不是灌输，是共鸣。喜茶叫'灵感之茶'，传递的是灵感的体验，消费者来喝喜茶，感觉到自己是一个很有灵感的人，自然就会跟你产生共鸣。而且灵感和酷的巧妙在于，别人这么说消费者也未必信。"

资料来源： 喜茶为什么比你更懂年轻人？与 90 后创始人长谈数小时，我得到 6 个真相 [EB/OL]. 正和岛（微信公众号），https://baijiahao.baidu.com/s?id=1610495316038287360&wfr=spider&for=pc，2018-09-02.

5. 产品所处市场

很多企业虽然做了很多年，但是对于自己产品在消费潮流中所处的位置却并不是非常清楚，这样导致新产品到底应该切中哪个细分市场，在产品的创意和概念上做什么样的创新很难做出判断。按照时尚和消费的趋势来了解自己的产品所处的市场的位置，对于企业的产品研发也必不可少。

6. 产品关联市场

产品概念的流行趋势与相关行业的流行趋势的变动方向是一致的，而且产品流行概念的变动也遵循整个流行概念的变动规律。因此，在研究一个产品概念的流行趋势时，我们也要了解相关产品的流行趋势，如服装的变换对于很多产品的外观都有影响，手表与汽车的仪表的流行趋势之间也存在关联，装修的风格和建筑的风格也有着高度的关联，这些关联市场的趋势可以获得与众不同的新概念。

2.2 消费者

消费是指人们通过消费品满足自身欲望的一种经济行为。它是社会再生产过程中的一个重要环节，也是最终环节，分为生产消费和个人消费。前者指物质资料生产过程中的生产资料、生活劳动的使用和消耗。后者是指人们把生产出来的物质资料、精神产品用于满足个人生活需要的行为和过程，是在"生产过程以外执行生活职能"，它是恢复人们劳动力和劳动力再生产必不可少的条件。面对日新月异的市场，人人都要支付、消费，都要扮演"消费者"的角色。

2.2.1 消费者范畴

消费者有狭义、广义、法律意义 3 种定义。

狭义上的消费者是指购买、使用各种消费用品（包括服务）的个人和组织，包括企业、学校、政府机关和其他社会组织等。

广义上的消费者是指在不同时间和空间范围内所有参与消费活动的个人或组织，泛指现实生活中的所有人。从消费单位的角度，消费者可划分为个体消费者、家庭消费者和集团消费者。

根据我国相关法律规定可知，法律意义上的"消费者"是指为个人的目的购买或使用商品和接受服务的社会成员。按照此定义可知，我国法律所保护的消费者需要具备如下 4 个条件：

（1）消费者应当是公民为生活目的而进行的消费，如果消费的目的是用于生产，则不属于消费者范畴。

（2）消费者应当是商品或服务的受用者。

（3）消费的客体既包括商品，也包括服务。

（4）消费者主要是指个人消费。但是也有例外，如《中华人民共和国消费者权益保护法》并没有明确规定，消费者是指消费者个人，实质上既包括消费者个人，也包括单位或集体，只要是用于生活消费的，都属于消费者范畴。

由此可见，消费者与生产者及销售者不同，必须是产品和服务的最终使用者而不是生产者、经营者。也就是说，消费者购买商品的目的主要是用于个人或家庭需要而不是经营或销售，这是消费者最本质的一个特点。消费者消费活动的内容不仅包括为个人和家庭生活需要而购买、使用产品，而且包括为个人和家庭生活需要而接受他人提供的服务。但无论是购买和使用商品还是接受服务，其目的只是满足个人和家庭需要，而不是生产和经营的需要。

2.2.2 消费者行为特点

1. 非营利性

消费者购买商品是为了获得某种使用价值，满足自身的生活消费的需要，而不是为了盈利去转手销售。

2. 非专业性

消费者一般缺乏专门的商品知识和市场知识。消费者在购买商品时，往往容易受厂家、商家广告宣传、促销方式、商品包装和服务态度的影响。

3. 可诱导性

消费者有时对自己的需求并不能清楚地认识，此时企业可以通过提供合适的产品来激发消费者的需求，也可以通过有效的广告宣传、营销推广等促销手段来刺激消费者的购买欲望，甚至影响他们的消费需求，使他们改变消费习惯、更新消费观念，即对消费者行为进行诱导。企业对消费者的诱导必须以产品适应消费者的需要为前提，否则即使进行了大规模的广告与促销活动，也难以获得理想的促销效果。

4. 层次性

由于消费者的收入水平不同，所处社会阶层不同，消费者的需求会表现出一定的层次性。一般来说，消费者总是先满足最基本的生存需要和安全需要，购买衣、食、住、行等生活必需品，而后才能视情况逐步满足较高层次的需要，购买享受型和发展型商品。

5. 差异性

当今市场已是买方市场，消费者的需求趋于多样化和个性化，企业不可能通过一种产品或服务来满足所有的消费者，也不可能只凭自己的人力、物力和财力满足整个市场的所有需求。企业要想在市场竞争中求得生存和发展，应力求满足全体消费者中一类或者几类特定的需求，即满足企业目标市场的需求。

6. 替代性

消费者市场中的商品有较强的替代性。消费品中除了少数商品不可替代外，大多数商品都可找到替代品或可以互换使用的商品。

7. 广泛性

消费者市场上，购买者不仅人数众多，而且地域分布广。从城市到乡村，从国内到国外，消费者市场无处不在，消费者无处不在。

8. 流行性

消费者市场中的商品具有一定的流行性。消费需求不仅受消费者内在因素的影响，还会受环境、时尚、价值观等外在因素的影响。时代不同，消费者的需求也随不同。

[案例] 德克士作为本土起家的西式快餐品牌，与其他行业品牌的最大不同是，一直以来非常注重对"东方食味"的开发和探索，在调味和食材方面都尽量满足国人的"中国胃"，并希望引领行业的创新潮流。为此，德克士在 2020 年敏锐地抓住了"植物基"在中国的初始风潮，并在竞品严格限定上新城市/上新门店/上新数量、只做谨慎试水的情况下，勇于做行业中第一个"吃螃蟹的人"，创造了 3 个"率先"：（1）中国第一个推出植物鸡肉汉堡的 QSR 品牌；（2）中国第一个在全国全店（2 600 家门店）上市植物肉系列产品的 QSR 品牌；（3）坚持以消费者为本，以 15 元的价格作为上市尝新价，始终为中国消费者提供风味更好、价格更优的高性价比产品。同时，德克士抓住近年来国风盛行、国潮崛起的势能，以"绿仙仙的中国味"作为传播主题，国风元素、国风艺人与中国风味的植物肉深度结合，成功贴近年轻消费者。

资料来源： 2021 年连锁餐饮创新案例[EB/OL].中国连锁经营协会，http://www.ccfa.org.cn/portal/cn/xiangxi.jsp?id=442766&type=1000，2021-07-22

2.2.3 消费者行为研究

消费者行为研究，是市场调研中最普通、最经常实施的一项研究，是指对消费者为获取、使用、处理消费物品所采用的各种行动以及事先决定这些行动的决策过程的定量研究和定性研究。该项研究除了可以了解消费者是如何获取产品与服务的，还可以了解消费者是如何消费产品，以及产品在用完或消费之后是如何被处置的。因此，它是营销决策的基础，与企业市场的营销活动密不可分，对于提高营销决策水平，增强营销策略的有效性有着重要意义。

1. 消费者行为研究的信息

消费者行为是指消费者为获取、使用、处理消费物品所采用的各种行动以及事先决定这些行动的决策过程。

消费者行为研究一般需要了解以下信息：

What：消费者购买或使用什么产品或品牌？

Why：消费者为什么购买或使用？

Who：购买和使用产品/品牌的消费者是谁？

When：在什么时候购买和使用？

Where：在什么地方购买和使用？

How much：购买和使用的数量是多少？

How：如何购买和使用？

Where：从哪里获得产品/品牌的信息？

结合消费心理及消费观念等方面的相关信息，对消费者的各种行为进行全面分析。

2. 消费者行为研究的作用

消费者行为的研究构成营销决策的基础，它与企业的市场营销活动是密不可分的。它对于提高营销决策水平，增强营销策略的有效性有着重要意义。对消费者进行研究可以从以下方面为企业提供支持：

（1）品牌形象及品牌管理。对消费者行为进行研究，在了解各品牌的知名度、购买/使用率、忠诚度、转换率、美誉度等各项指标，了解各品牌在消费者心目中的形象、地位及评价，以及产品类别形象和品牌使用者形象等的基础上，制定出品牌的发展策略。

（2）产品定位。只有了解产品在目标消费者心目中的位置，了解其产品是否被消费者所接受，才能发展有效的营销策略。

（3）市场细分。市场细分是制定营销策略的基础。企业细分市场的目的，就是为了找到自己合适进入的目标市场，并根据目标市场的需求特点，制定有针对性的营销方案，使目标市场的消费者的某种独特需要得到更充分的满足。

（4）新产品开发。通过了解消费者的需求与欲望，了解消费者对各种产品属性的评价，企业可以据此开发新产品。可以说，消费者行为研究既是新产品构思的重要来源，也是检验新产品各方面的因素，如产品性能、包装、口味、颜色、规格等能否被接受和应在哪些方面进一步完善的重要途径。

（5）产品定价。产品定价如果与消费者的承受能力或与消费者对产品价值的认同脱节，再好的产品也难以打开市场。

（6）分销渠道的选择。消费者喜欢到哪些地方，以及如何购买到产品，也可以通过对消费者的研究了解到。

（7）广告和促销策略的制定。对消费者行为的透彻了解，是制定广告和促销策略的基础。对消费者行为进行研究，可以了解他们获得信息的途径、了解他们对广告/促销行为的态度及评价，以及广告、促销行为对他们消费行为的影响等，从而制定出合理、有效的广告、促销策略。

3. 消费者行为洞察方法

消费者行为洞察常用的有观察法、访谈法、问卷法、投射测验法和实验法。

（1）观察法。观察法就是在自然条件下，有目的、有计划地观察消费者的言语、行动和表情等行为，分析其内在的原因，以研究消费心理现象的规律。

（2）访谈法。访谈法是通过访谈者与受访者之间的交谈，了解受访者的动机、态度、个性和价值观念等的一种方法。访谈法分结构式访谈和无结构式访谈两种。结构式访谈又叫控制式访谈,它是通过访谈者主动询问,受访者逐一回答的方式进行的。无结构式访谈又叫无控制访谈,这种访谈是通过访谈者和受访者之间自然的交谈方式进行的。

(3)问卷法。问卷就是一套让受测者回答的题目,以及使用这套问卷的说明。说明包括施测的条件、指导语和记分的规则。把问卷交给受测者,让受测者回答,通过对答卷的分析研究,得出相应结论的方法就是问卷法。

(4)投射测验法。为了克服访谈法和一般问卷法的缺点,真正能够了解受访者或受测者的真实动机和态度,心理学家创造了投射测验的方法。

投射测验是一种人格测量的工具。这种测验是给被试者一组意义不清的刺激,让他加以解释。本来是模糊的、没有确定意义的刺激,又要让受测者说出这种刺激的意义,他自然会充分发挥自身的想象力,尽量把刺激的意义说得圆满。通过对他解释的分析就能比较准确地推断出他的人格特征。这种测验用的是迂回曲折的办法,受测者没有戒心,他内心的真谛是在不知不觉中投射出来的,因而所测的结果就比较真实。

当前,随着大数据时代的到来,可以将上述研究方法与大数据结合起来,通过不同客群在多个消费体验中的足迹,真实准确地反映出消费者的购买行为和偏好,清晰描绘出不同类型消费者的独特画像、心态和购买旅程;突破传统调研在时间和空间上的局限性,对跨时间段的消费者画像、喜好以及购买旅程进行全方位、多维度扫描,提炼全面立体的消费者洞察;通过实时追踪消费者行为,让品牌快速跟上市场变化,甚至先于市场的变化,根据趋势做出预判,达到事半功倍的效果。基于大数据的消费者洞察可以在消费品和零售企业的多个层次进行应用。在产品层面,企业可以根据消费者洞察,优化品牌调性和产品属性;在营销层面,抓住消费者购买旅程中的主要"痛点",进行针对性的整体体验优化设计;在创新层面,可以基于客户的高层次需求打造全新的商业模式。

[案例]孩子王的新零售模式:科技赋能母婴行业,品牌转型内在驱动

新零售时代的母婴行业,瞄准线下门店布局仅仅是迈进新零售市场的其中一环。布局线下之后,如何实现线上线下趋同,如何利用数据技术完成颠覆性变革,如何在提升服务和体验的同时提高效率,才是争夺新零售背景下母婴市场的关键性问题。

1. 线下布局智慧门店

G6智慧门店的成立是孩子王践行新零售的一次新尝试。据了解,孩子王第六代G6智慧门店是以关系、内容、场景和数字化为核心打造的围绕会员的全渠道全场景的新零售智慧门店。

"无界",是孩子王G6智慧门店的又一大特点。企业通过智慧门店实行线上线下一体化的"7×24"小时随时随地无边界服务,家长们可以不受时间地点的约束,通过实名育儿顾问进行点对点的育儿服务。

除此之外,线上线下的融合共赢也是G6智慧门店的一大新零售实践出口。当孩子在门店游乐时,随手拿起一个玩具扫码,便可以带回家。而且,如果想要在家里购买某些产品,直接拿起产品袋的商品条码扫描,该产品就可以由门店配送到家。

孩子王打造的 G6 智慧门店也是孩子王一直倡导的"单客经济"的具体体现。孩子王的总裁表示，商业零售正在从价格型消费向价值类消费、体验式消费、个性化消费转变。孩子王倡导的科技力量和以人性服务为代表的新零售模式，着眼于提供具有差异化的深度服务并且企图以数字化手段重塑零售价值。

2. 盘活用户的数据资产

在孩子王看来，未来纯靠卖商品已几乎没有生存空间，为了经营好用户关系，必须借助数据赋能。

孩子王把营销和用户的数据资产结合，精准地为用户推荐商品。一方面，总部成立了精准营销部门，专门负责大数据分析；另一方面，致力于打造全员育儿顾问模式，门店销售员都是持有国家颁发证书的育儿顾问。孩子王所有员工都有一个叫"人客合一"的工具，通过它，员工可以看到所管理顾客的购买情况，并得到大数据推送的一些分析，并且推送信息还会告诉员工，什么时间应该给某位顾客打电话了，某位顾客多久没有激活了，应该怎么激活等。

为保障数据赋能，孩子王还建立了数据中台，将资源数据化、电子化。根据领域不同，中台分为商品、商品池、用户、订单、库存、触达、支付、账户系统、积分系统、领券、发券、促销、红包等内容。一系列的举措，都是为了有效盘活顾客的数据资产，最大化数据的价值。

要让数据有"力量"，必须有 3 个特点：一是参与度，获得的数据不仅要让供应链参与进来，还要让消费者以及相关利益者也没有距离感。二是温度，有效的数据必须是有情感的，如果获取的数据不是消费者的真实想法，那只能算是滥竽充数。三是黏度，通过数据的挖掘可以改变消费者购物的频率，而企业可以在消费者没有需求或者即将有需求之前创造满足感，改变消费频率。

数据赋能只是手段，借助大数据、云计算等新型技术，盘活数据资产，其根本目的还在于最大化地提升用户体验，重塑企业与用户的关系。

3. 极致化会员的用户体验

围绕着用户体验和强化用户关系，孩子王在场景的打造上也颇费工夫，线下门店已经升级迭代到了第六代。孩子王 G6 智慧门店实行"降维零售"：大幅减少产品展示，转而增加互动空间。虽然产品展示空间减少，但是产品的精准度却大幅提升，通过科学精准的品类管理，比一般母婴商店节约 30%的货架，留出更多的互动空间，确保更好的娱乐体验。孩子王大胆将"商品+服务+体验+文化+社交+O2O"整合为一体，从一家售卖母婴用品的零售商，转型为新家庭的全渠道服务商。

为了满足消费升级下用户的需求，G6 智慧门店在产品品质区间分配上也做了相应的调整。中端及中高端商品 8 000 余种，占比超 45%，其中引进纯进口品牌 130 个，覆盖 102 个商品分类。门店还为会员推出专属及定制商品，倾情打造独有商品，以稳定客户关系，提升客户的黏性和忠诚度。

通过基于人性服务的数字化精准营销，孩子王的单客产值是资本市场同行业企业的 2~7 倍，这也是新零售下以用户关系经营为核心，实现服务效率最大化的市场表现。

2.2.4 我国的消费者

1. 未来消费者画像

当前，我国消费者的价值趋向，已经从传统的产品价格、品味、便捷，逐渐过渡到更高阶的层次，即品牌所体现的社会观和价值观，包括产品的安全性、健康性、社会意义和相关的消费体验等。比起传统的品牌价值，消费者越来越看重高层次的价值传递，愿意为更有社会意义的产品支付额外的费用。未来的消费者需要的不只是高质量的商品或者服务，他们需要的是有"灵魂"的品牌（见图2.2.1）。

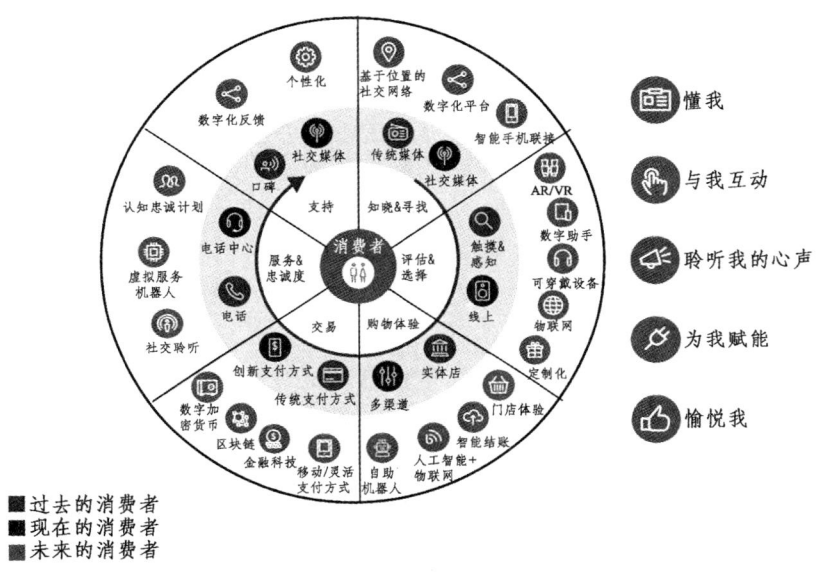

图 2.2.1　未来的消费者

资料来源： 德勤[未来消费者]. 大数据驱动的消费者洞察[EB/OL]. kenneth 零售平台，https://www.sohu.com/a/459104913_166662，2021-04-05.

2. 我国消费者的发展和变化

（1）消费群体在分化。当前的消费群体，如果按照年龄维度来划分，可分为90后新生代消费者群，70后、80后消费群和60后中老年消费群。新生代（90后）高度依赖互联网，生活在相对富裕的环境里，独生子女居多，在开放自由的环境下成长，崇尚多元化消费方式，追求独立个性化的消费，关注小众消费市场。70后、80后消费群体不再是仅以生命阶段即可概括的一类人，其中不乏亲子人群、丁克人群、单身人群等多种消费群体，由于购买力较强，其消费目的更倾向享受生活；中老年消费群尤其是60后，乐于培养更多爱好，生活趋向多元化。

新消费时代催生出更多个性化的消费群体，简单以年龄、地域等单一维度对消费者进行划分，不能全面地反映出消费群体的变化。消费群体往往受到生命阶段、兴趣爱好、生活方式、消费水平等多方面因素的影响，在这些影响因素的综合作用下，催生出更多个性化的消费群体，如90后潮男人群、亲子消费人群、老年旅游人群等。打扮不再是女性的专有名词，现代有一大批90后年轻男性愿意关注自身形象，护肤品、潮流服饰、发型设计成为其日常生活中必不可少的一部分。

[案例] 物美快剪：十分有型 深入民心

物美集团是我国重要的现代流通企业之一，在全国26个省区有2 000多家门店，年销售超1 100亿元，年近30亿人次到店。为做好百姓家门口的便民服务，从2015年11月开始，物美引进台湾地区流行的连锁生活性服务项目"快剪"，特色是理发费10元，10分钟，不需要水洗，用吸风机吸走发屑，方便、快速、干净、无污水、价格亲民，只提供剪发服务，不推销，不办卡，深受百姓欢迎。近年来，快剪项目通过业务流程优化、设施标准化、区域专员和培训体系建立，并逐步采用网络支付、网络预约排队等信息化手段管理，形成具有影响力的连锁生活服务业品牌："十分有型"快剪店。

截至2022年3月底，"十分有型"快剪美发主要分布在北京、河北、浙江、天津、银川、重庆等省市，店面共计324家，年客流达到330万人次。快剪社区店对80岁以上老人、低保、低收入、特困等持证群体，计划生育特殊家庭，以及持残疾人一卡通人群，优抚对象持证人员，持有街道发放"爱心卡"人员。这些特定群体均可以享受免费服务，对60岁以上老年人提供半价剪发服务。此次快剪服务走进社区，作为"一刻钟便民生活圈"的节点方便了周边百姓。

资料来源： 2022生活服务业优秀实践案例集[EB/OL].中国连锁经营协会，http://www.ccfa.org.cn/portal/cn/xiangxi.jsp?id=443553&type=10004，2022-05-09.

（2）消费需求在升级。

随着我国经济水平和居民收入水平逐渐提升，生存型消费得到满足，消费者追求更高层级的消费，发展型和享受型消费需求在消费者生活中占据愈发重要的位置。

[案例] 用家政新职业——收纳师推动生活"简法"

随着经济的发展，家庭服务业需求及要求不断提高。更多寻找家庭服务的客户要求上户阿姨具备"整理收纳"技能。同时，对职业收纳师的需求也在不断增加。收纳整理师，并非外界认为的"高级家政"。计费方式也不同，家政一般按照小时收费，而整理收纳是按照柜体的延米数付费或整屋收纳项目需求进行整单的报价。服务内容不一样，家政是在原地进行收拾清洁，而整理收纳师会根据客户需求进行空间的改造、分类、整理。因此，成为一名整理收纳师除了具备基础的整理技巧外，还需要有空间规划、测量改造、美学陈列、色彩搭配等技能。针对性地为客户规划设计出一套适合客户家庭的整理收纳方案，可谓是私人定制。整理收纳师的服务，一般需要多次上户。首次主要针对客户需求进行沟通及实地勘察，根据项目情况提供收纳方案，根据经验评估需要多少人、多少天完成任务。

资料来源： 2022生活服务业优秀实践案例集[EB/OL].中国连锁经营协会，http://www.ccfa.org. cn/portal/ cn/xiangxi.jsp?id=443553&type=10004，2022-05-09.

（3）消费渠道在整合。

线上成为重要消费渠道，网络零售对消费品零售增长的带动作用明显，从社会消费品零售总额的结构来看，网络零售的占比持续提升，2019年，其比例达到25.8%，线上成为重要的消费渠道，网络消费的潜力持续释放。现在，越来越多的企业开始转变观念，整合线上、线下渠道，旨在为消费者提供更好的消费体验，"线下体验、线上下单""线上下单、门店提货""门店提货、物流配送"等新型消费模式不断出现。未来，线上和线下将深度融合，企业将整合全渠道为消费者提供更好的服务。

[案例] "超级商家日"助力连锁商超销售、用户双增长

"超级商家日"是京东小时购、京东到家针对连锁商超打造的商家专属全渠道整合营销IP，通过线上线下全渠道打通共振，整合商家、品牌、平台多方资源，统一联动商家门店，将京东和京东到家线上流量及促销活动精准导入线下门店，实现营销效能"破圈""拓界"和最大化，助力商家销售、用户双增长，商家区域影响力提升。

京东小时购、京东到家为该商家定制化的"超级商家日"大促，助力该大型连锁超市实现峰值日销售额较上月（活动前）日常提升489%，新客数较上月（活动前）日常提升445%，均创下历史新高峰值，区域影响力也得到快速提升，后续持续有长尾效应释放。商家则高度认可本次营销活动，更计划与京东小时购和京东到家持续性、定期开展此类整合营销活动。

资料来源：2021"全渠道融合可持续发展案例"揭晓[BE/OL].中国连锁经营协会，http://www.ccfa.org.cn/portal/cn/xiangxi.jsp?id=443042&type=10004，2021-11-29.

（4）消费理念在改变。

改革开放近40年以来，我国经济从高速增长转为中高速增长，人们的消费观念随之发生根本性转变。在我国经济发展的新常态阶段下，人们的消费需求开始从模仿型消费向多样化理性消费转变，无论是刚需、非刚需，还是基础生活、品质生活，整个消费主体越来越重视对美好和品质生活的追求。

随着技术和产品的迭代与演进，消费场景中的互动体验也日新月异，实体、虚拟、虚实结合等互动方式，跨界融合化、业态边界模糊化和人工智能化等体验感受，给人们的互动体验过程带来更为丰富、立体和享受的空间及氛围，如无人驾驶、无人便利店、智能机器人、线下体验店等技术或商业形态。

由于受到审美喜好、教育文化、身份场合、生活习惯等的影响，以及人们越来越注重个人价值和自我内涵体现的观念的作用，人们的消费需求存在着更多差异，个性、定制成为人们的实际需求和市场中不可忽视的现象，而潮牌、轻奢、设计师品牌、私人定制等开始满足不同人群的个性定制需求。

便捷和高效是每个时代的一致追求，供给侧和需求侧同样需要便捷高效的有力支撑，高铁、共享单车、外卖、移动应用、手机支付、智能家居等的发展，都在不同程度地提升社会方方面面的效率，给人们的消费创造了更加便捷的服务环境，如手机缴费、手机购票等给人们的生活带来便利。

绿色健康正在成为人们的一种生活方式，从低碳出行，到有机食品，再到运动健身，无不折射出人们的绿色环保、健康养生的生活志趣。例如，新风产品的兴起，环保材料的盛行，跑步健步的风靡，轻食餐厅的流行，单车骑行的普及等，都已经影响或者深入了人们的生活，亦将赋予此种生活方式以新的意义。

2.3 消费品

2.3.1 消费品范畴

消费品是用来满足人们物质和文化生活需要的那部分社会产品，也可以称作消费资料或者生活资料。

按满足人们需要层次，分为：生存资料，如衣、食、住、用方面的基本消费品；发展资料，如用于发展体力、智力的体育文化用品等；享受资料，如高级营养品、华丽服饰、艺术珍藏品等。

按使用时间长短，分为一次或短期使用的普通消费品和可供长期使用的耐用消费品。

按消费者的购买行为和购买习惯，可分为便利品、选购品、特殊品和非渴求品4类。

1. 便利品

便利品指消费者要经常购买、反复购买、即时购买、就近购买、惯性购买，且购买时不用花时间比较和选择的商品。

2. 选购品

选购品指顾客对实用性、质量、价格和式样等基本方面要做认真权衡比较的产品，如家具、电子产品、服装、旧汽车和大的器械等。选购品可以划分为同质品和异质品。购买者认为同质选购品的质量相似，但价格却明显不同，所以有选购的必要。销售者必须与购买者商谈价格。但对顾客来说，在选购服装、家具和其他异质品时，产品特色通常比价格更重要。经营异质选购品的经营者必须备大量的品种花色，以满足消费者的不同喜好，还必须有受过良好训练的推销人员，为顾客提供信息和咨询。

3. 特殊品

特殊品指具有特定品牌或独具特色的商品，或对消费者具有特殊意义、特别价值的商品，如具有收藏价值的收藏品以及结婚戒指等。

4. 非渴求品

非渴求品指消费者不熟悉，或虽然熟悉，但不感兴趣，不主动寻求购买的商品，如环保产品、人寿保险以及专业性很强的书籍等。非渴求品有两种类型。

一是新的非渴求品。新的非渴求品是指那些提供潜在客户所不知的新的理念的产品。信息含量大的促销活动能帮助说服顾客接受产品，并结束其非渴求状态。三顿半的咖啡、WONDERLAB即食益生菌如今已非常流行，但刚开始时它们属于新的非渴求品。

二是常规非渴求品。常规非渴求品是指那些处于非渴求状态，如墓碑、人寿保险、百科全书等，并非一直如此的产品。需求可能存在，但潜在客户却并不会被激起购买欲。对于这些产品，人员推销十分重要。

2.3.2 消费品市场

消费品市场又称最终消费者市场或生活资料市场，是指个人或家庭为满足生活需求而购买或租用商品的市场。消费品市场是市场体系的基础，是起决定作用的市场。消费品市场是社会再生产中最后的市场实现过程，它体现了社会最终供给与最终需求之间的对立统一关系。

1. 影响消费品市场的因素

消费品是社会最终产品，它不需要经过生产企业再生产和加工，便可供人们直接消费。消费品市场广阔，购买人数多而分散。消费者的年龄、性别、民族、文化程度、地理区域、传统习惯、收入、心理动机等各不相同，对消费品的需求千差万别，消费品供应具有广泛性和复杂性。

在整个市场结构中，消费品市场占有重要地位。它的发展直接或间接地影响着工业品市场的发展及整个社会经济的发展。而影响消费品市场的主要因素在于消费品需求。消费品需求受人口的数量和构成的影响，也受消费品的数量、质量及花色品种的影响，但最主要的因素却是人们的购买力，它与人们的收入水平直接相关，也受收入分配结果的制约。

2. 消费品市场的特点

（1）消费品市场因社会需求结构、形式的多样性、多变性而呈现出多样性和多变性的特点。

（2）从交易的商品看，它同时受到消费者个人因素（文化修养、欣赏习惯、收入水平等）和产品自身因素（价格、可替代性、产品生命周期等）的影响。

（3）从交易的规模和方式看，消费品市场购买者众多，涉及千家万户和社会的所有成员，全社会中的每一个人都是消费者；市场分散，成交次数频繁，交易数量零星。互联网的发展，线上平台的成功、移动支付的便捷，为消费品市场的繁荣提供线上线下融合发展的契机。

（4）从购买行为看，消费者的购买行为具有很大的可诱导性。消费者在决定采取购买行为时，具有自发性、冲动性，易受到广告、宣传的影响，生产和经营部门针对消费者的这一特点，应尽量有效地引导消费者的购买行为。时值今天，消费更加个性化、实时化、场景化、内容化、互动化，供应端能不能跟上需求变化是企业面临的重大挑战，如何利用新媒体平台诱导消费者消费，也给企业提出了新的课题。

[案例] 智能取茶柜，开启茶饮消费全新体验

喜茶 GO 小程序的上线解决了用户排队点单的难题，但不同于即时下单的线下订单，用户需要转移到取茶区域排队；线上小程序订单，用户到店即取，与门店店员并没有太多的互动。为了解决线下用户排队取茶的焦虑，喜茶于 2019 年 7 月在深圳创维半导体 GO 店落地了第一家智能取茶柜。通过与小程序点单系统的打通，用户取茶效率提高了，排队取茶时间缩短了，因用户排队过剩造成的客流损失减少了，用户体验升级了，同时门店出杯压力也得到了缓解，避免了排队造成吧台拥挤（见图 2.3.1）。

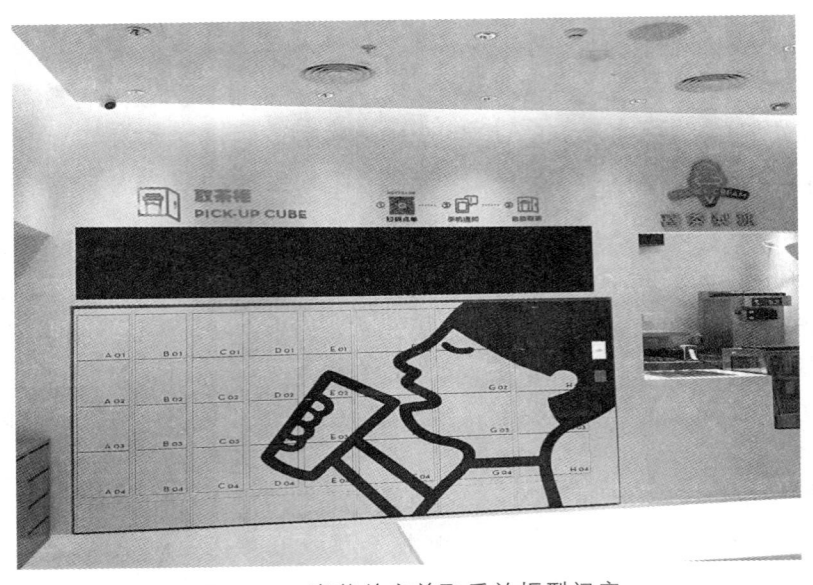

图 2.3.1 喜茶首家前取后放柜型门店

资料来源：2022 生活服务业优秀实践案例集[EB/OL].中国连锁经营协会，http://www.ccfa.org.cn/portal/cn/xiangxi.jsp?id=442766&type=10004，2022-07-22.

（5）从市场动态看，消费者的需求复杂，供求矛盾频繁，城乡交往、地区间的往来日益频繁，网络购物的繁荣，企业需要密切注视市场动态，提供适销对路的产品，占领网络平台，融合多渠道营销，以适应消费者的购买需求。

3. 市场细分

市场细分以消费者的需求为立足点，根据消费者购买行为的差异性，把消费者品市场划分为许多类似性购买群体的细分市场，以便企业选择与确定目标市场，实施有效的市场营销策略组合。

消费市场是一个十分庞大而复杂的系统。我国的消费市场由十多亿人口组成，从呱呱坠地的婴儿到古稀老人，都是消费市场的一员。由于受年龄、性别、文化程度、收入、职业、兴趣、居住地点、环境等因素的影响，各类消费者的购买习惯、动机、方式和水平都有显著的差异，从而形成不同类型的需求市场，每一个市场分片就表示一个有意义的购买群体。市场区分包括：地理区分、人口区分、心理区分、文化区分和使用者行为区分。

（1）地理区分。按照地理分布、气候情况、人口密度等因素，可把市场划分为各种不同的区域，如农村市场、城市市场、南方市场、北方市场等。由于消费者生活的地区不同而有不同的消费需求和购买方式。例如大城市的家庭，在购买家用电器方面的开支较大，而农村家庭对小农具等农业生产资料以及建房材料的购置欲望较强。高档的服装和金银首饰在大城市比小城市更容易销售。气候的差异也是地区差异的一个方面，也会影响消费者的行为。如气候温暖的地区对毛皮制品的需求就不是很迫切，反之，气候寒冷的地区多数人都要穿皮毛服装。即使在同一地区，市区居民与近郊居民的消费习惯也可能不同。

（2）人口区分。按年龄、性别、家庭人数、收入状况、职业、文化程度、宗教、民族等人文因素,对潜在的顾客进行分类。

按年龄标准,可把市场划分为老年人市场、中年人市场、青年人市场、儿童市场等;儿童市场还可细分为学龄儿童市场、学龄前儿童市场和婴儿市场。由于不同年龄的消费者在经济收入、生活方式、购买习惯上都存在着差异,因而对商品的需求也就显示出不同的状况。

儿童市场:儿童的购买行为多由其家长决定,因此这类营销仍需以家长为对象。如"卷笔刀"除了设计上要尽量符合儿童的"色、动、趣"的心理需要,还可在广告中写上"儿童学习的理想用具,省时、省力又安全"(迎合了家长的心理)。

青年人市场:青年人中就业多,家庭负担少,有相当强的购买力,又具有一定的文化素养,思想活跃,喜模仿、好想象、讲"情调",特别需要时髦、美观、新颖的产品。因此,新奇、感情、呼吁的营销方式容易奏效。

中年人市场:中年人表现为购物谨慎、具有理智的特点。因而这类营销的艺术性要强,对商品特点的介绍要详尽。

老年人市场:老年人需要舒适、庄重、实用的消费品,他们信旧牌子、老店号,购物较为挑剔。他们较多关心的是怎样保养身体,乐于向健康、长寿方面投资,对补品以及养身的各种消费品的需求较多。

收入的高低同样是市场细分所要依据的一个变量。收入高的家庭经济宽裕,对时新、时髦、时尚的商品较感兴趣,并有美的追求和享受。收入水平低的则注意商品的经久耐用、方便或一物多用,但同时也努力追赶现代化的消费。教育程度也是一个重要的变量。文化程度较高的人对图书、杂志的需求要比文化程度较低的人更高些。这些因素或变量都要求制定不同的销售策略。此外,民族、职业等也是市场细分所要依据的变量。

(3)心理区分。由于每一个人的个性、感情和购买动机等心理上的不同,其在商品选择以及在对待营销宣传态度上也有一定的差异,因此具有相同人口特征的人可能表现出完全不同的消费行为。例如,两个年龄相同的青年,工资收入也差不多,但由于他们的生活方式不同,其消费行为也会大不相同。一个可能大手大脚,随便花钱,而另一个则可能精打细算,非常节省。尽管两个人从人口特征上看很相近,但如果把他们归为同一类消费者则是不妥的。

消费者的个性特点和自我形象也是市场细分的有用依据。个性不同的消费者往往要购买适合于他们个性特点的产品。这就是说,产品的设计和制造也应有不同的"个性",才能适应不同个性消费者的需要。如生产自行车就应有不同的型号,农村需要加重车,城市里的年轻姑娘则喜欢样式美观的轻便车。心理上的购买动机,往往从商品的社会和心理功能方面获得满足。

(4)文化区分。社会学和文化人类学所研究的各种变量也为市场细分提供了依据。例如,社会阶层、参照群体、风俗习惯以及家庭生活周期的不同阶段都是划分市场的重要依据。

社会阶层是由若干人口变量,如教育、收入、职务、居住地点组成的综合指数。其中,收入多少和教育程度往往是决定社会阶层的重要因素。

消费者的行为会受参照群体的影响。所谓参照群体是指人们心目中向往的群体。有时，人们虽然是某一群体的成员，却向往成为另一群体的成员，并在行为举止上以另一群体的规范为标准。例如，球迷们会把他们喜欢的球队视为参照群体。国外的推销商不惜重金聘请著名球星穿上他们推销的运动服或球鞋，以此作为招揽顾客的重要手段，这就是利用参照群体对人们的影响。

生产企业还可以利用家庭生活周期的不同阶段来划分市场。例如，新婚夫妇往往对室内的装饰和摆设感兴趣；有了孩子后，他们的兴趣会转向各种婴儿用品；当他们的孩子入学后，他们又会对儿童文化教育用品感兴趣；当孩子长大成人后，他们又会考虑如何为子女建立家庭以及安度晚年的问题。这表明，在家庭生活周期的不同阶段，人们的消费行为也会不同。

（5）使用者行为区分。按购买者的使用商品数量或次数进行区分，可把消费者分为低使用率、中等使用率、高使用率的消费者以及不使用的消费者。根据使用率的不同可以采取不同的销售策略，如要推销茶叶，可以在营销宣传上针对经常喝茶的人，这样就要强调该种茶叶质量好、价格便宜。如果是针对不经常喝茶的人进行宣传，则要强调喝茶对增进健康的好处。如果宣传是针对从不喝茶的人，则要设法改变人们的习惯。一些研究表明，为数不多、用量很大的消费者可能占有某种产品的主要销售量。因此，许多企业很自然地把经常使用者当作自己的主要营销对象。商标的信誉对产品的销售有重要意义。可以按消费者对商标信任的程度对他们进行分类。一些人对某种牌子的产品非常信任，经常要购买这种商标的产品；而另一些人可能在购物时对任何商标的产品都无所谓。这就要求在广告中要突出商标的宣传，提高商标的知名度。

当前，随着大数据时代的到来，数字化带来消费者决策体系的重构，人们进行购买的逻辑、链路发生了变化：线上发现、线下体验、社区讨论、下单购买、心得分享，成了目前消费者决策购买的新路径。企业在市场细分时，在传统理论的基础上，需要会用互联网、数字化的理念和方法构建自己的组织模式、业务模式、商业模式、技术路线，从而推动企业从需求端"单轮驱动"模式向需求端、供给端"双轮驱动"螺旋式增长模式跃升。

2.3.3 我国的消费品市场

2021年我国居民人均可支配收入35 128元，比2012年的16 510元增加了18 618元，累计名义增长112.8%。随着人均可支配收入不断提高，个性化、多元化消费需求与日俱增。消费正成为经济增长的主动力，我国政府对于消费的重视程度已上升至国家战略高度，相继出台了一系列政策以促进消费平稳增长。在减税降费方面，通过上调个税起征点和专项附加扣除等方式，有效增加居民收入；同时通过下调企业增值税税率等方式，降低企业生产成本，促使企业为居民提供更具性价比的商品，从而对消费形成有力的支持。在促进消费方面，通过激发农村、体育、文化旅游、汽车等领域消费，以及优化消费结构和促进消费升级等方式，带动消费需求增加。

1. 消费作为经济增长主动力的作用日益显著，适应消费升级和智能化发展的消费品类增速迅猛

2018年，我国最终消费支出对经济的贡献率增加至76.2%，比2017年提高18.6%，消费作为经济增长主动力的作用进一步巩固。从细分品类来看，新能源汽车、智能电视等适应消费升级和智能化发展的消费品市场快速增长，乡村和家电等消费市场的需求潜力也逐渐被激发。2018年，新能源汽车、智能电视产量快速增长，增速分别高达40.1%和18.7%；乡村消费品零售额增长10.1%，增速比城镇消费品总额增速高1.3%；限额以上单位家用电器类商品增长8.9%。[①]

2019年，我国社会消费品零售总额41.2万亿元，同比增长8%，消费对经济增长贡献率达到57.8%，拉动GDP增长3.5个百分点，连续6年成为经济增长的第一拉动力。[②]

2020年年初，消费市场受到新冠疫情严重冲击，各地区各部门深入贯彻落实党中央、国务院决策部署，统筹推进疫情防控和经济社会发展，社会生产生活秩序稳步恢复，市场销售逐步改善。2021年，我国社会消费品零售总额达到44万亿元，比2020年增长12.5%，2020年和2021年两年平均增长3.9%。

2013—2021年，最终消费支出对经济增长的年均贡献率超过50%。其中，2021年最终消费支出对经济增长的贡献率为65.4%，比资本形成总额高51.7个百分点，是经济增长的第一驱动力。[③]

从细分品类来看，适应消费升级和智能化发展的消费品市场依然快速增长。2021年我国新能源汽车市场持续突破，产销同比增长160%以上，销量达352万辆；从全球总趋势来看，我国新能源汽车保有量超过900万辆，在全球占比超过半数。[④]疫情期间，无线路由器厂商的需求暴增几十倍，智能手机、平板电脑销量大增，扫地机器人、智能家电都逆势增长。"颜值经济"驱动医美行业大爆发。新氧数据研究院发布《2021医美行业白皮书》显示，2021年中国医美市场规模预计达1 846亿元，重回20%以上增长通道。预计到2022年，我国医美消费用户规模将超过2 000万人。

2. 新兴零售业态和传统业态融合正成为消费市场供给的重要途径

随着居民收入及消费水平的不断提高，居民消费逐渐由生活必需品阶段转向耐用消费品提升阶段。

2008年后，居民家庭对耐用消费品的需求向高档化、享受发展，各种功能齐全、智能化的家电备受居民青睐，汽车、住房等商品消费增长成为中国消费增长的主要动力。伴随着互联网，尤其是移动互联网普及率的持续提高，中国网购用户规模不断扩大，中国网上

[①] 2019年中国消费及零售产业政策分析概览 [EB/OL].头豹研究院，https://www.stdlibrary.com/ p-2923179.html,2022-7-16.
[②] 商务部:2019年社会消费品零售总额41.2万亿元 增长8%[EB/OL].人民网,https://baijiahao.baidu.com/s?id=1656306070561024436&wfr=spider&for=pc,2022-1-21.
[③] 消费市场提质扩容 流通方式创新发展——党的十八大以来经济社会发展成就系列报告之七[EB/OL].国家统计局，http://www.stats.gov.cn/tjsj/sjjd/202209/t20220922_1888578.html,2022-09-22.
[④] 中国新能源汽车市场持续突破 2021年产销同比增长超160%[EB/OL].人民网，https://baijiahao.baidu.com/s?id=1728621472943252452&wfr=spider&for=pc,2022-3-29.

零售额保持高速增长态势。同时受益于大数据、人工智能和移动互联网等新技术推动及物流配送体系的日益完善，新兴零售业态和传统业态融合正成为消费市场供给的重要途径。

在零售业中，实体零售是商品流通的重要基础，是引导生产、扩大消费的重要载体。但近几年来，在经营成本上升、居民消费习惯改变和网络零售快速发展的影响下，实体零售遭受巨大的冲击。2015年开始，传统零售业迎来了关店潮，并且几乎覆盖了实体零售的所有业态。与此同时，网络零售在经历几年的高速增长后，也面临着线上用户增长及流量红利逐渐萎缩的发展瓶颈。2016年，阿里巴巴率先提出了线上线下购物相结合的新零售概念，开启了零售业的新征程。零售业作为国民经济的重要发展产业，随着新零售概念的提出，相关部门先后发布了一系列政策，推动和规范新零售行业的发展。2019年8月，国务院办公厅印发《关于加快发展流通促进商业消费的意见》，提出要促进流通业态新模式的发展，具体措施包括以下4个方面：①促进跨界融合：鼓励运用大数据、云计算、移动互联网等现代信息技术，促进商旅文体等跨界融合，形成更多流通新平台、新业态、新模式；②创新商业模式：引导电商平台以数据赋能生产企业，促进个性化设计和柔性化生产，培育定制消费、智能消费、信息消费、时尚消费等新商业模式；③鼓励循环消费：鼓励发展"互联网+旧货""互联网+资源循环"模式，促进循环消费；④包容监管：实施包容审慎监管制度，推动流通新业态、新模式健康有序发展。

短视频在疫情期间暴增，并快速让直播电商成为规模经济。淘宝直播、抖音、快手、小红书等直播平台，为消费者打造了购物新场景，提供了更加直观、互动的网上购物渠道。

[案例] 一枝独秀薇诺娜营收占比超98%

"功效性护肤品第一股"贝泰妮发布了2021年度财报，财报显示，2021年贝泰妮营收报告期内实现40.22亿元。

从市场占比来看，2021年公司功能性护肤品牌薇诺娜在功能性护肤品国内市场排名仍稳居第一。相较2020年，薇诺娜领先优势继续扩大，展现出强劲的增长势头，国内市场份额接近第二、三名的总和，头部效应显著。

如此亮眼的成绩，与薇诺娜精准洞察消费者敏感肌群体的需求，专注于敏感性皮肤护理，持续稳固"面霜乳液+防晒"两大超级爆款单品地位，搭建多重功效护肤矩阵策略不无关系。

除此之外，也得益于薇诺娜完善"线上线下相结合"的营销策略，线上搭建私域体系，落实以会员运营为核心，做到精准营销；线下优化资源配置，加大对下沉市场的力度，进一步增加线下产品的市场覆盖率。

在自身产品力+营销实力兼具的双重助力下，薇诺娜在短短几年时间便成长为"主流"品牌之一，连续5年增长超过80%，一度超过了药妆巨头雅漾、理肤泉，夺得国货功能性护肤品第一头冠。

资料来源：卖了39.4亿的薇诺娜,如何成为功能性护肤品中的"隐形冠军"[EB/OL].网易，https://3g.163.com/dy/article/H365JC9T0538QQXU.html，2022-03-23.

3. 多元化消费需求推动原有品牌升级与新生品牌诞生，我国消费品牌迎来了大爆发时期

2019年我国人均GDP首次超过1万美元，标志着我国居民生活水平提高进入到新发展阶段，多元化消费需求推动原有品牌升级与新生品牌诞生，我国消费品牌迎来了大爆发时期。

2019年中国财富500强榜单中，大制造和大消费类的上榜公司数量超过180家，其中超过半数的企业实现了双位数的收入增长，行业整体增长节奏稳健。国际品牌曾经是舒适、现代化、中产生活方式的标志，而中国品牌正在努力升级产品的品质、性能和价值。调查显示，在乳制品、数码产品等品类中，近1/3的消费者在高端产品上会选择中国品牌。2019年线上中国品牌市场占有率达到72%。受到消费者健康和生活方式方面的消费需求影响，医药健康、美妆个护、食品行业线上中国品牌市场活跃，市场规模同比增幅位居前三，增幅分别为38.5%、36.7%和31.5%。中国品牌继续通过品类创新推动市场规模扩大，数据显示，品类创新对市场规模扩大的总体贡献度达到44.8%，较2018年大幅度增长了15.2个百分点。

国货崛起，在美妆、快消品领域，表现得更为明显，元气森林、完美日记、三顿半咖啡、钟薛高和王饱饱这些品牌，成立时间不超过5年，但却在2020年天猫"双十一"所在细分行业取得亮眼的销售业绩。崛起的国货，除了这些快消品，还有走向世界的华为、大疆、三一、美的等制造业企业。

[案例] 苏宁易购发布《2020国货消费趋势报告》

苏宁大数据报告显示：2020年1—4月，国货消费同比提升32.6%，其中美妆、手机、酒水、智能数码等品类增长较快，增幅分别为45.3%、66.7%、51.1%、25.1%；同时部分品类国货品牌消费占比较高，如5G手机在国货消费中占比高达90.2%，智能数码占73.2%，家用电器占63.4%，家装占67.2%，酒水占57.3%，休闲食品占52.6%。

国货消费人群呈现年轻化趋势，90后、00后成为国货消费主力。在国货消费大数据整体提升的情况下，各年龄段人群在国货消费方面的数据表现有明显差异。苏宁大数据报告显示：在各年龄段人群中，90后在国货消费人群中的订单量占比35.7%；00后在国货消费人群中的订单量占比16.4%；在增速上，90后国货消费人群下单量增长了56.7%、00后国货消费人群下单量增长了63.5%。

一二线城市占据国货消费主力，三四线城市增长潜力巨大。国货消费地域维度研究的数据显示：一二线城市消费人群下单量占比46.35%，而三四线城市国货消费人群下单量占比29.79%。苏宁大数据显示，三四线城市国货消费同比增长45.79%，增速远超一二线城市，这也反映出三四线城市国货消费的巨大潜力。

男性国货消费偏爱智能数码，女性国货消费偏爱美妆品类。对国货消费人群特征研究的数据显示：国货消费人群中，男性占比35.7%；女性占比64.3%，女性消费国货品类主要集中在美妆品类，美妆品类占比78.3%以上；男性消费国货品类集中在电子品类，手机、电脑、智能数码等占到64.3%以上。

智能化、定制化、超级性价比成国货消费新热门。热门国货消费单品数据显示：智能电器单品数量同比增长超过 92%，C2M 定制国货消费同比增长达 112.5%。其中蓝月亮洗衣液、华为 mate30 5G 版、米家智能摄像头、格力 1.5 匹变频空调、创维 55 英寸 AI 智能电视、苏宁极物乳胶按摩睡眠枕头成为 1—4 月较受消费者欢迎的单品。这也显示智能化、定制化、超级性价比国货更受用户喜爱，有较大的增长空间。

直播购物、社群导购成为国货消费新方式。苏宁大数据显示：2020 年 1—4 月国货直播消费同比增长 126.3%，社群导购国货消费同比增长 147.2%。疫情加速了直播社群发展，同时也为优质国货提供了新的机会，可以预见直播和社群未来将成为国货品牌商家的重点布局。

资料来源： 苏宁易购发布《2020 国货消费趋势报告》[EB/OL]. 第一财经商业数据中心，https://3g.163.com/dy/article/FC82S298051998O7.html，2020-05-10.

本章小结

以消费者为核心的新消费时代已经到来。数字技术的发展、互联网、移动智能设备的普及，重塑了消费场所，使消费场所多样化；改变了消费者的消费方式，使消费方式全渠道化，不再局限于某些特定场所；消费者的消费结构、消费需求、消费渠道和消费理念也随之发生变化。

随之而来的是消费品市场的变化，适应消费升级和智能化发展的消费品类增速迅猛；新兴零售业态和传统业态融合正成为消费市场供给的重要途径；多元化消费需求推动原有品牌升级与新生品牌诞生，我国消费品牌迎来了大爆发时期。

【课程思政】

新能源汽车消费动力更足了

买新能源汽车，却由于各种原因短期内无法提车，担心享受不到车购税免征政策。继续免征车购税到明年底，给许多准车主和正在看车的消费者吃下"定心丸"。

近日，为培育新的经济增长点、促进新能源汽车消费和绿色低碳发展，国务院常务会议决定延续实施新能源汽车免征车辆购置税政策至 2023 年年底。这是自 2014 年我国首次实施免征新能源汽车车购税政策后第 3 次延续实施该政策。

得知免征车购税政策延期至 2023 年年底后，浙江省温州市的汪先生放心地提交了购车订单。他在 8 月份看中一辆热销的新能源汽车，裸车价近 28 万元，但提车周期预计需要半年到一年，如果政策仅实施到今年底，他很可能无法享受免征车购税优惠。"现在我的顾虑彻底打消了，按照 10% 的车购税税率计算，预计能省下 2 万多元。"汪先生说。

2022 年以来，新能源汽车车辆购置税免征政策持续加力。国家税务总局近日公布的数据显示，1—7 月，新能源汽车免征车辆购置税 406.8 亿元，同比增长 108.5%，其中 7 月份免征车购税 71.7 亿元，同比增长 119.1%。

据了解,新能源汽车免征车购税政策实施以来,政策效果持续显现,有效激发了新能源汽车消费潜力。我国汽车工业协会数据显示,2022年1—7月,新能源汽车销量达到319.4万辆,同比增长1.2倍。

新能源汽车应用日益广泛的网约车行业,也是免税政策的受益者。

重庆新长风商贸有限公司是网约车平台的合作公司之一,2020年成立以来共购进2 840辆新能源汽车,用于汽车租赁、网络预约出租汽车经营服务,累计享受了3 660万元车购税免税优惠。该公司法定代表人介绍,新能源汽车免征车购税政策延续实施,将有效降低公司购车成本,"我们计划再订购200至1 000辆新能源汽车投入市场,助力实现绿色出行、节能环保"。

免税政策不断为消费市场释放积极信号,也在有力促进车企加快新能源汽车生产研发。"目前国家推行新能源汽车免征车购税政策,引导更多生产企业加大研发投入,更好地推动了国内新能源汽车的发展和普及。"长城汽车股份有限公司副总裁、财务总监说。

西南政法大学经济法学院副教授王婷婷分析,再次延长新能源汽车免征车购税政策执行期限,将持续刺激释放市场需求、扩大新能源汽车消费、培育新的经济增长点,进一步促进新能源汽车生产和技术创新、提升产品供给品质;同时,在更大范围内推动充电、换电、维修、保养等配套行业发展,提升全产业的竞争力。

国家税务总局有关负责人介绍,下一步将及时联合财政部制发公告,持续动态更新《免征车辆购置税的新能源汽车车型目录》,并在车辆合格证电子信息中加注免税标识,在申报时实现自动识别,简化办税手续,让纳税人快速享受税收红利,进一步支持新能源汽车产业发展、促进能源战略转型、稳定宏观经济大盘。

资料来源: 继续免征购置税 新能源汽车消费动力更足[EB/OL]. 人民网,2022-09-13.

促消费政策效应不断显现,我国服务消费稳定复苏

据多部门日前发布的数据显示,端午小长假期间,我国消费市场继续稳定复苏,服务消费数据表现亮眼。业内人士预计,随着经济持续回暖以及各部门提振服务消费政策效应不断显现,我国消费市场将加快恢复,潜力将进一步释放。

经文化和旅游部数据中心测算,2021年端午节假期3天(6月12至14日),全国国内旅游出游8 913.6万人次,按可比口径同比增长94.1%,按可比口径恢复至疫前同期的98.7%。实现国内旅游收入294.3亿元,同比增长139.7%,恢复至疫前同期的74.8%。

"综合来看,端午假期受到新冠疫情反复的影响,旅游人次环比有所下降,但旅游收入快修复并有望延续复苏。"东莞证券分析师魏红梅表示:"随着新冠疫苗接种率的提高,休闲服务行业将持续复苏。同时,由于旅游群体进一步年轻化,未来旅游消费在年轻群体可支配收入逐渐提高的情况下仍有较大提升空间。"

当前,服务业已经成为我国最主要的产业之一,服务业向好发展为服务型消费的增长奠定了基础。近期,多部门密集出台相关政策并举办活动,以带动服务消费进一步回暖。

5月1日到31日,商务部会同国家发展改革委等五部门组织开展了2021年全国消费

促进月活动。活动期间，全国累计实现商品和服务交易额4.82万亿元。银联商务数据显示，5月份住宿类、餐饮类和娱乐类消费同比分别增长64.5%、33.5%和11.3%，比2019年同期分别增长15.8%、7%和2%。

在促进农村消费方面，6月11日发布的《商务部等17部门关于加强县域商业体系建设 促进农村消费的意见》（以下简称《意见》）明确提出，要优化农村生活服务供给，引导社会资本加大投入，加快建立完善县乡村协调发展的生活服务网络。《意见》还指出，要提升县域文旅服务功能，鼓励文旅、民俗等资源丰富的乡镇推动商旅文娱体等融合发展，吸引城市居民下乡消费。

此外，文化和旅游部网站6月15日发布消息称，为助力全面推进乡村振兴战略，促进城乡融合发展，充分发挥乡镇对乡村旅游的服务带动功能，提升乡村旅游发展质量和综合效益，文化和旅游部、国家发展改革委在推出两批1000个全国乡村旅游重点村的基础上，将全国乡村旅游重点村名录拓展为全国乡村旅游重点村镇名录。

从地方来看，各地着力打造"夜经济"，将促进服务消费潜力进一步释放。例如，第二届"上海夜生活节"于6月5日拉开帷幕；南京、西安、济南、沈阳、福州、淄博、常熟、南昌等城市全面加码夜经济，从网红地标塑造到历史文化发掘，从特色美食供应到公共交通保障，从新场景体验到发放红包补贴，打造集"食、游、购、娱、体"等多元于一体的夜间消费市场，拓展消费维度。

"自2020年二季度以来，消费支出逐季回升。展望全年，限制消费的收入正逐步恢复，就业持续改善，消费意愿也将有所提升，因此未来消费仍将向好。"中信建投证券分析师黄文涛认为。

资料来源：促消费政策效应不断显现 我国服务消费稳定复苏[EB/OL].人民资讯,2021-06-15.

思考与讨论：

1. 除了案例中提到的购置税减免外，你认为新能源汽车消费增长还得益于哪些条件？
2. 你认为新能源汽车的消费代表了怎样的一种消费理念？
3. 服务消费为什么会受到国家的重视？
4. 促进服务消费，可以采取哪些举措？试举例说明（至少3项）。

3 智慧零售企业的典型战略及模式

知识目标

1. 了解智慧零售企业经营战略及经营模式的含义。
2. 掌握智慧零售企业的基本竞争战略。
3. 熟悉智慧零售企业的其他竞争战略。
3. 掌握智慧零售企业经营的模式。

技能目标

1. 能够准确识别智慧零售企业所采用的竞争战略。
2. 能够将竞争战略合理地运用于智慧零售企业的实际经营中。
3. 能够准确识别智慧零售企业所使用的经营模式。
4. 能够将经营模式合理地运用于智慧零售企业的实际经营。

思政目标

1. 拥有爱岗敬业的创新精神和社会责任心。
2. 养成良好的工作习惯,讲诚信,确立积极、健康的工作态度。

知识导图

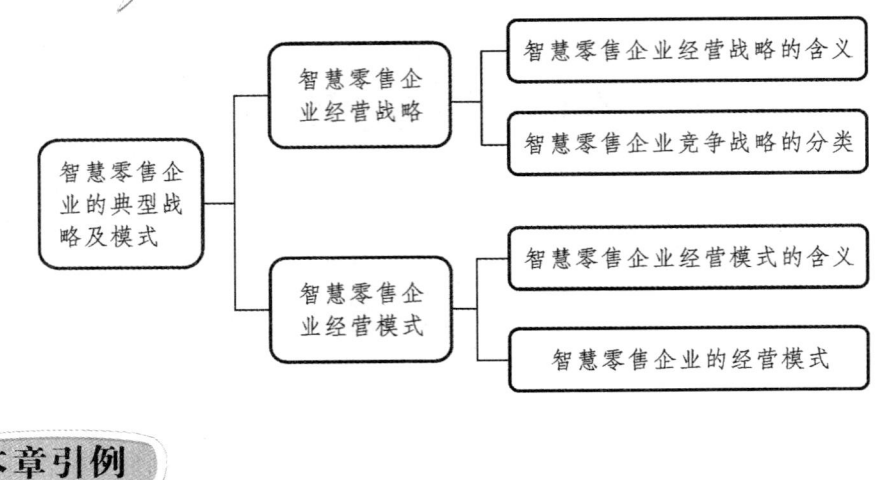

本章引例

苏宁的经营特色

苏宁易购集团股份有限公司（简称苏宁）的经营商品涵盖传统家电、消费电子、百货、日用品、图书、虚拟产品等综合品类，正品行货、品质服务、便捷购物、舒适体验，受到消费者的广泛认可。苏宁先后开创了"自营服务""3C+模式""后台战略""智慧苏宁""互联网+零售"等一系列经营管理创新模式。

1. 全场景智慧零售

苏宁控股集团董事长张近东于 2017 年提出智慧零售的概念，他认为智慧零售就是将零售行业回归到人本主义，将消费者看作未来的零售核心。在他看来，要想实现零售行业整体的智慧升级，必须整合全行业、全渠道的力量，打破场景壁垒，实现不同场景之间的优势互补，让每个企业都能在智慧零售体系中拥有自己的位置，并能在智慧零售的进程中获益。在智慧零售的每一个环节，从采购、销售、服务、渠道和业态，都经过大数据积累分析，完成商品、用户、支付的数字化，最终为用户提供高品质服务。

2. 科技苏宁

作为"科技苏宁、智慧服务"发展战略的核心驱动力，苏宁建立了线上线下成熟完善的智慧零售技术体系。目前苏宁已在美国硅谷，中国北京、上海、南京、武汉等地设立研发基地，苏宁通过云计算、大数据、AI 等前沿技术的导入，形成了以智慧零售大脑（RaaS, Retail as a Service）为核心的生态系统，为用户提供全球领先的智慧服务。在苏宁的零售体系中已经完成了全链路的数字化建设，包括人力资源即服务（HaaS）体系，存储、网络、IDC 及 IOT 设备的基础设施即服务（IaaS）体系，AI 平台、大数据平台、云平台共同构成的平台即服务（PaaS）体系和千人千面、无人门店、AI 客服、智慧家庭等在内的软件即服务（SaaS）体系，而智慧零售大脑（Raas）是这一系列数字化体系的集成。

3. 场景苏宁

苏宁一直致力于构建全场景智慧零售生态系统，实现从线上到线下，从城市到乡镇的全覆盖，为用户搭起随时可见、随时可触的智慧零售场景，满足用户多样化的需求。苏宁易购 App、苏宁广场、苏宁小店已成为苏宁最重要的场景互联网门户。在社交营销领域，基于苏小团、苏宁推客等一系列工具，消费者可以更精准触达所需产品。在综合购物场景，苏宁有苏宁易购官方旗舰店（猫宁电商）；在社交电商领域，有苏宁拼购；在百货购物层面，有苏宁易购 PLAZA（万达百货）；在家电 3C 消费层面，有苏宁易购电器店和日本 LAOX；家居家用消费，有 Hygge、苏宁极物等；在母婴、体育、汽车、娱乐休闲等场景，有苏宁体育店、苏宁影城等；在用户日常生活场景，还提供体彩、二手房买卖、代收快递、家电维修清洗等服务。

4. 用户苏宁

苏宁易购打造"SUPER 会员"，会员的特色在于"无限场景，一个会员"。这是基于苏宁全场景业态布局、全时全域立体化物流能力构建、场景零售 OS 能力构筑，以及苏宁对消费者长期深入的理解和洞察，相比行业其他的会员解决方案，苏宁场景会员是全场景一站式的，并打通会员的购物、娱乐休闲、生活服务等场景权益，从社区到购物中心，从有形到无形，聚焦用户的体验，用场景激活用户的体验。

资料来源：苏宁易购集团股份有限公司[EB/OL]. 百度百科，2022-10-12.

【思考】

1.案例中展示了苏宁智慧零售哪些经营模式？各有什么特点？
2.一个传统企业如何让自己走上智慧经营的道路？

3.1 智慧零售企业经营战略

3.1.1 智慧零售企业经营战略的含义

企业经营战略，是企业面对激烈变化、严峻挑战的环境，为求得长期生存和不断发展而进行的总体性谋划。它是企业战略思想的集中体现，是企业经营范围的科学规定，同时又是制订企业发展计划的基础。更具体地说，企业经营战略是在符合和保证实现企业使命的条件下，在充分利用环境中存在的各种机会，或是创造新机会的基础上，确定企业同环境的关系，规定企业从事的经营范围、成长方向和竞争策略，合理地调整企业结构和分配企业所拥有的全部资源。从其制定要求看，企业经营战略是用机会、威胁评价现在和未来的经营环境，用优势和劣势评价企业现状，进而选择和确定企业的总体、长远目标，并制定和抉择实现目标的行动方案。

20 世纪 80 年代初，哈佛商学院大学教师迈克尔·波特提出"波特五力分析模型"（见图 3.1.1），用以帮助企业进行经营战略分析和制定。他认为行业中存在着决定竞争规模和程度的 5 种力量，这 5 种力量综合起来影响着行业的吸引力以及行业现有企业的经营战略选择。这5种力量分别为：现有竞争者的竞争能力、潜在竞争者进入的能力、替代品的替代能力、供应商的讨价还价能力和购买者的讨价还价能力。

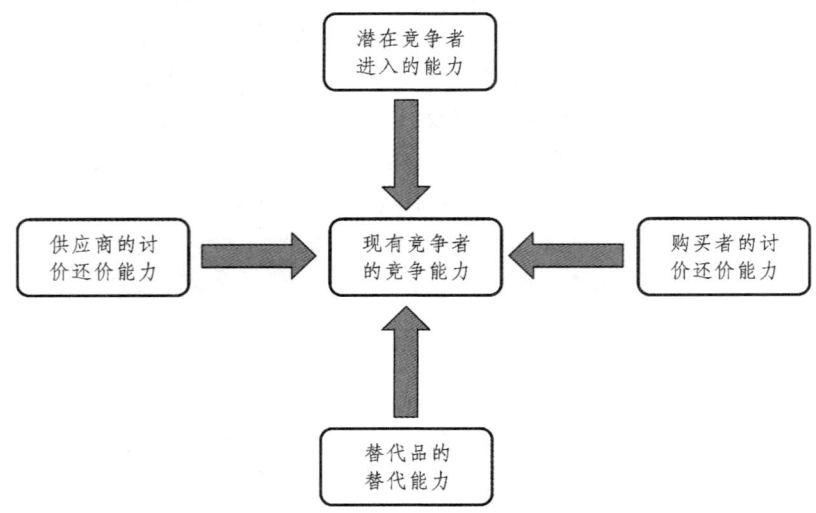

图 3.1.1　波特五力模型

1. 现有竞争者的竞争能力

大部分行业中的企业，相互之间的利益都是紧密联系在一起的，作为企业整体战略一部分的各企业竞争战略，其目标都在于使自己的企业获得相对于竞争对手的优势，所以，在实施中就必然会产生冲突与对抗现象，这些冲突与对抗就构成了现有企业之间的竞争。现有企业之间的竞争常常表现在价格、广告、产品介绍、售后服务等方面，其竞争强度与许多因素有关。

一般来说，行业中现有企业之间竞争加剧主要表现在以下几个方面：①行业进入障碍较低，势均力敌竞争对手较多，竞争参与者范围广泛；②市场趋于成熟，产品需求增长缓慢；③竞争者企图采用降价等手段促销；④竞争者提供几乎相同的产品或服务，消费者的转换成本很低；⑤一个战略行动如果取得成功，带来的收入相当可观；⑥行业外部实力强大的公司在接收了行业中实力薄弱企业后，发起进攻性行动，结果使刚被接收的企业成为市场的主要竞争者；⑦退出障碍较高，即退出竞争要比继续参与竞争代价高。在这里，退出障碍主要受经济、战略、感情以及社会政治关系等方面因素的影响，具体包括：资产的专用性、退出的固定费用、战略上的相互牵制、情绪上的难以接受、政府和社会的各种限制等。

2. 潜在竞争者进入的能力

新进入者在给行业带来新生产能力、新资源的同时，希望自己可以在已被现有企业瓜分完毕的市场中赢得一席之地，这就有可能会与现有企业发生原材料与市场份额的竞争，最终导致行业中现有的企业盈利水平降低，严重的话还可能危及这些企业的生存。竞争性进入威胁的严重程度取决于两方面的因素：进入新领域的障碍大小；预期现有企业对于进入者的反映情况。

进入障碍主要包括规模经济、产品差异、资本需要、转换成本、销售渠道开拓、政府行为与政策、不受规模支配的成本劣势、自然资源、地理环境等方面，其中有些障碍很难借助复制或仿造的方式来突破。预期现有企业对进入者的反映情况，主要是采取报复行动的可能性大小，则取决于有关厂商的财力情况、固定资产规模、行业增长速度等。总之，新企业进入一个行业的可能性大小，取决于进入者主观估计进入该行业所能带来的潜在利益、所需花费的代价与所要承担的风险三者的相对大小情况。

3. 替代品的替代能力

两个处于不同行业中的企业，可能会由于所生产的产品是互为替代品，从而在它们之间产生相互竞争的行为。这种源自替代品的竞争，会以各种形式影响行业中现有企业的竞争战略。

首先，现有企业产品售价以及获利潜力的提高，会因存在着能被用户方便接受的替代品而受到限制。其次，由于替代品生产者的侵入，现有企业必须提高产品质量，或者通过降低成本来降低售价，或者使其产品具有特色，否则其销量与利润增长的目标就有可能受挫。最后，源自替代品生产者的竞争强度，受产品买主转换成本高低的影响。

总之，替代品价格越低、质量越好、用户转换成本越低，其所能产生的竞争压力就越强；而这种来自替代品生产者的竞争压力的强度，可以具体通过考察替代品销售增长率、替代品厂家生产能力与盈利扩张情况来加以描述。

4. 供应商的讨价还价能力

供应商主要通过其提高投入要素价格与降低单位价值质量的能力，来影响行业中现有企业的盈利能力与产品竞争力。供应商力量的强弱主要取决于他们所提供给买主的是什么投入要素，当供应商所提供的投入要素的价值构成了买主产品总成本的较大比例、对买主产品生产过程非常重要，或者严重影响买主产品的质量时，供应商对于买主的潜在讨价还价力量就大大增强。一般来说，满足如下条件的供应商会具有比较强大的讨价还价力量：

（1）供应商所在行业为一些具有比较稳固的市场地位而不受市场激烈竞争困扰的企业所控制，其产品的买主很多，以至于每一单个的买主都不可能成为供方的重要客户。

（2）供应商的产品各具有一定特色，以至于买主难以转换或转换成本太高，或者很难找到可与供方企业产品相竞争的替代品。

（3）供应商能够方便地实行前向联合或一体化，而买主难以进行后向联合或一体化。

5. 购买者的讨价还价能力

购买者主要通过其压价，或是要求提供较高的产品或服务质量的能力，来影响行业中现有企业的盈利能力。影响购买者讨价还价能力的主要有以下因素：

（1）购买者的总数较少，而每个购买者的购买量较大，占了卖方销售量的很大比例。

（2）卖方行业由大量相对来说规模较小的企业所组成。

（3）购买者所购买的基本上是一种标准化产品，同时向多个卖主购买产品在经济上也完全可行。

（4）购买者有能力实现后向一体化，而卖主不可能前向一体化①。

波特五力模型用于经营战略的分析，可以有效地分析客户的竞争环境。波特的"五力分析法"，是对一个产业盈利能力和吸引力的静态断面扫描，说明该产业中的企业平均具有的盈利空间，所以这是一个产业形势的衡量指标，而非企业能力的衡量指标。通常，这种分析法也可用于创业能力分析，以揭示本企业在本产业或行业中具有何种盈利空间。

关于五力分析模型的理论是建立在以下3个假定基础之上的：第一，制定战略者需要了解整个行业的信息，而显然现实中是难于做到的。第二，同行业之间只有竞争关系，没有合作关系。但现实中企业之间存在多种多样的合作关系，不一定只有你死我活的竞争关系。第三，行业的规模是固定的，因此，只有通过夺取对手的份额来占有更大的资源和市场。但现实中，企业之间往往不是通过吃掉对手，而是可以通过与竞争对手共同做大行业的蛋糕，来获取更大的资源和新的消费市场。同时，市场本身可以在不断发展、开发、创新中来增大其容量。

3.1.2 智慧零售企业经营战略的分类

1. 基本竞争战略

依据不同的分类方法，企业经营战略有不同的分类。结合波特五力模型中的5种力量，迈克尔·波特提出了3种基本的竞争战略，即成本领先战略、差异化经营战略、目标集聚战略（见表3.1.1）。

表 3.1.1　3种基本竞争战略对比

基本竞争战略	成本领先战略	差异化经营战略	目标集聚战略
概念	企业降低经营成本，以较低的总成本赢得竞争优势	企业凭借自身的技术优势和管理优势，为使企业产品、服务、企业形象等与竞争对手有明显的区别，以获得竞争优势	企业将经营重点集中在某一特定的顾客群体，某产品系列的细分区段或某一特定的经营地区市场上，力争在局部市场领域取得竞争优势

---

① 后向一体化，指企业通过收购或者兼并原材料供应商等方式获得原材料，拥有或者控制其生产所需供应系统，实行供产一体化。换言之，企业利用自身在产品上的优势，把原来属于外购的原材料改为自行生产的战略。前向一体化，即相对应于后向一体化，企业通过收购或者兼并销售企业，拥有或者控制其产品的分销系统，实行产销一体化。换言之，企业根据市场需求和生产技术的可行性，利用自身优势，把产品进行深加工抑或是自行分销的战略。

续表

基本竞争战略	成本领先战略	差异化经营战略	目标集聚战略
优势	形成业内进入障碍；增强企业讨价还价能力；防止竞争者威胁；打造自身规模经济效应	保持较高的价格和利润；提高行业进入门槛；建立品牌优势；增强企业谈判的优势；防止替代品的威胁	目标市场明确；顾客认可度高；替代品威胁小；市场机会多
劣势	利润低；竞争者模仿；用户偏好转移；市场敏感性迟钝；低价优势丧失	易出现错误的差异化、过度差异化；竞争者模仿；顾客需求下降	盈利能力受限；细分市场减少或消失；企业转换成本高

（1）成本领先战略。

成本领先战略，又称低成本战略，是指企业通过有效的途径降低其经营过程中的成本，使企业以较低的总成本赢得竞争优势的战略。按照波特的思想，成本领先战略应该体现为相对于对手而言的低价格，但这并不意味着仅仅获得短期成本优势或仅仅是削减成本，而是一个"可控制成本领先"的概念。此战略成功的关键是，在满足顾客认为最重要的产品特征与服务的前提下，实现相对于竞争对手的、可持续性的成本优势。换言之，实施低成本战略的企业必须找出成本优势的持续性来源，能够形成防止竞争对手模仿优势的障碍，这种低成本优势才能够持久。

一般情况下，采用成本领先战略的企业，其成本优势的来源可以包括追求规模经济、专利技术、原材料的优惠待遇以及其他因素。需要特别说明的是，成本领先并不等同于价格最低。典型的低成本企业，强调从一切来源中获得规模经济的成本优势或绝对成本优势。如果一个企业能够取得并保持全面的成本领先地位，那么，它只要能够保证使价格相等或接近于该产业的平均价格水平，就会成为其所在产业中高于平均水平的优胜者。当成本领先企业的价格相当于或低于其竞争企业时，它的低成本地位就会转化为企业的高收益。同时，在成本上占据领先地位的企业，也不能忽视其产品特性方面的别具一格。因为一旦成本领先企业的产品，在客户眼里如果不能够与其竞争厂商的产品相提并论或是能够被接受，它就要被迫削减价格，甚至是大大低于竞争企业的价格以保持或增加企业销售额，这就可能会失去其成本优势所带来的竞争优势。

[案例]我国知名的手机品牌——小米，其公司（小米科技有限责任公司）成立于2010年，创造了用互联网模式开发手机操作系统、"发烧友"参与开发改进的模式，是典型的成本领先战略企业。首先，小米将其重心放在手机软件研发上，而将硬件的生产制造全部外包出去，极大地降低了建立工厂生产的成本。其次，小米的营销和销售渠道，主要都是通过网络，采用互联网直销的模式，与传统手机通过实体经销商销售相比，减少了中间代理商及各级经销商的加价。通过这些方法，小米的成本低于竞争对手，从而获得竞争优势。

而在降低成本的同时，小米团队也没有放弃软件和硬件的质量，这使它最终能以成本领先战略，在手机行业里占领属于自己的消费市场。

资料来源： 小米手机的成本领先与差异化战略并行实施[EB/OL]. 百度文库，https://wenku.baidu.com/view/fe7b9735a000a6c30c22590102020740be1ecd6c.html?_wkts_=1676884814522．

（2）差异化经营战略。

差异化经营战略，又称别具一格战略，是指企业凭借自身的技术优势和管理优势，使企业产品、服务、企业形象等与竞争对手有明显的区别，以获得竞争优势而采取的战略。这种战略的重点在于创造被全行业和顾客都视为是独特的产品或服务，或是开发和生产出在性能、功能和质量上都优于市场上现有产品水平的创新产品，并使新产品能够满足消费者的需求。企业通过差异化战略，可以有效地培养消费者对企业品牌的忠诚度，可以使企业获得高于同行业平均水平的企业利润。差异化战略可以从不同的角度入手，常见的有以下几种类型：产品差异化战略、服务差异化战略、人事差异化战略、形象差异化战略、渠道差异化战略等。对于企业来讲，最理想的差异化是企业结合自身经营实际，有效地采用一个方面或是多个方面的差异化战略。

产品差异化战略，是从产品质量、款式、用途等方面实现差异，寻求产品与众不同的特征。对同一行业的竞争对手来说，产品的核心价值基本是相同的，因此差异化要从性能和质量上着手。例如：在众多的洗发水品牌当中，海飞丝以其高效地去除头皮屑而为消费者所熟知；飘柔则以能够让秀发更加飘逸柔顺而深受消费者喜爱；沙宣则主要以其对受损头发的修复作用深受喜欢染发烫发类消费者的欢迎等。

服务差异化战略，是企业在服务内容、服务渠道和服务形象等方面采取有别于竞争对手而又突出自己特征，以战胜竞争对手的一种做法，目的是要通过服务差异化突出自己的优势，与竞争对手相区别。例如：餐饮行业中以别具一格的服务吸引消费者的知名火锅品牌——海底捞。海底捞秉承"服务至上、顾客至上"的理念，以创新为核心，改变传统的标准化、单一化的服务，提倡个性化的特色服务，将用心服务作为基本理念，致力于为顾客提供"贴心、温馨、舒心"的服务。无论是就餐前的用心泊车服务，还是就餐中拉面表演、帮助消费者照顾小孩等服务，抑或是就餐后赠送给消费者的小礼物，以及整个用餐过程中满足消费者的各项合理需求，都是其服务差异化战略的充分体现。

人事差异化战略，是指通过聘用、培训等方式收获比竞争者更为优秀的人员，以获取企业员工的差别优势。训练有素的企业员工应能体现出6个特征：胜任、礼貌、可信、可靠、反应敏捷、善于交流。零售经营归根到底需要企业员工的积极参与，企业需要培养专业的技术人员、管理人员和销售人员，从而增强企业整体的软实力。人事差异化战略是企业缩减营业成本、提高经济效益的一件利器。

形象差异化战略，是指在产品的核心部分与竞争者类同的情况下，塑造不同的产品形象以获得差别优势。形象就是公众对产品和企业的看法、感受。塑造形象的工具有名称、颜色、标识、标语、环境、活动等。在实施形象差异化时，企业需要有创造性的思维，并结合消费市场需求的实际，持续不断地利用企业所有的传播工具，展现企业有别于竞争对手的企业形象。

渠道差异化战略，是指企业从经营的渠道策略、渠道设计、渠道建立、渠道管理、渠道维护、渠道创新等方面进行差异化战略。该战略首先要解决的是量体裁衣，让渠道以最佳的效率保持与目标市场的接触，不同的目标市场对应着不同的渠道手段。随着互联网的高速发展，众多电商平台应运而生，为消费者带来了足不出户便能购买到心怡商品的电商业务。

例如：把书店由传统线下实体店搬到了线上的当当网，便是在销售渠道上采用了差异化的战略；随着科技的高速发展，现如今无人销售柜在各个客运站点分布，大大减少了传统店铺在店员方面的成本，进而实现了企业经营效益的提升；还有企业跨越终端直达社区。如国内最大的防盗门企业美心集团，把目光从专业市场和大商场的普通终端，转移到了更接近消费者的社区，每当新楼盘落成，业主即将入住时，便在新楼盘附近临时搭建一个美心门专卖店，在业主眼皮底下展示美心系列产品，为业主提供选择、购买、搬运的方便，这是一种比任何宣传和促销更有效的社区销售渠道。

（3）目标集聚战略。

目标集聚战略是企业将经营重点集中在某一特定的顾客群体，某产品系列的细分区段或某一特定的经营地区市场上，力争在局部市场领域取得竞争优势。其成功的关键，一是选择那些购买者具有不同偏好或者特殊需求的小市场；二是能够形成可以满足目标细分市场需求的特殊能力。该战略的优势是集中精力于局部市场，需要的投资较少，因此多被中小型企业所采用。目标集聚战略可以帮助中小企业创造自己的竞争优势，最终占有市场份额。对于比较成熟的大企业，在选择进入某个新的行业或者市场领域时，也可以实施目标集聚战略，寻找合适的集聚点进入对应领域。同时，可以通过采用多次目标集聚战略，实现目标组合，从而扩张企业经营业务，获取企业经营利润。

总体上看，目标集聚战略，一方面能满足某些消费者群体的特殊需要，具有与差异化战略相同的优势；另一方面因可以在较窄的领域里以较低的成本进行经营，又兼有与低成本战略相同的优势。

[案例] 20世纪90年代，格力空调作为中国家电企业中唯一坚持目标聚焦战略的企业，始终致力于空调的研发和制作。从公司整体的业务来看，其主营业务单一，空调业务为公司主营业务，占据了97%以上的公司业务份额。"好空调，格力造！"，曾是多个广告平台上熟悉的广告词，事实亦是如此，格力是全球最大的家用空调制造商，通过品牌和市场多年聚焦形成了绝对优势，产品议价能力强，在物价不断上涨带来成本上涨的情况下，依然能保持着其在家用空调方面较高的市场份额。随着消费水平的提高，消费需求的升级，格力在目标集聚战略下进行了进一步的市场细分，并针对不同的细分市场推出了差异化的产品。例如：适用于三室一厅的家庭之用的家用灯箱柜机；适用于酒吧饭店的带有广告兼制冷的灯箱柜式空调；适用于黄金地段商店的三匹壁挂机、分体吊顶式空调、分体式天井空调等；适用于中东地区白天60多摄氏度到晚上零下几摄氏度温差的沙漠空调等。

资料来源：盒马鲜生的6大揭秘，都是新零售干货[EB/OL]. thinktank新智囊，https://www.sohu.com/a/297658049_505841?sec=wd，2019-02-26.

2. 其他战略类型

常见的其他企业战略还包括：拓展型战略、稳健型战略和紧缩型战略。

（1）拓展型战略。

拓展型战略是指企业采用积极进攻态度的战略形态，主要适用于行业龙头企业、有发展后劲的企业及新兴行业中的企业，适用的商品是增值型创新产品类型。拓展型战略的具体战略形式主要有市场渗透战略、多元化经营战略、联合经营战略等（见图3.1.2）。

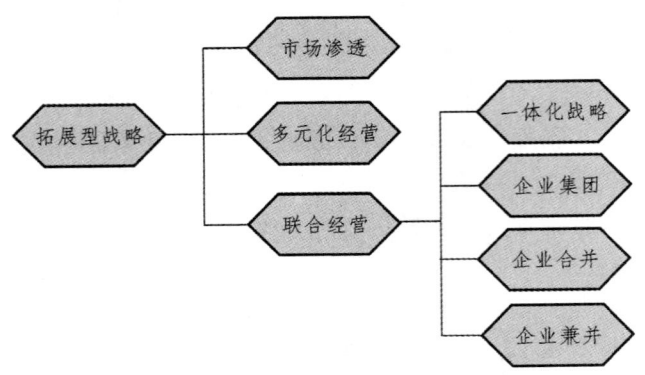

图3.1.2 拓展型战略类型

市场渗透战略，是指实现市场逐步扩张的战略，可以通过扩大生产规模、提高生产能力、改进产品用途、拓宽销售渠道等单一策略或组合策略来开展。战略核心在于利用现有产品开辟新市场实现渗透或者向现有市场提供新产品实现渗透。市场渗透战略是比较典型的扩展型战略。成本领先战略、差异化战略、目标集聚战略3种最有竞争力的战略形式均为市场渗透战略。

多元化经营战略，是指一个企业同时经营两个或两个以上行业的拓展战略，又称"多行业经营"。多元化经营战略适合大中型企业选择，该战略能充分利用企业的经营资源，提高闲置资产的利用率，通过扩大经营范围，缓解竞争压力，降低经营成本，分散经营风险，增强综合竞争优势，加快集团化进程。实施多元化战略应考虑选择行业的关联性、企业控制力及跨行业投资风险。

联合经营战略，是指两个或两个以上独立的经营实体或企业，横向联合成立一个经营实体或企业集团的拓展战略。实施该战略有利于实现企业资源的有效组合与合理调配，增加经营资本规模，实现优势互补，增强集合竞争力，加快拓展速度，促进规模化经济的发展。联合经营战略主要可以分为：一体化战略、企业集团战略、企业合并战略、企业兼并战略4种类型。

一体化战略，是由若干关联单位组合在一起形成的经营联合体，主要包括垂直一体化（生产企业同供应商、销售商串联）、前向一体化（生产企业同销售商联合）、后向一体化（生产商同原料供应商联合）、横向一体化（同行业企业之间的联合）。该战略的优点是通过关联企业的紧密联合，实现资源共享，降低综合成本；其缺点是管理幅度加大，不利于资源调配与利益关系的协调。

企业集团战略,是由若干个具有独立法人地位的企业以多种形式组成的经济联合组织,组织结构层次分为:集团核心企业(具母公司性质的集团公司)、紧密层(由集团公司控股的子公司组成)、半紧密层(由集团公司参股企业组成)、松散层(由承认集团章程并保持稳定协作关系的企业组成)。紧密层、半紧密层同集团公司的关系以资本为纽带,而松散层同集团公司的关系是以契约为纽带。集团公司同紧密层组合就可以构成企业集团,集团公司与企业集团的区别在于:集团公司是法人,企业集团是法人联合体,不具有法人资格。集团公司内部各成分属紧密联合,企业集团各成分属多层次联合。

企业合并战略,是指参与企业通过所有权与经营权同时有偿转移,实现资产、公共关系、经营活动的统一,共同建立一个新法人资格的联合形式。采取合并战略,能优化资源结构,实现优势互补,扩大经营规模,但同时也容易吸纳不良资产,增加合并风险。

企业兼并战略,是企业通过现金购买或股票调换等方式获得另一个企业全部资产或控制权的联合形式,其特点是:被兼并企业放弃法人资格并转让产权,但保留原企业名称成为存续企业。兼并企业获得产权,并承担被兼并企业债权、债务的责任和义务。兼并可以整合社会资源,扩大生产规模,快速提高企业产量,但也容易分散企业资源,导致管理失控。

(2)稳健型战略。

稳健型战略,又称防御型战略、维持型战略,是采取稳定发展的战略形态,主要适用于中小企业或处于经营低谷的大型企业。本战略侧重于保存企业实力,能够有效地进行经营风险的控制,但缺点在于其发展速度缓慢,企业竞争力比较差。稳健型战略包括4种类型:暂停战略、无变化战略、维持利润战略、谨慎前进战略(见图3.1.3)。

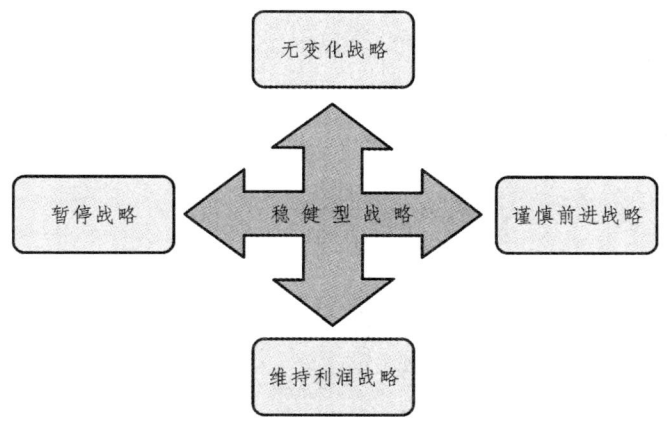

图 3.1.3　稳健型战略类型

暂停战略,是指企业经过一段时期的快速成长之后,出现经营管理缺乏效率,或者是企业通过购买或内部发展而新增的事业部或分公司,造成各种资源过于分散的情况下,企业可以采用暂停战略,在一段时期内降低企业目标水平,放慢快速成长的步伐,使企业能够将各种资源合并在一起使用。

无变化战略,就是基本没有什么变化的战略。企业采用这种战略的原因有两种:一种是企业过去的经营相当成功,同时企业内外环境没有发生重大变化;另一种是企业本身不存在重大的经营问题或隐患,没有必要进行企业战略的调整。在这两种情况下,企业的管理者和职员不希望企业进行重大的战略调整,相反进行调整可能会在一定时期内降低企业的利润总额。采用无变化战略的企业除了每年按通货膨胀率调整其目标外,其他暂时保持不变。

维持利润战略,是指为了维持目前的利润水平而牺牲企业未来成长的战略。维持利润战略注重短期效果而忽略长期利益,其目标在于渡过暂时性的难关,因而常常是在经济形势不景气时采用,以便维持企业的经济状况和效益,实现其稳定发展。但如果使用不当,维持利润战略可能会损伤企业元气,影响企业长期发展。

谨慎前进战略,是指如果企业遇到外部环境中的某一重要因素难以预测或变化趋势不明显的情况,企业的某一战略决策就要有意识地降低实施进度,步步为营,谨慎前进。

(3)紧缩型战略。

紧缩型战略,是企业采用保守经营状态的战略类型,主要适用于处于市场疲软、通货膨胀、产品进入衰退期、管理失控、经营亏损、资金不足、资源匮乏、发展方向模糊的危机企业。紧缩型战略主要有3种形式,即转移战略、撤退战略和清算战略(见图3.1.4)。

转移战略,是通过改变经营计划、调整经营部署,转移或收缩市场区域,转移行业领域等减少企业亏损及支出的战略。

撤退战略,是指企业通过削减支出、降低商品数量、减少商品种类等,退出或者放弃部分原有经营领域或者市场渠道的战略。

清算战略,是企业通过出售或转让部分或全部企业资产,以偿还债务或直接停止经营活动的战略。

紧缩型战略的优势在于可以通过整合有效资源、优化产业结构保存企业有生力量,减少企业亏损以达到延续企业生命的目的,进而通过集中优势资源,结合企业内部改革,谋求企业新的发展。其劣势在于容易荒废企业部分有效资源,影响企业声誉,导致员工士气低落,造成人才流失,甚至威胁企业生存。因此,紧缩型战略的关键点在于调整经营思路、精简组织机构、优化产业结构、盘活积压资金、压缩不必要的开支,以帮助企业渡过难关,争夺新的发展机会。

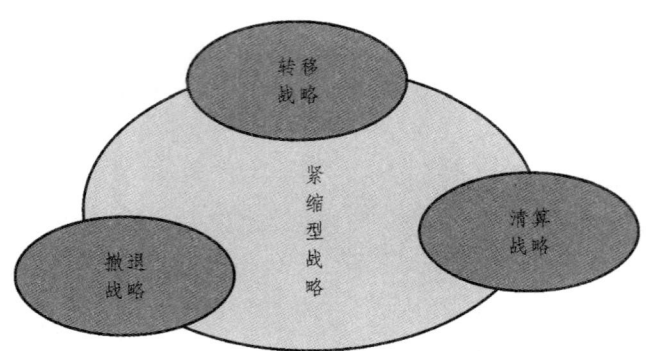

图 3.1.4 紧缩型战略类型

3.2 智慧零售企业经营模式

3.2.1 智慧零售企业经营模式的含义

智慧零售企业经营模式,是指智慧零售企业根据智慧零售的经营宗旨,为实现智慧零售企业的价值定位所采取的方式、方法的总称,是智慧零售企业在进行市场分析的基础之下对市场做出反应的一种范式,这种范式在特定的市场环境下行之有效。

智慧零售企业首先有企业自身的价值定位,结合现有的市场环境及技术条件,选择实现其价值的方式是多样的,是通过直接交换,还是通过间接交易;是直接面对消费者,还是间接面对消费者,采取什么样的方式和方法,需要智慧零售企业结合自身经营情况、市场环境等因素综合考虑并做出抉择。

3.2.2 智慧零售企业的经营模式

智慧零售企业经营模式是企业根据其经营宗旨,为实现企业所确认的价值定位所采取的方式和方法,无论采用什么方式方法,其落脚点在于实现企业价值,帮助企业增强竞争力,实现企业经济效益。

1. 商品差异化经营模式

商品,是所有企业开拓经营业务,提高竞争力的重要媒介,对于智慧零售企业亦是如此。从市场经营的角度讲,商品是使消费者购买以后得到的整体效用和满足感,商品对消费者的有用性是消费者购买的真正原因。因此,商品是智慧零售企业进行经营业务的基础。

商品差异化是指企业通过某种方式改变那些基本相同的产品,以使消费者相信这些商品存在差异而产生不同的偏好。商品差异化模式是指智慧零售企业能够向顾客提供在行业内独具特色的产品和服务,这种特色产品和服务足以给企业商品带来额外的价值。如果智慧零售企业的商品呈现的溢出价格超过其商品独特性所增加的成本,那么拥有这种差异化商品的企业将取得竞争优势。

智慧零售企业在提供商品过程中,造成足以区别于其他同类产品以吸引购买者的特殊性,从而导致消费者的偏好和忠诚。这样商品差异化不仅迫使外部进入者耗费巨资去征服现有客户的忠实性而由此造成某种障碍,而且又在同一市场上使本零售企业与其他企业区别开来,以商品差异为基础争夺市场竞争的有利地位。因此,智慧零售企业在商品差异化经营中,应立足于商品自身定位和特色,选出适合自身发展的核心商品,来打造自己差异化的特质,赢得市场占有率。

[案例] 盒马鲜生,阿里巴巴对线下超市完全重构的新零售业态,在居民聚集区域开设实体店,同时也有着自己的线上购物平台——盒马 App。通过对市场需求的大数据分析,针对办公室场景中的办公人群,抓住上班族在外吃早餐、中餐时"排队、食物不新鲜"的"痛点",盒马进行差异化产品设计,推出新的业态形式——F2便利店。F2,为 Fast&Fresh 的简称,意味"快捷&新鲜",旨在锁定店铺周边500米内的办公室人群为消费群体,为他们提供早餐、午餐和下午茶。以"现吃现做、到店自提"的模式来体现盒马的新鲜生活理

念，商品多为盒马自主品牌，采取合作工厂加工半成品、店内小型中央厨房人工+机器制作的方式，推出比传统便利店更本地化、更时尚，略贵一点的菜单，满足上班族对获得餐食速度和对食物品质的双重追求。

资料来源： 孩子王的重度会员经营体系[EB/OL]. 中国连锁经营协会，http://www.ccfa.org.cn/portal/cn/xiangxi.jsp?id=441158，2019-11-29.

2. 关注服务经营模式

密切关注细节，是零售行业的制胜法宝，零售经营除了售卖商品便是提供服务，而商品的售卖亦伴随着一系列的服务。智慧零售活动中，涉及服务的环节更为广泛。近年来，智慧零售能够得到大力发展，其突出优势在于可以借助科技手段，通过大数据分析洞悉消费者真实需求，并为消费者提供有针对性的精准服务，为消费者提供更便捷的服务、更便利的生活。同时，智慧物流配送、会员服务等智慧零售中商品售卖的各个细节，能够为消费者提供满意、舒适的购物服务是保障智慧零售企业维持其核心竞争力的重要环节。关注服务的经营模式，是众多智慧零售企业关注并采用的一种经营模式。

[案例] 孩子王依靠会员制进行顾客服务管理，重视"经营顾客关系"，一直遵循"互动产生情感，情感产生黏性"的经营思路，侧重关注门店员工与会员间的交互。在会员制管理中，不断地对会员体系进行升级，重点推出"黑金PLUS"高端会员服务，通过整合孩子王平台和外部合作伙伴的优质资源，向核心用户提供更优质的购物体验和定制个性化育儿成长服务。同时，孩子王借助线上的微信社群，丰富并提升用户体验的途径。据了解，目前孩子王有上万个社群，大约覆盖300万用户。育儿顾问会在微信群里免费实时解答妈妈们的疑问，并不断输出分享原创的育儿经验文章。在很多用户心目中，育儿顾问不再是销售员，而更像是育儿"老师"。在顾客管理中采用会员制，对比传统零售经营方式，智慧零售经营在此方面具有显著优势。

资料来源： "楽岛"音乐主题咖啡店！带你走进幽静婉转的空间！[EB/OL].LOGO大师，https://www.sohu.com/a/333260175_183589，2019-08-12.

3. 跨界协同经营模式

跨界协同经营，是指处于不同零售领域的企业，通过一定的合作方式，相互关联影响，使企业的商品能够更好地呈现给消费者，并被消费者认可。多领域企业之间跨界协同，可以将资源放在新经济增长点，使参与协同的各家企业获得更多盈利。

随着零售经营行业的快速发展，消费者的价值诉求和消费需求日益丰富，智慧零售企业着力通过商品、服务、经营环境等各方面的提升以满足顾客需求。跨界协同经营，可以通过企业内部合作、外部协作的方式，充分利用优势互补，实现多元化经营，更好、更全面地服务消费者。一方面，大型智慧零售企业可以充分利用自身优势，发挥自身拥有的大数据，发展设施高效智能、功能便利完备、信息互联互通、业态功能互补、客户资源共享的业态综合经营体。另一方面，在不同的行业之间可以结合自身特色、扬长避短，发挥协作共赢的力量，为消费者提供更好的服务体验，同时也为企业创造更多的经济效益。

[案例] 专注于咖啡制作的瑞幸咖啡与以做音乐见长的网易云音乐协作,联合推出了"楽岛"音乐主题咖啡店,于2019年8月5日正式对外营业,选址位于上海思南公馆35号。"楽岛"是一家集音乐体验和咖啡饮品为一体的长期音乐主题咖啡店。"楽岛"意为,每个人都像是独立而自傲的岛,是江河湖海让人们有了联系,而音乐如同流水,串起每个热爱音乐的独立个体。品牌希望每个人在这里都能找到一份属于自己的快乐。此次跨界,在线下主题店的设计、饮品开发、线上视觉、产品宣传视觉等方面,两个品牌都深度进行创意结合,赋予产品更多的可能性。瑞幸咖啡和网易云音乐两个面向年轻人的品牌强强联合,根据受众的特性,找到了"楽岛"这个核心概念,并贯穿于整个营销活动中,打动了许多年轻的消费者。线下的主题店有来自全国的顾客前来打卡,主题饮品也在发售的第一周在很多城市售罄,并且带动了此饮品品类的整体销量提升。一个新零售咖啡品牌与互联网音乐平台的强势跨界,席卷了一批年轻消费者的社交圈。在活动发布后,社交媒体和新闻也争相报道,媒体阅读量破100万以上,品牌曝光量超过千万级。

资料来源: 百丽国际:让数字化赋能离客户最近的人[EB/OL].哈佛商业评论,https://www.hbrchina.org/2019-01-25/7103.html, 2019-01-25.

4. 去中心化变革

去中心化,是互联网发展过程中形成的社会关系形态和内容产生形态,是相对于"中心化"而言的新型网络内容生产过程,由权级平等的全体网民共同参与、共同创造,任何人都可以在网络上表达自己的观点或创造原创的内容,共同生产信息。之后随着更多简单易用的去中心化网络服务的出现,为互联网生产或贡献内容更加简便、更加多元化,从而提升了网民参与贡献的积极性,降低了生产内容的门槛,每一个网民均成为一个微小且独立的信息提供商,使互联网更加扁平、内容生产更加多元化(见图3.2.1)。去中心化体现的是开放式、扁平式、平等性的系统现象或结构(见图3.2.2)。去中心化,不是不要中心,而是自由选择中心、自由决定中心。在去中心化系统中,任何人都可以成为一个中心,然而任何中心都不是永久的,而是阶段性的。智慧零售企业需要对企业科技部门进行组织结构的去中心化,并对员工进行相应的技术操作培训。

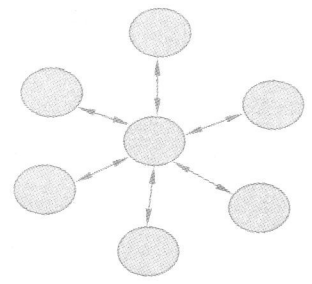

图3.2.1 中心化

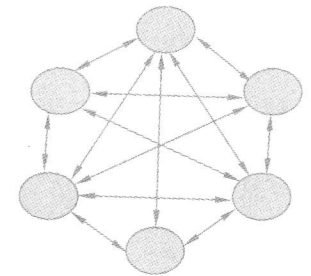

图3.2.2 去中心化

[案例] 百丽国际,是一家涵盖鞋类、运动和服饰3大业务的时尚运动产业集团,面对科技发展、电子商务力量的冲击,百丽主动寻求经营模式的改变,不断注入"聚焦客户、

去中心化、以人为本、赋能终端"的创新思维。百丽去中心化的思想就是要用店员的模式，用数字化的工具，让终端发挥活力。根据这一思路，百丽将庞大的"数据对齐"任务分散到每个店员的手中。店员可查看客户在本店的历史消费数据，可以增加客户数据维度，可以对自己的销售业绩进行查看和纠错，也可以根据数据反馈优化销售行为。在零售环节，借助去中心化的管理模式，百丽旗下 80 000 名店员都将拥有成为"特种兵"的机会；在生产环节，通过精益生产和科技赋能，每一生产线工作的人也有活力和改善的动力。百丽国际借助腾讯智慧零售去中心化的数字化工具——优 Mall 智慧门店解决方案，通过对进店客流量、顾客店内移动线路和属性进行数据收集，形成店铺热力图，帮助门店进行货品的陈列、摆放和优化，提升单店的产出。

资料来源：都市丽人上榜《哈佛商业评论》2018 年度零售业数字化案例[EB/OL].中国日报网，https://baijiahao.baidu.com/s?id=1627334645808044948&wfr=spider&for=pc，2019-03-07；都市丽人全链路智能化升级[EB/OL].人民资讯，https://baijiahao.baidu.com/s?id=1699460138173555368&wfr=spider&for=pc，2021-05-11.

5. 数字化经营模式

随着互联网、信息技术的不断发展、升级，数字化成为人们关注的焦点。从信息技术角度来看，数字化是将许多复杂多变的信息转变为可以度量的数字、数据，再以这些数字、数据建立起适当的数字化模型，把它们转变为一系列二进制代码，引入计算机内部，进行统一处理，这就是数字化的基本过程。数字技术把人与物的各种信息变成数字信号或数字编码，通过各种程序进行处理，并伴随和推动互联网、物联网等的发展，逐渐进入数据化与智能化等更高的阶段。联系到生活生产层面，数字化是把信息数字技术应用于某个领域的各个方面或某种产品的各个环节，借助数字信息处理技术对生活方式及生产方式进行调整和升级。数字化是零售企业的最新变革，谁能做到更精准洞察消费者，谁就能在竞争中取胜，是智慧零售企业赖以发展的核心技术。

[案例] 国内首家快时尚的内衣品牌——都市丽人（公司全称"广东都市丽人实业有限公司"），是集研发、生产、仓储物流、销售、营运于一体的现代化大型内衣品牌运营集团。其负责人表示：智慧零售是可以预见的未来，通过优化产业成本结构、提升数字化能力等手段，全面实现提升利润的目标。为此，都市丽人已经成立了专门的智慧零售公司，取代过去以部门为架构基础的项目化运营。具体来说，都市丽人要实现"6 个数字化能力"，即会员的数字化、商品的数字化、服务的数字化、门店的数字化、营销的数字化和供应链的数字化。比如，优 Mall 系统通过机器视觉和大数据分析能力，掌握店内的客流情况和客流属性，可为店员提供优化店内陈列和布局的指导意见；基于腾讯大数据的消费者洞察和销售预测，都市丽人通过优化产品设计，打造出更多的爆款单品，最终达到降低成本、提高利润的目标。

资料来源：京东便利店[EB/OL].百度百科，https://baike.baidu.com/item/%E4%BA%AC%E4%B8%9C%E4%BE%BF%E5%88%A9%E5%BA%97/20615731?fr=aladdin，2021-03-23；京东打破沉寂 便利店"战火重燃"[EB/OL].电商报，https://baijiahao.baidu.com/s?id=

1674780096492136312&wfr=spider&for=pc,2020-08-12.

6. 全渠道经营模式

全渠道经营,是指智慧零售企业采取尽可能多的零售渠道类型进行经营方式组合和整合,形成跨渠道经营的行为,以满足顾客购物、娱乐和社交的综合体验需求。这些渠道类型包括有形店铺(如实体店铺,服务网点等)、无形店铺(如上门直销、直邮、电话购物、电视商场、网店、手机商店等)以及信息媒体(如网站、呼叫中心、社交媒体、电子邮件、微博、微信等)。值得注意的是,这里的"全渠道"不是指企业一定要选择所有的渠道进行经营活动,而是指企业拥有着更多渠道类型进行选择、组合和整合。

从顾客角度来讲,零售企业的全渠道经营也可以看作是顾客购物途径和方式上面的全渠道。从形成原因上看,是信息技术革命带来的信息传播途径的拓展以及顾客生活方式的变化最终催生了零售企业全渠道经营模式。消费者获取商品信息的渠道不断增加,并日趋碎片化。对于企业来说,单一的渠道已不足以支撑业务的发展。而随着移动互联网的普及,全渠道才是未来发展的核心关键,即线上线下零售体系充分融合,以完成对消费者的多触点沟通,从而获取更多的流量资源,既向多业态融合发展,又向多渠道融合发展,即基于物流和外卖能力进行线下拓展,实现经营业务的全方位融合服务。

7. 社区便利店经营模式

社区便利店模式是在智慧零售业大力发展的背景下,再度得到诸多零售企业青睐的零售模式。同时,因其定位于建立社区生活服务圈,通过调整商品的结构提供更广泛的增值服务价值,社区便利店能够得到社区居民的广泛认可。零售企业可以依靠社区便利店,进行更加细致的消费者活动数据收集,实现线下向线上引流的举措,可以在竞争日趋激烈的电商经营中,帮助智慧零售企业得到有效的延伸与拓展。

[案例] 京东集团是我国电商行业领先企业,更是智慧零售企业的代表之一。在线上业务发展得如火如荼的同时,京东集团提出了"京东便利店"计划,随后,京东便利店成功进驻学校、火车站、加油站、高速公路服务区和政府办公楼等相对特殊的场所。京东便利店的特点在于京东线下版本的创新型智能门店,是京东新通路事业部秉承京东的无界零售理念打造的创新型智能门店,除了提供优质货源外,京东还将输出品牌、模式和管理,在"知人、知货、知场"的基础上,重构零售的成本、效率和体验。京东便利店用服务来替代价格战,用增值服务优化小店的管理,在小店接入多种增值服务,如代收包裹、虚拟代售、生活缴费、号卡服务、京东维修、文印服务等,帮助店主多元经营、扩充利润,增加小店与消费者的互动和黏性。2019年,京东新通路携全新的无界零售战略进入大范围实践阶段,秉承"一体化的开放"原则,新通路与品牌商、渠道商、零售商的互动和协作将更加紧密。新通路以更加开放的姿态与用户及合作伙伴持续优化成本、效率、体验,共同步入无界零售收获期。2020年4月,京东友家铺子和旗下拥有近2 000家门店、从业人员近万人的见福便利店正式达成战略合作,双方高管分别在北京、厦门进行了线上云签约,助力京东便利店将研发、生产制造、物流配送、销售全流程牢牢掌控在自己手中。"京东便利店"有力地带动了京东集团原有线上各项零售业务的发展,通过线上线下结合的方式为京东智慧

零售打开了全渠道销售模式。

资料来源： 京东便利店[EB/OL].百度百科，https://baike.baidu.com/ item/%E4%BA%AC%E4%B8%9C%E4%BE%BF%E5%88%A9%E5%BA%97/20615731?fr=aladdin，2021-03-23；京东打破沉寂 便利店"战火重燃"[EB/OL].电商报，https://baijiahao.baidu.com/s?id=1674780096492136312&wfr=spider&for=pc，2020-08-12.

8. 智能化经营模式

智能化，是指事物在网络、大数据、物联网和人工智能等技术的支持下，所具有的能满足人们的各种需求的属性。智能化介入经济活动，可以让经济发展更加精准、更加高效率的同时降低经济营运成本。中国连锁经营协会（CCFA）在"新消费论坛——2020中国国际零售创新大会"上提出：以智能化引领企业创新，探讨通过科技创新，帮助零售企业提高人效、坪效和商品周转，降低获客成本和运营的成本，同时让消费者拥有更多的体验感、便利性和获得感。智慧零售企业的智能化经营，主要依赖大数据分析、互联网技术等科技创新手段，构建智能化信息管理系统，打造有益于经营活动开展的智能化工具（如机器人）等，帮助企业解决传统零售经营中依靠人力无法解决的难题，进而实现企业经济效益的提高。

以餐饮企业为代表的服务业类企业，对服务工作人员的需求量与日俱增，他们面临的最大难题是"招人难、留人难、用人难"的用工难、用工贵等问题。机器人服务员的出现和应用，便在很大程度上解决了零售企业的难题。现在，大家能够很容易地在全聚德、海底捞、西贝等多个餐饮店铺看到传菜机器人的身影。

[案例] 海底捞的智慧餐厅集中体现了智慧化在餐饮服务业领域的重大意义。用餐大厅里传菜机器人穿梭其间，为各个餐位上的顾客准确上菜；后厨的机械臂、自动配锅机在后厨智能系统的控制下有条不紊地开展各项工作，智能配制锅底、智能安排出菜。自动配锅机可以通过智能系统根据顾客对麻辣香咸度、油水比例的要求，通过对原料、辅料、鲜料的精准化配置调制出满足消费者个性化需求口味的锅底。海底捞的资料显示：直配菜项目门店正常能省2~4人，3.0以上翻台率门店能平均节省4~6个人；配锅机能省1个人；传菜机器人在深夜班节省人员；智能排风项目经预估，每年可节省电费超6 500万元。通过智能化手段的有效运用，海底捞在有效实现降低企业运营成本的同时实现了顾客体验升级，极大地提高了门店运营效率。

资料来源： 海底捞3年磨一剑：智慧餐厅，数字化的新样本[EB/OL].创业最前线，https://baijiahao.baidu.com/s?id=1718637082589319580&wfr=spider&for=pc，2021-12-09.

9. 优化供应链经营模式

供应链是指产品生产和流通过程中所涉及的从原材料供应到产品最终到达消费者手中，整个环节中所有通过与上游、下游成员的连接组成的网络结构，也即是由物料获取、物料加工，并将成品送到用户手中这一过程所涉及的企业和企业部门组成的一个网络。一般来讲，供应链的基本构成要素有：为生产厂家提供原材料或是零部件的供应企业，进行产品研发、加工制造的生产企业，将产品送到经营地范围每一角落的分销企业，将由分销企业处获得的商品销售给消费者的零售企业，以及为实现商品在整个环节中进行流通的物流企业。

零售行业的供应链，则更加侧重于商品经过供应商、分销商、零售商直到消费者手中的过程链。随着社会节奏的加快，供应链的高效对于零售企业在激烈竞争中脱颖而出起着至关重要的作用。运用现代科技信息技术和手段，实现对整个供应链上的信息流、物流、资金流、业务流、价值流的有效规划和控制。借力科技合理的管理供应链、优化供应链、升级供应链，可以帮助智慧零售企业以市场和客户需求为导向，以提高企业竞争力、市场占有率、客户满意度，最终实现企业利润最大化。供应链优化，最核心的思想在于深入供应链的各个增值环节，将顾客所需的正确产品，在正确的时间，按照正确的数量、正确的质量和正确的状态送到正确的地点，并使总成本最小化，最终提高供应链的整体竞争能力。优化供应链对于连锁经营零售企业来讲，可以缓解因市场竞争加剧带来的人工成本高、运输成本高等问题，为商品结构适时改进、降低成本提供基础性保障。

[案例] 湖南喜吖吖商业连锁有限公司，立足传统零售"坪效低、经营成本高、商品售价高"等行业痛点，打造全新社区零售商业模式，为终端消费者提供更便宜的商品、更便捷的服务；为加盟商家提供投资回报更高效、更稳定的商业模式。随着科技的不断发展，公司进一步打造"超级喜吖吖"新零售品牌。超级喜吖吖从优化供应链入手，以科技融入经营，颠覆传统零售门店盈利方式及经营方式、颠覆社区零售业态消费习惯，打造全新社区零售经营模式。超级喜吖吖拥有 4 万平方仓储中心和小马到家物流配送中心，对生产厂家、批发商、物流中心、连锁公司总部、加盟店和消费者之间所形成的供应链的物流情况进行科学管理，有效地提高了连锁加盟门店的物流效率、降低物流成本。依靠行业领先的供应链，能实时反馈"进销存"的动态总结，根据日常销售情况和库存情况，系统判断补货，助力门店销售业绩。超级喜吖吖打造了一条集实时盘库、下单补货、快速送达，物流时效省内 24 小时配送到店、高峰时期日吞吐量高达 20 万箱的供应链体系，在采购、选品、仓储物流和人力建设上高投入，从"供应链"切入社区零售行业，只做商品的"搬运工"，降低商品的流通成本和保证加盟商家毛利的同时，让终端消费者买到实惠，发挥超强供应链在连锁加盟行业中的优势。

随着科学技术的不断更新，智慧零售的经营模式亦将更加丰富。对于智慧零售企业而言，采用哪一种或是哪几种经营模式，需要综合考虑企业自身经营特色、企业管理侧重点、企业经营所处市场大环境等诸多因素，不可盲目跟风随意选择。

资料来源： 超级喜吖吖新零售赛道的后半场必然是供应链之间的较量？[EB/OL].超级喜吖吖，https://baijiahao.baidu.com/s?id=1721617941354221292&wfr=spider&for=pc，2021-01-11.

本章小结

智慧零售企业的经营战略主要有成本领先战略、差异化战略、目标集聚战略 3 大基本竞争战略，同时还可以采用拓展型战略、稳健型战略和紧缩型战略。企业需充分分析自身的经营状态选择适合自己的经营战略。

智慧零售企业的经营模式亦是多种多样的。不同的企业可以采取不同的模式，同一家企业也可以同时采用多种经营模式，可供选择的经营模式有：商品差异化经营模式、关注服务经营模式、跨界协同经营模式、去中心化变革、数字化经营模式、全渠道经营模式、社区便利店经营模式、智能化经营模式、优化供应链经营模式。

【课程思政】

拼多多助力乡村振兴 带动超百万贫困户增收

2020年10月17日，全国脱贫攻坚奖表彰大会上，上海寻梦信息技术有限公司（拼多多）作为互联网企业代表，获颁全国脱贫攻坚奖"组织创新奖"。拼多多CEO陈磊在2020年第三季度财报电话会议上表示，平台对农产品全价值链和基础设施的合作以及投资机会保持高度关注，将帮助农民赚得更多、消费者节省更多，推动农业价值链变得更加高效，最终实现"普惠"的目标。

在投身扶贫助农的过程中，拼多多结合中国农业的发展状况，通过大数据、云计算和分布式人工智能技术，将分散的农业产能和分散的农产品需求在"云端"拼在一起，基于开拓性的"农地云拼"体系带动农产品大规模上行，让贫困地区的农产品突破传统流通模式的限制，直达全国大市场。依托"农地云拼"体系，2019年，拼多多平台单品订单量10万+的爆款农产品超过1 500个，较2018年同比增长230%。包括云南雪莲果、广西百香果、新疆小红杏、大凉山软籽石榴等在内的"网红水果"脱颖而出，持续推动边远地区的产业发展，激发脱贫内生动力。2019年全年，拼多多平台来自国家级贫困县（含2018年和2019年已摘帽地区）的电商主体达36万家，其中"三区三州"的电商主体达15.7万家，年销售额48亿元。截至2019年年底，拼多多平台直连的农业生产者超过1 200万人，累计带动贫困人数超过百万。拼多多于2018年创立"多多大学"，建立线上线下两条专业性"扶贫产品上行与互联网运营"课程培训通道。截至2020年，"多多大学"的线下课程已经覆盖21个省份，培育本地学员6 700多名，直接引导店铺超过3 900家。在此基础上，平台将各地区的线下课程，通过线上大规模推动，累计触达49万名扶贫产业经营者，覆盖全国所有的贫困地区。拼多多平台已直接带动全国超过10万名新农人返乡创业，越来越多的致富带头人脱颖而出，让贫困地区有产业、有利益。截至2019年年底，"多多果园"的日活跃用户已经超过6 000万名，每天送出的扶贫助农水果超过100万千克，其中绝大多数采购自"三区三州"深度贫困地区和国家级贫困县，用平台包销的方式保障贫困户的收益。

作为电商平台，拼多多成长很快，利用现代信息技术，加快建立了农产品现代化营销体系，以新模式、新业态、新经验把生产者和消费者连接在一起，带动蔬菜生产和产业发展，在扶贫攻坚、乡村振兴，农业农村现代化建设上发挥了很大的作用。

资料来源： 带动超百万贫困户增收 拼多多获全国脱贫攻坚奖"组织创新奖"[EB/OL]. 新民晚报，https://baijiahao.baidu.com/s?id=1680851102170683897&wfr=spider&for=pc，2020-10-08.

思考与讨论：

1. 拼多多采用了什么样的经营模式实现农产品热销？
2. 拼多多在助农经营活动中体现了企业哪些方面的社会责任？现代企业还可通过哪些渠道去落实自身的社会责任？

4　零售数字化运营

知识目标

1. 了解零售数字化运营的核心。
2. 熟悉零售数字化营销策略。
3. 熟悉零售数字化工具。

技能目标

1. 掌握零售数字化工具的运用。
2. 运用数据采集工具进行数据采集。
3. 熟悉数字营销策略的运用。

思政目标

1. 了解我国零售数字化运营发展现状及未来方向。
2. 在零售数字化运营学习过程中激发爱国主义热情。

知识导图

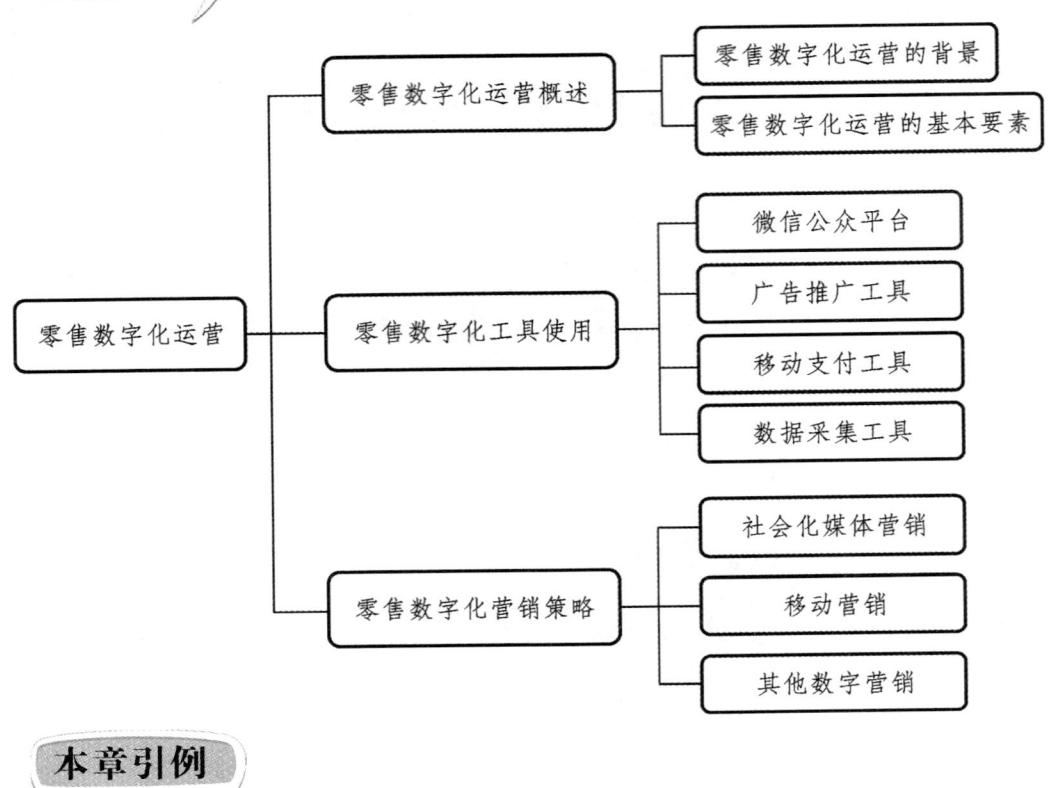

本章引例

天虹：以数字化打造新零售样本

天虹股份成立于1984年，目前经营百货、购物中心、超市、便利店业态，旗下拥有天虹、君尚、Sp@ce、微喔四大品牌。天虹近年来作为新零售的拥抱者和实践者，坚定实施数字化转型，成为传统百货业转型新零售的代表品牌。

移动互联网刚兴起时，天虹开始谋划数字化转型。在整个数字化发展的过程中，初心原则是：所有数字化业务，一定是要顺应消费升级，立足于提升整个供应链效率，消除消费者的痛点、供应商的痛点，以及自身经营的痛点，回归零售本质。数字化的推进从易到难，切入点是顾客数字化，接着做营销、服务、商品的数字化，然后做较难的经营数字化、供应链数字化，即中后台的数字化。2013年正式决定做全渠道的变革，创建了零售行业首个自定义服务号并初见成效，当年网上销售额同比增长26.24%，累计引进7万多个单品，实现深圳区域70多个生鲜水果单品在线销售。2015年正式确定了数字化转型战略，天虹App正式发布，形成了"微信+App+微品"的移动电商平台，尝试通过"天虹到家+跨境电商体验店+自提点"的方式实现门店电商化。2016年开始深度的门店数字化，即会员数字化、商品数字化、服务数字化、营销数字化等，全面打通线上线下。

天虹的数字化最先从垂直业务——超市开始，随后是百货和购物中心的数字化。百货、购物中心的数字化解决方案也称百货专柜到家，2019年用了1年时间打磨产品，实现线上销售占总体销售的1%，2020年疫情之后开始发力，销售占比从1%到20%只用了2个月，而实现同样的跨越，超市用了3年多。在疫情的催化下，百货到家得到了非常快速的发展，现在在100家门店推行，有4 000多个品牌，1万多个专柜上线，通过5万多个导购连接了800万顾客，带来了10亿元的销售。其中比较重要的能力是商品的数字化，商品只需一张主图就能在线卖货，导购也能很快上手，通过数字化的赋能，很多品牌实现逆势增长。天虹正成为一家线上线下一体化的消费服务平台，以数字化打造新零售样本。

资料来源：从"商场"到"数科"，天虹以数字化打造新零售样本[EB/OL].中国百货商业协会，https://weibo.com/ttarticle/p/show?id=2309404549821469163648，2020-09-16.

【思考】

1. 零售数字化的核心是什么？
2. 零售数字化相对于传统零售的优势是什么？

4.1 零售数字化运营概述

4.1.1 零售数字化运营的背景

党的十九大以来，党中央提出要加强"数字中国"建设，推动互联网、大数据、人工智能和实体经济深度融合。习近平总书记指出："推动实施国家大数据战略，加快完善数字基础设施，推进数据资源整合和开放共享，保障数据安全，加快建设数字中国，更好服务我国经济社会发展和人民生活改善。"[1]马云曾在淘宝十周年晚会的演讲中说："我们很多人还没搞清楚什么是PC互联网，移动互联网来了；我们在没搞清楚移动互联网的时候，大数据时代又来了。"随着智能手机等数字设备的逐渐普及，人们在数字媒体上花费的时间日益增加，数字化早已无声无息地融入我们生活的方方面面。

1. 信息技术带来消费方式的改变

随着移动互联网的发展及基础设施建设的不断优化升级，越来越多的用户体验到了优质的网络信息服务，从而对网络的依赖性越来越强，使用互联网平台的时间越来越长，使用频率越来越高。中国互联网络信息中心（CNNIC）发布第48次《中国互联网络发展状况统计报告》显示，截至2021年6月，我国网民总体规模超过10亿，互联网普及率达71.6%，网民的人均每周上网时长为26.9个小时，较2020年12月提升0.7个小时。庞大的网民为推动我国经济高质量发展提供强大内生动力，也为数字经济发展打下了坚实的用户基础（见图4.1.1）。

中国用户的进化速度是全世界最快的，他们对新技术、新思维带来的生活方式有着高度好奇和宽容。互联网平台上的应用更是数不胜数，从资讯获取到游戏娱乐，再到生活服务等，用户可以突破时间与空间的限制随时随地获取自己需要的信息与服务。人们在数字空间的行为甚至比物理空间更加丰富多彩，在生活方式数字化的同时，消费观念和行为在

---

[1] 习近平主持中央政治局集体学习强调推动实施国家大数据战略[N].人民网–人民日报海外版，2017-12-11.

不断演进，给数字经济带来了旺盛的生命力。

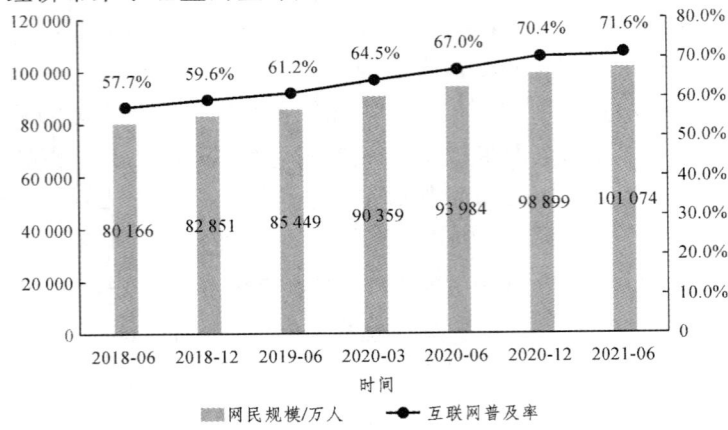

图 4.1.1　2018 年 6 月—2021 年 6 月网民规模和互联网普及率

2. 网络消费成为消费增长重要动力

数字经济是随着信息技术革命发展而产生的一种新的经济形态。数字经济发展的异军突起，带动了我国整个经济的创新发展。中国信通院发布的《中国数字经济发展白皮书（2021年）》显示，2020 年我国数字经济规模达到 39.2 万亿元，占 GDP 的比重为 38.6%，数字经济增速达到 GDP 增速的 3 倍以上，成为稳定经济增长的关键动力。数字经济渗透到人们生活中的各个角落，引领各行业的技术创新和商业模式变革，以电商为代表的零售行业，被认为是互联网时代趋势与创新的先行试验。

智研咨询发布的《2021—2027 年中国零售行业市场全景调研及市场竞争策略报告》显示，中国数字经济的规模不断扩大，2020 年中国数字经济增加值达到 39.2 万亿元，占 GDP 中的比重达到 38.6%。网络消费作为数字经济的重要组成部分，在促进消费市场蓬勃发展方面正在发挥着日趋重要的作用。第 48 次《中国互联网络发展状况统计报告》显示，截至 2021 年 6 月，我国网络购物用户规模达到 8.12 亿，占网民整体的 80.3%（见图 4.1.2）。消费市场的高度数字化，对零售业提出了相应的数字化要求，即通过运用互联网、物联网、大数据和人工智能等技术，构建商品、用户、支付等零售要素的数字化，以更高的效率和更好的体验为用户提供商品、服务。

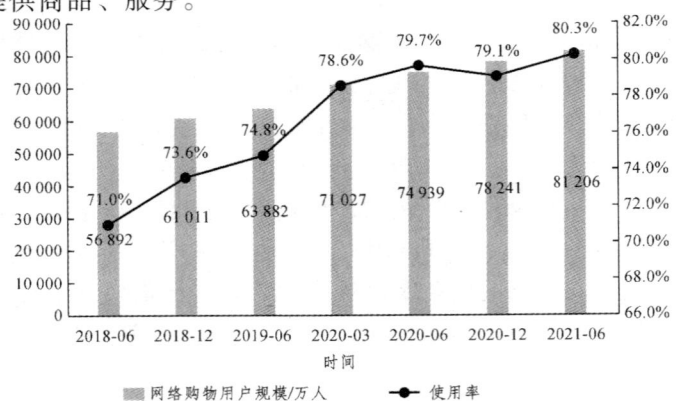

图 4.1.2　2018 年 6 月—2021 年 6 月网络购物用户规模及使用率

3. 疫情为零售业数字化按下"快进键"

2020年，突如其来的新冠疫情让我国经济社会经历了一场严峻的考验，数字经济发展对稳定经济社会运转发挥了重要作用。凯度市场调研显示，疫情期间有84%的受访者至少尝试了一种新的在线服务，如在线买菜、在线医疗、在线教育、在线办公、在线阅读、在线影视等，甚至中老年人在疫情中都开始逐渐尝试参与线上消费。数字化全民参与格局构成了全社会数字化转型的坚实基础。

零售商的线上业务和到家服务成为能够保持业务稳定和增长的引擎。在社会舆论感叹经济按下"暂停键"的同时，提前布局数字化的零售商扛起了保卫民生的社会责任，按下了"快进键"，也成就了这一次的特殊红利。疫情期间，线下零售企业纷纷加入了线上市场的开拓和发展，线上经济逆势增长（见图4.1.3）。根据国家统计局的数据，受疫情影响，2020年社会消费品零售总额为39.2万亿元，同比下降3.9%，其中网上零售保持稳定增长，占社会消费品零售总额的30%。第48次《中国互联网络发展状况统计报告》显示，2021年上半年，全国网上零售额61 133亿元，同比增长23.2%，其中实物商品网上零售额50 263亿元，增长18.7%。

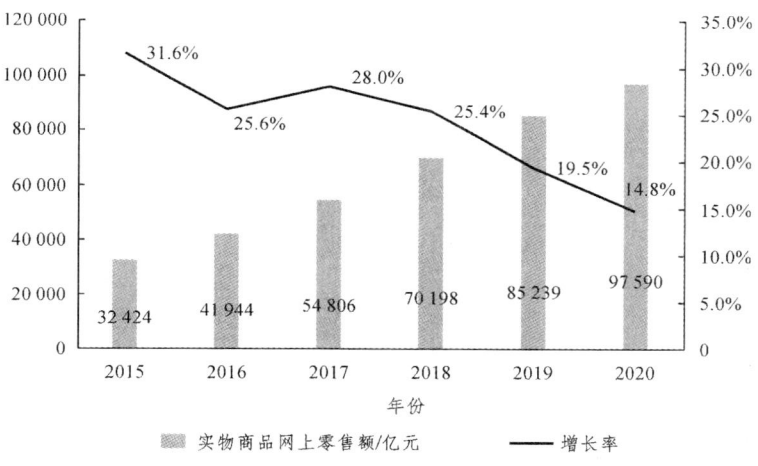

图4.1.3　2015—2020年全国实物商品网上零售额统计情况

4.1.2 零售数字化运营的基本要素

零售是商品或服务从流通领域进入消费领域的最后环节，是直接将商品或服务销售给消费者的商业活动。因此，零售活动中必须包含"人""货""场"3个基本要素（见图4.1.4）。数字化浪潮正在深刻改变着消费者的需求与行为特征，但数字化时代的零售本质并没有发生改变，依然充当着商业中介，促进交易的"双向契合"，其根本目的是重构"人""货""场"，塑造以消费者体验为中心的数据驱动的泛零售形态，最大限度地满足消费者的需求，为消费者提供更优质的商品和服务。

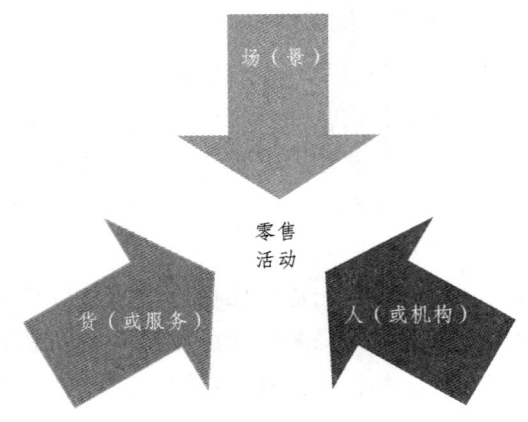

图 4.1.4　零售三要素

4.1.2.1 人：以消费者为中心

全球知名的咨询公司麦肯锡曾经在《中国经济下一站》报告中指出："消费将在2020年成为GDP增长的最重要驱动因素。"2020年尽管受到新冠疫情的冲击，我国最终消费支出对GDP增长的贡献率仍然达到54.38%，消费驱动型经济时代已经来临。前阿里巴巴总裁卫哲曾经说过："互联网时代的经济公式为e=mc^2，即经济=商品×人数^2。其中c（人数）的二次方是让商业的'原子弹'爆炸的关键。如果我们只会经营商品，而不会经营人，企业的发展就很可能被卡在这里。"这就意味着零售企业必须以消费者为中心，从消费者的需求出发进行精准供应。

1. 主动活跃的用户参与

在社交等多种数字化技术手段的推动下，消费者由被动消费转向主动消费，他们愿意参与到企业产品的研发和推广中去，提出个性化的需求，发布观点和想法。消费者追求的是个性、独一无二及被重视和尊重，他们需要个性化的商品，喜欢定制自己想要的商品与服务。同时消费者所处的环境更加数字化、智能化，触手可及的终端使随时随地的想法和个性化的诉求更容易得到满足，他们也更愿意主动参与到从创意到商品诞生的全部流程中。

[案例] Threadless是芝加哥的一家T恤生产制造公司，该公司T恤图案的来源便是世界业余艺术家提供的作品。这些作品会在公司的官网上展出，并接受投票、评选及评论，每周有4~6件得分高的T恤设计会被投入生产，设计者的名字会被印在T恤的商标上，得分最高的设计者会获得公司颁发的奖牌和奖金，同时拿到一定比例的提成。每个设计者都希望自己的作品能受到网民的青睐，会发电邮给朋友或者在facebook主页为自己拉票。赢家之一Glenn Jones说："这和钱没关系，整件事情酷就酷在你的作品被印在T恤上，穿在别人身上。"

资料来源：Threadless社交网络月售T恤过万[EB/OL].世界服装鞋帽网,http://www.sjfzxm.com/news/jingying/20120712/300919_2.html#page-1，2012-07-12.

在本案例中，Threadless公司T恤的整个生产过程基本都有用户的参与互动，用户已经不单单是用户，他们也是设计师及品牌传播者，同时获得了精神和物质上的双重收获。

在数字化时代，用户在消费着各种内容和连接的同时，也在创造着内容和连接，已经成为当代数字化产品和内容的生命力。从产品的研发、品牌的传播、内容和产品的产生、产品的售后，用户与企业可以实现深度合作，数字化的技术手段和平台也为这种合作提供了强有力的平台支持。

2. 随时响应的客户服务

数字化的终端与多场景化的 App 已将消费者的行为习惯培养得十分刁钻，他们几乎永远在线，随时随地都有可能脑洞大开，提出诉求，而且期望按照自己的想法去尝试并得到结果，使企业面临的服务来源变得碎片化、多元化。好的客户服务体验不仅可以赢得客户，更能留住客户，而问题的响应速度和解决率，无疑是影响客户服务体验优劣的关键因素。数字化技术赋予了更多的用户服务模式，人工智能走出实验室，智能客服已得到了广泛应用，如苹果 siri，微软小冰等。

[案例] 京东智能客服 JIMI 是一款智能客服系统，不仅能够提供全天候、无限量的客户服务，具备解决问题的能力，更有"知人心、解人意、讲人话"的特性。JIMI 不仅可以自动识别用户交谈过程中生气、着急、担忧、失落等 7 种情绪，还可以识别出用户情感的浓度，如一点点生气、很生气、非常生气等，并在回复内容中融入对应的情感，让服务更具温暖。2019 年 618 期间，京东客服咨询中有 9 成以上咨询量都由智能客服接待，累计咨询服务量超过 3.8 亿次。该产品技术获得 2019 中国国际大数据产业博览会"领先科技成果奖之黑科技"奖项。

资料来源： 找出产业痛点 创造融合机缘 人工智能，"智"导产业升级[EB/OL].中国江苏网，https://baijiahao.baidu.com/s?id=16232304446916984329&wfr=spider&for=pc，2019-01-21.

在本案例中，京东智能客服 JIMI 被赋予丰富的情感，精准感知用户当前的情绪，并进行有情绪、有温度的互动，既解决问题，又传递关怀，为消费者带来了更优的服务体验。

3. 深度运营的会员制度

企业争取一个新用户的成本是留住一个老用户的 7~10 倍，留住 5%的用户有可能为企业带来 100%的利润。会员制是企业对于用户的一种常见的管理和服务模式，追剧、听歌、坐飞机、住酒店、购物都需要会员。企业通过发展会员，提供差异化的服务和精准的营销，提高忠诚度，并可以获取用户资料进行数据分析，提供营销参考。数字化时代，会员经济会越来越蓬勃：一是今天获取新用户前所未有的难，与其花大钱去获取新用户，不如深耕老用户；二是移动互联网和大数据技术，让公司更容易根据用户行为模式来提供定制服务。

[案例] 亚马逊 Prime 会员是一种类似 VIP 的收费会员制度，消费者交纳一定的会员费，即可享受亚马逊所提供的增值服务。2022 年亚马逊美国站 Prime 会员的年费为 139 美元，会员享受的权益包括：提前入场每日闪电秒杀，观看试听亚马逊自制的视频、音频，无限量照片存储，Kindle 电子书下载，美国境内两日送达，商品免邮等，及任何新推业务。亚马逊会员所包含的服务价值已经远超实际价格，尽管从 2005 年推出以来已经 3 次提价，

但依然有越来越多的用户加入或者继续成为 Prime 会员。Prime 会员的续订率依然很高。亚马逊在全球的 Prime 会员已超过 2 亿，成为电商会员制的标杆。

资料来源： 如何看待亚马逊靠 Prime 会员制吸金 [EB/OL].电商报，https://www.zhihu.com/question/492517734/answer/2595339421.2022-07-27.

在本案例中，亚马逊通过会员制将企业、消费者以及商品三者紧密地连接在一起，可以更加有效地掌握会员资料，了解会员的兴趣爱好和消费习惯，挖掘会员的意向需求，进而为不同的会员提供优质的个性化服务，增强用户黏性。会员制也在更多的企业推行，如阿里的 88VIP、京东 PLUS 会员等。

4.1.2.2 货：商品与服务融合

在互联网技术及数字化环境下，随着消费升级、消费者个性化、专业化的诉求将促使更多的垂直领域进行细分。理解用户，读懂用户，对于企业准确定位用户的细分维度，掌握用户真正和潜在的需求，并为用户提供丰富、极致个性化的产品和服务体验，实现运营效率最优具有重要意义。企业为提供更专业化的商品和服务，将商品和服务进行高度融合是实现消费者价值最大化的最佳选择。

1. 个性定制产品

个性定制是数字化产品的主要发展趋势。以"80 后""90 后"为代表的新生代人群逐渐成为消费主力人群，这一受众群体的受教育水平较高，收入水平较高，接受新事物的能力较强。随着购买力的提升及获取资讯的渠道的丰富，主流消费人群更愿意追求个性化消费、多样化消费（见图 4.1.5）。在消费过程中，消费者更加注重品牌、注重品质、注重服务、注重享受、注重精神体验。①同一个消费个体在不同的生活场景或领域中的消费需要越来越多样化。

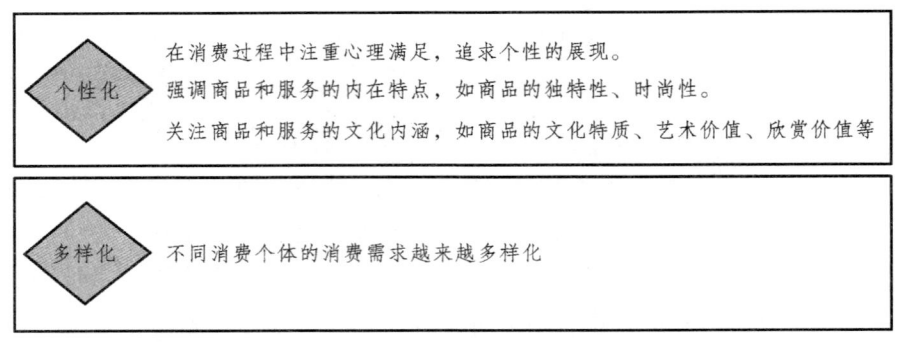

图 4.1.5　消费者个性化消费和多样化消费的主要表现

[案例] 网易云音乐针对主要用户——年轻人，对于音乐具有较高的需求且追求个性化的特点，利用大数据技术明确用户的基本听歌喜好和风格等，设置数据模型为用户提供他们喜欢的音乐。网易云定向给用户推荐喜好音乐，设置每日歌曲推荐单，每个用户可以看

---

① 李忠美.新零售运营管理（慕课版）[M]. 北京：人民邮电出版社，2020.

到不同的网易云音乐首页内容。移动端还增加了私人 FM 和跑步 FM 等，以用户喜爱的数据和场景数据为基础，保证用户可以享受到个性化的推荐服务。同时用户还会有自己的年度歌曲清单，听到最多的歌曲、发送的评论、收听时间与收听习惯等都将显示在这个专属的歌曲清单中。

资料来源： 网易云营销策略分析，带你了解网易云音乐的营销模式[EB/OL].知识号，http://www.nc005.com/272079，2022-03-18.

在本案例中，网易云音乐产品最核心的内容就是个性化推荐，企业应用现代数字化的手段，融入用户的生活中，并与之进行互动，深入洞察和了解用户，从而为用户提供最贴切的产品和服务，给予用户极致的个性化产品和服务体验。

2. 商品数字化

商品数字化指利用自动识别技术、网络技术等，将商品从生产加工，到运输、仓储、销售、配送到消费者等各环节进行数字信息处理和标识，以满足消费者对线上线下商品的一致性需求。在数字时代，商品的标准配置，不仅是单一的实物或样品，还是一整套以虚拟形式存在的数字化信息，它是智慧零售得以实现的关键基础。[①]2018 年第十六届中国 ECR（Efficient Consumer Response，有效客户响应）大会提出，零售业已经步入数字化 2.0 时代，并发起商品数字化倡议："围绕数字中国建设，加快企业信息化发展，大力推动商品数字化，按照国际标准统一商品数据格式，做好商品数据维护，为供应链精细化透明管理打下坚实基础。"

零售前沿： 电子价签是一种在超市、便利店、药房等场景，主要放置在货架上，替代传统纸质价格标签的电子显示装置。电子价签最基本的功能是显示商品的价格信息，每一个电子价签通过无线网络与商场计算机数据库相连，解决了人工修改价格的痛点，实现了收银台与货架之间的价格一致性。顾客可以通过电子价签显示二维码查阅商品信息，甚至包括商品溯源、查看同类商品的口碑排行、商品促销活动等信息，一定程度上为顾客解决了"选择困难"的问题。运营者可以通过电子价签赋予每件商品唯一的 ID，实现商品精准定位，提高货品管理效率。电子价签还可对接线上商城收银系统，加强了顾客消费体验度的同时，也节约了商家收银人员的人工成本。

电子价签的使用，对于商家而言，有利于实现价格的总体管理，提高零售效率；对于消费者而言，电子价签的商品溯源功能，使商品的来源可查、去向可追、责任可究，提高了商品消费的安全性。数字零售背景下，电子价签也越来越受到零售企业的青睐。

3. 产品与服务融合

当今市场竞争日益激烈，物品非常丰富，消费者选择很多，同一个需求有几百种商品满足，早已经面临选择困难症，要选更酷的，让自己更爽的，而不再是功能满足。在这样的时代背景下，几乎所有的企业都必须做一件事，就是企业的产品和服务必须完全融合。

---

① 中国物品编码中心.商品数字化是什么[EB/OL].http://www.ebrun.com/kh/ancc2018pc/.

简单地去做产品，或者服务，在今天已经没有任何意义。企业不仅仅是销售产品，还得提供多种多样的服务，数字化赋能"产品+服务"，进一步改善消费者体验，增强用户黏性。

【案例】海底捞向来以极致服务闻名，海底捞超级 App 让服务进一步升级。该 App 除了排号、预订、点餐、外卖这些基础功能，还增加了商城、热门活动、游戏、社区、短视频分享等各种功能，还有智能客服 24 小时在线，基本上每个月都会根据消费者需求的变化去迭代功能和布局。线上排队提供"靠窗""相对安静的位置"等落座选项，生日聚会或同学聚会的场景选项，还可以备注"儿童餐具"等特殊需求，服务更精准。顾客每一次线上消费信息都会沉淀在数据中台系统中，并产生一些个性化的会员标签，如爱吃辣、喜欢素食等。当顾客到了海底捞全国任何一家店，服务员登录系统，就立刻能知道他的偏好，提供细致入微的服务，让顾客身在异乡仍有宾至如归、被人关心的感动。

资料来源：海底捞，把极致服务做到线上[EB/OL].澎湃在线，https://m.thepaper.cn/baijiahao_10104904.2020-11-23

在本案例中，海底捞将极致服务从线下延伸到线上，不仅服务的场景愈加丰富，服务的内容也更加个性化。通过客户对 App 的使用，不断将相关数据进行积累和分析，不断地了解客户的餐饮习惯，最终成为客户的"私人饮食管家"。正如海底捞首席战略官周兆呈在评价这款软件的时候所说："新技术增强了经营者与消费者之间的连接，提升了运营效率，增强了顾客的体验，丰富了海底捞为顾客服务的场景和可能性。"

4.1.2.3 场：线上线下无缝融合

智慧零售模式将打造线上线下深度融合的购物场景，通过运用物联网、大数据等技术实现 PC 端、移动端、实体门店的深度互动，为消费者提供多渠道消费体验，最终形成消费者与渠道或品牌，以及消费者与消费者之间的互动，通过差异化经营为消费者打造极致的消费体验。

1. 全渠道布局

在万物互联的数字化时代，随着消费的不断优化和升级，纯电商时代已经过去，根据国家统计局发布的数据，2020 年我国实物商品网上零售额达到 9.76 万亿元，同比增长 14.8%，占社会消费品零售总额的比重为 24.9%，线下零售仍然占主导地位，因此线上线下齐头并进是企业渠道布局的关键。为满足消费者跨渠道的购物需求，企业需要布局全渠道（见图 4.1.6），打通用户的接触点。

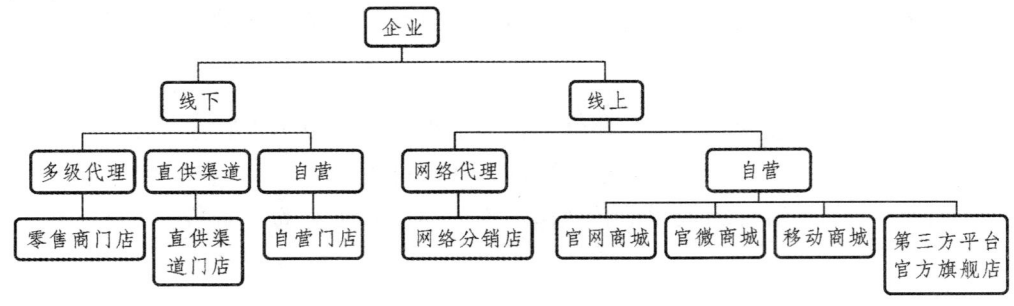

图 4.1.6 渠道全景图

资料来源： 顾颐.决战数字化运营：策略与实战[M].北京：电子工业出版社，2018.

[案例] 派多格作为宠物行业特许连锁经营与职业教育培训企业，在全国拥有 6 000 家宠物连锁门店，为行业精准输出从业人员 50 000 余名。派多格依托自有强大的连锁门店体系对目标市场进行深度分析，以市场需求为原点进行培训课程内容设计与开发。派多格在全国已有 10 所宠物技术培训学校为宠物连锁店提供人才储备供应。2022 年 3 月，派多格旗下数字化宠物职业教育平台——派多格宠物 App 已正式上线，为线下教学提质增效。疫情期间，派多格线上教育平台上线，80%学员选择在线上学习知识，线下实操练习，提高了学员学习效率。

资料来源： 线上线下一体化教育模式，助力宠物行业人才与培养[EB/OL].中国特许加盟展，http://www.chinafranchiseexpo.com/news/16463.html，2022-12-20.

在本案例中，派多格本质上还是一种线下的职业培训企业，但线上 App 的加入，让它实现了线上线下的深度融合。线上可以保证学习的即时性，线下可以给用户带来更丰富、多样化的学习体验，以满足用户差异化、个性化的消费需求。

2. 门店数字化

数字化时代，消费者的重心已从"产品经济"转变为围绕关键场景的"体验经济"。实体门店能够为消费者提供更具体验感的服务，消费者可以亲眼看到、亲手摸到商品，同时付款后无须等快递配送可马上获得商品，从而对购买更加放心。实体店内自主结账、人脸识别、电子标签、虚拟现实（VR）、增强现实（AR）、数字化互动屏、机器人服务等数字化方式的使用，使实体门店的功能由陈列商品转向营造氛围，以创新的服务和体验凝聚消费者，满足消费者的需求。

[案例] 星巴克联合阿里"新零售"技术重磅打造的全球最大新零售智慧门店——上海烘焙工坊，为消费者提供线上线下无缝衔接的数字化体验。在这间全店无餐牌的"咖啡剧场"里，只要拿出手机淘宝"扫一扫"，就可以唤起"隐藏"的在线菜单查询功能。门店全面采用 AR 大型场景识别技术，用户可以通过 AR 技术了解星巴克"从一颗咖啡生豆到一杯香醇咖啡"的全过程，还能直观了解咖啡吧台、冲煮器具等每一处细节。星巴克还与支付宝合作推出了特有的"边逛边等"功能，用户使用支付宝扫码付款后，可以在工坊里边"逛"边等通知，让消费场景更深入。

资料来源： 星巴克联手阿里开出全球最大新零售门店，马云：要在全球合作[EB/OL].澎湃新闻，https://baijiahao.baidu.com/s?id=1585954800364709592&wfr=spider&for=pc，2017-12-05.

在本案例中，星巴克定制化的 AR 应用可以引导用户探索门店内的巨大空间，拉近用户和商家的距离，店内的各种商品也更加透明，以吸引顾客消费。如哈佛商学院教授克莱顿·克里斯滕森在其著作《创新者的窘境》中指出，连锁咖啡之间的口味差异不至于非常显著，而星巴克的市值之所以几乎超 Costa 10 倍，正是因为它从不把自己定位为单纯的咖啡店，而是和消费者要在这一零售空间里完成的种种"任务"建立起直接的因果联系；换一个更流行的用词，即是探索更深、更广的消费场景。

3. 社交电商

多屏娱乐和多元社交平台成为新触点，社交媒体占据大家更多的时间，渠道也更多样化，互动与分享已经是数字化时代消费者不可忽略的特点。麦肯锡咨询公司的《2020 年中国数字消费者调查报告》显示，受访者每天花在社交媒体上的时间是 78 分钟，是世界最热爱社交的国家之一。社交媒体的功能从单纯的沟通，逐渐演变出 CRM（Customer Relationship Management，客户关系管理）和购物的功能，将电商和社交融合的商业模式——社交电商成为新型电子商务的重要表现形式之一。区别于传统电商以"货"为纽带，以中心化平台为渠道，社交电商是以"人"为纽带，通过互联网社交关系网络在朋友圈、微信群、内容平台、社区平台等各类去中心化渠道进行信息传递和商品教育的网络零售模式。

按照流量获取方式和运营模式的不同，目前社交电商可分为拼购型、会员型、社区型以及内容型 4 种典型的商业模式[①]（见图 4.1.7 和图 4.1.8）。其中拼购类、会员制及社区团购以强社交关系下的熟人网络为基础，通过价格优惠、分销奖励等方式引导用户进行自主传播。内容类社交电商则起源于弱社交关系下的社交社区，通过优质内容与商品形成协同，吸引用户购买。

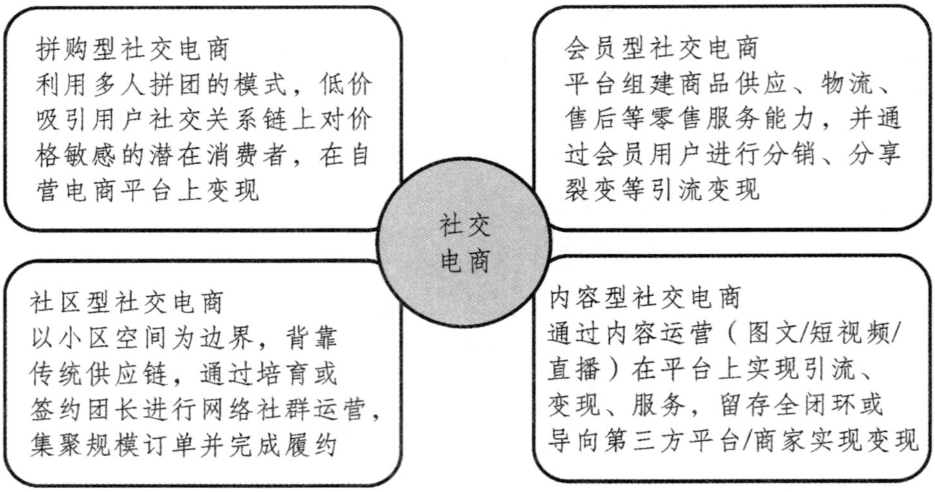

拼购型社交电商
利用多人拼团的模式，低价吸引用户社交关系链上对价格敏感的潜在消费者，在自营电商平台上变现

会员型社交电商
平台组建商品供应、物流、售后等零售服务能力，并通过会员用户进行分销、分享裂变等引流变现

社交电商

社区型社交电商
以小区空间为边界，背靠传统供应链，通过培育或签约团长进行网络社群运营，集聚规模订单并完成履约

内容型社交电商
通过内容运营（图文/短视频/直播）在平台上实现引流、变现、服务，留存全闭环或导向第三方平台/商家实现变现

图 4.1.7　社交电商的分类

---

① 一罐冰可乐.我们来聊聊社交电商的现状，以及它的四种商业模式[EB/OL].2019-07-12.

4.1.8 社交电商分类图谱

[案例] 拼多多作为新电商开创者，致力于将娱乐社交的元素融入电商运营中，通过"社交+电商"的模式，让更多的用户带着乐趣分享实惠，享受全新的共享式购物体验。拼多多主打"拼团购物"理念，采用和亲人、朋友等一起拼团的形式来购买商品。这种基于熟人社交的电商模式，解决了信任的问题；任何人都可以发起团购，动员身边的人购买，用户的参与感很强；任何人都能发出自己的声音，所有人都是对等的，都是一个KOL（关键意见领袖）。

资料来源：社交电商让拼多多拼出300亿，中小企业怎么拼？[EB/OL].搜狐网，https://www.sohu.com/a/251940771_100173861，2018-09-04.

在本案例中，拼多多的商业模式并不复杂，就是一种网上团购的模式，以团购价来购买某件商品。社交电商通过人际传播，提升了发现商品的效率；同时高性价比则更容易激发用户的冲动性消费，驱动社交电商的发展。

4.2 零售数字化工具使用

随着智能手机等移动数字设备的逐渐普及,消费者在数字媒体上花费的时间日益增加,消费方式也发生了相应变化。消费升级造就了一群更加关注自身需求的消费者,而随着经济的飞速发展,市场上可供人们选择的品牌也越来越多。强势品牌凭借某一主力产品"通吃"市场变得越来越难,差异化的需求催生了更加多元的产品。为了更好地触达和影响消费者,企业需要充分了解消费者使用数字媒体的习惯及数字运营的各种工具。

4.2.1 微信公众平台

微信月活跃用户人数已经超过了 12 亿,每天有 10.9 亿人打开微信,因此在中国市场最重要的是想办法留住这些用户,并在此基础上发掘这些用户群体的潜在价值。微信公众平台于 2012 年 8 月 23 日正式上线,是腾讯公司在微信的基础上新增的功能模块,其目的是给个人、企业和组织提供业务服务与用户管理能力的全新服务平台,从而创造更好的用户体验,形成一个不一样的生态循环。微信公众平台目前包括服务号、订阅号、小程序、企业微信 4 种账号类型(见图 4.2.1),其功能介绍如表 4.2.1 所示。本章将重点介绍小程序与企业微信两种账号类型的使用。

 服务号:给企业和组织提供更强大的业务服务与用户管理能力,帮助企业快速实现全新的公众号服务平台

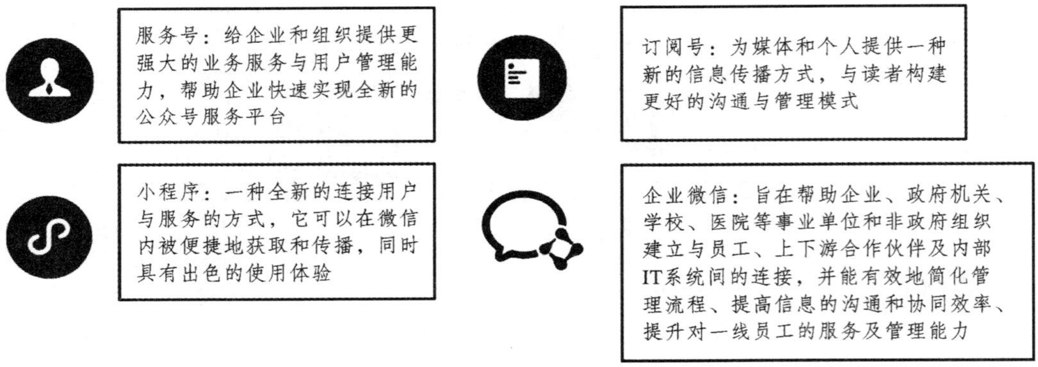

 订阅号:为媒体和个人提供一种新的信息传播方式,与读者构建更好的沟通与管理模式

 小程序:一种全新的连接用户与服务的方式,它可以在微信内被便捷地获取和传播,同时具有出色的使用体验

 企业微信:旨在帮助企业、政府机关、学校、医院等事业单位和非政府组织建立与员工、上下游合作伙伴及内部 IT 系统间的连接,并能有效地简化管理流程、提高信息的沟通和协同效率、提升对一线员工的服务及管理能力

图 4.2.1 微信公众平台 4 种账号类型

表 4.2.1 公众号类型功能介绍

账号类型	功能介绍
订阅号	主要偏向为用户传达资讯(类似报纸杂志),认证前后都是每天只可以群发一条消息(适用于个人和组织)
服务号	主要偏向服务交互(类似银行、114,提供服务查询),认证前后都是每个月可以群发 4 条消息(不适用于个人)
企业微信	是一个面向企业级市场的产品,是一个独立 App,作为基础办公沟通工具拥有最基础和最适用的服务功能,专门提供给企业使用的 IM 产品(即时通信产品)(适用于企业、政府、事业单位或其他组织)

续表

账号类型	功能介绍
小程序	是一种新的对外开放能力,开发者可以快速地开发一个小程序。小程序可以在微信内被便捷地获取和传播,同时具有出色的使用体验
温馨提示: 如果想简单地发送消息,达到宣传效果,建议选择订阅号。 如果想用公众号获得更多的功能,如开通微信支付,建议选择服务号。 如果想用来管理内部企业员工、团队,对内使用,可申请企业微信	

1. 微信小程序

运行在微信上的轻量级App——小程序于2017年1月9日正式上线。微信创始人张小龙的描述是"小程序是一种不需要下载安装即可使用的应用,它实现了应用触手可及的梦想,用户扫一扫或者搜一下,即可打开应用,也体现了用完即走的理念,用户不用关心是否安装了太多的应用,应用将无处不在,随时可用,但是又无须安装"。因而,相对于传统的App小程序具有其独特的优势。

一是对于用户而言,微信小程序是一种不需要下载安装即可使用的应用,它实现了应用"触手可及"的梦想,用户扫一扫或者搜一下即可打开应用,"用完即走"。

二是对于开发者而言,微信小程序开发门槛相对较低,难度不及App,能够满足简单的基础应用,适合生活服务类线下商铺,以及非刚需低频应用的转换。

三是小程序能更好地打通线上与线下的连接,二维码仍是小程序的主要入口,交易的实现只需扫一扫,如扫码点餐、扫码购票、扫码支付等,从而"让商业存在于无形之中"。

随着微信小程序功能的不断完善,其使用场景越来越丰富,开放的入口也越来越多,也受到越来越多的用户与企业的青睐。《微信小程序互联网发展白皮书》数据显示,2020年小程序日活跃用户突破4亿,全年交易规模同比增长超过100%,人均交易金额同比增长67%,人均使用小程序个数同比增长25%,小程序已经逐渐开始引领行业潮流。

企业也是充分发挥想象将微信小程序的作用发挥到极致,根据《2019年中国数字消费者趋势》总结,企业利用微信小程序带动销售已经有8种不同用例,从获得消费者注意力的游戏和小测试,到发布专属商品等(见图4.2.2)。

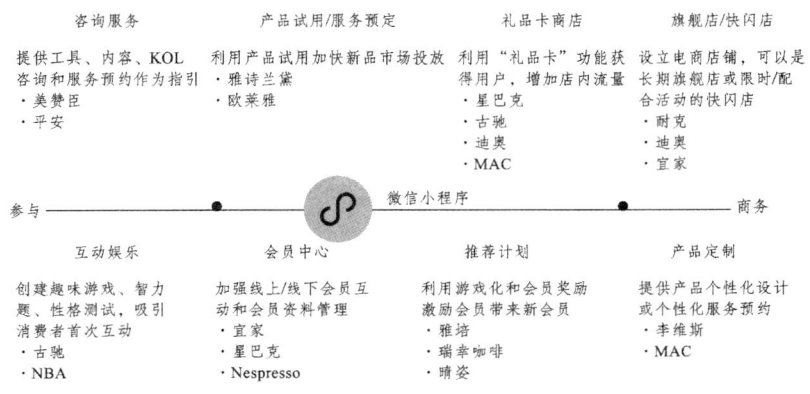

图4.2.2 企业利用微信小程序带动销售8种用例

2. 企业微信

企业微信是腾讯微信团队为企业打造的企业通信与办公工具,对内能帮助企业进行内部沟通,提升办公效率;对外可以连接12亿微信用户,商业价值可观。企业微信被广泛运用于零售行业、教育行业、金融行业与政务行业等,企业微信提供的数据显示,2020年共有超过8成的中国500强企业已开通企业微信,其中80%以上的零售百强企业在使用企业微信。

2019微信公开课零售专场上,企业微信首次推出了"智慧零售四锦囊"[①]——智慧会员服务、智慧门店管理、智慧产业连接,智慧办公协同。张小龙为企业微信"定调":"腾讯定位数字化助手,企业微信做企业专属连接器,帮助企业连接内部、连接产业、连接消费者。"

一是智慧会员服务。线上线下获客与服务已经成为零售企业在新时期的必备能力,借助对外形象等9大会员服务能力(见图4.2.3),企业微信帮助零售企业更好地触达客户、提供服务、提升复购率。其中群发助手与管理客户关系能力备受关注。群发助手支持发送图片与文字,一次可触达200人,提升了服务触达的效率。"客户标签"功能可以通过勾选包括消费偏好等标签,让客户信息更精准地沉淀在企业,把客户转化为企业资源,并实现有效营销。

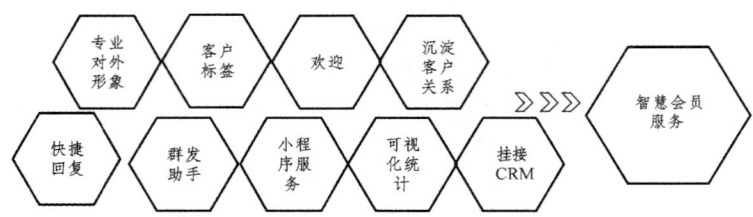

图 4.2.3　企业微信9大智慧会员服务能力

二是智慧门店管理。零售行业业务线长,体量大,使用企业微信进行内部消息流转,通过可管理的通讯录,连接企业与每个员工,提升企业整体效率。在企业微信上搭建的数字化工具包(见图4.2.4),可以让企业直接下发运营通知,布置任务、巡店、推送预警、实时收集、查看门店的数据,轻松实现对门店的移动化管理,让多门店管理由"鞭长莫及"变得"触手可及"。

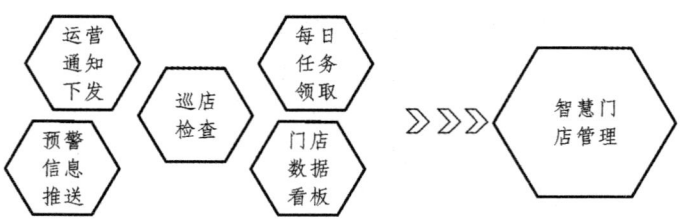

图 4.2.4　企业微信的智慧门店管理——门店数字化工具包

---

① 企业微信推"四大锦囊"帮零售企业做好 To C 生意[EB/OL],环球网.https://baijiahao.baidu.com/s?id=1645156273819922793&wfr=spider&for=pc,2019-09-20.

三是智慧产业连接。零售行业上下游数量大，分布广，又有着高频的交流、管理需求。企业可以添加上下游企业的通讯录，并及时共享有效应用，便捷进行业务对接沟通，有利于直接打破产业链之间的沟通和信息流转的壁垒（见图 4.2.5）。

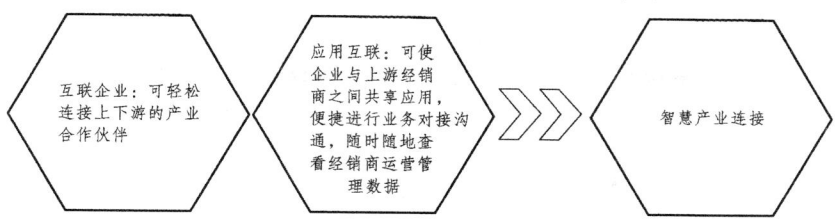

图 4.2.5　企业微信的智慧产业连接——互联企业

四是智慧办公协同。企业可以把不同账号体系的办公应用，集成到企业微信的统一工作台中，实现统一管理，满足移动化办公需求的同时，降低办公成本。企业可以使用企业微信内置的基础办公应用，也可根据具体的业务场景需求，通过企业微信开放的 API 接口，接入第三方应用市场的应用，或自建应用（见图 4.2.6）。

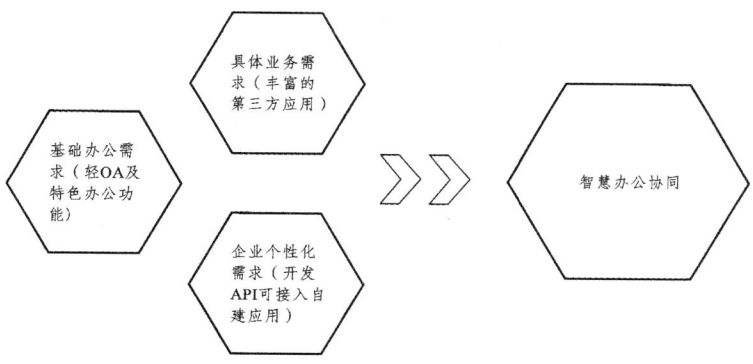

图 4.2.6　企业微信的智慧办公协同——满足三类办公需求

4.2.2　广告推广工具

百度公司（Baidu）、阿里巴巴集团（Alibaba）、腾讯公司（Tencent）是中国最大的 3 家联网公司（简称 BAT），分别掌握着中国的信息型数据、交易型数据、关系型数据领域的话语权，各自形成自己的体系和战略规划。百度以搜索引擎为支撑，阿里侧重于构筑完善的电子商务生态链，覆盖物流、数据服务、电商的交易支付、供应链金融等领域；腾讯更多的是采用开放平台战略，投资的重点一直是游戏领域。强大的数据提升了广告推广的精准度，百度推广、阿里巴巴广告平台与腾讯广告平台成为国内最知名的 3 大广告平台，3 个平台的产品和产品广告形态也有所不同。

1. 百度推广

百度是全球最大的中文搜索引擎、最大的中文网站，每天数十亿次搜索请求、超过 2 亿用户浏览百度推荐资讯、800 亿次定位服务请求，广告资源覆盖用户生活全场景；同时基于超过200万种特征和10亿+网民画像，识别每一位用户的真实需求及兴趣爱好，适时精准进行广告推广。

（1）搜索推广：基于全球中文搜索引擎百度搜索，在搜索结果显著的位置展示推广信息，只有客户点击广告之后，企业才需要付费。例如，在百度的搜索框中搜索相应关键词，第一条至第四条的位置均可以投放相应的广告，投放广告的信息下方会出现"广告"两字，点击"广告"会提醒"本搜索结果为商业推广信息，请注意可能的风险"。

（2）信息流推广：在百度App、百度首页、贴吧、百度手机浏览器等平台的资讯流中穿插展现的原生广告，广告即是内容。这种穿插在内容流中的广告，对用户来说体验相对较好，对广告主来说可以利用用户的标签进行精准投放，因此特别是在移动互联网时代到来后迎来了爆炸式（快速）的增长。

2. 阿里妈妈广告平台

阿里妈妈是阿里巴巴旗下的一个全新的互联网广告交易平台，依托阿里巴巴集团的商业数据，每天有超过50亿推广流量完成超过3亿件商品推广展现，覆盖高达98%的网民。阿里妈妈平台的推广产品类型主要包括搜索推广、信息流推广、展示类推广、互动类推广与淘宝联盟，其中直通车、超级推荐与超级钻展是阿里妈妈的三驾马车。

（1）直通车：按点击付费的营销推广工具，在买家搜索结果页通过关键词展现相匹配"宝贝"的推广方式，实现"宝贝"的精准推广。电脑淘宝网页搜索结果页带"掌柜热卖"标识（关键词搜索结果页左侧1~3个、右侧16个、底部5个）、手机淘宝App"hot"标的即为直通车的展现位置（搜索结果页每隔5或10个宝贝有一个）。

（2）超级推荐：通过人群定向和算法匹配给消费者展现其感兴趣的商品，实现消费者的精准获取，覆盖了首页、收藏夹、购物车、支付成功、确认收货等多场景的"猜你喜欢"，实现了消费者购前、购中、购后的全链路覆盖。

（3）超级钻展：淘宝网图片类广告位竞价投放平台钻石展位的重大革新。一是人群更清晰，既要突破已有的消费者范围，在更大的类目、行业甚至跨行业获取新客，为品牌和商家持续扩大消费者池子；又要根据客户与消费者的圈层关系远近，提供精细化运营的能力。二是场景更丰富，超级钻展不仅出现在淘内第一眼的首焦位置，还拓展到了支付宝、优酷、高德、微博等淘外场景，覆盖消费者生活全场景。三是玩法更多元，超级钻展提供的消费者互动形式更加丰富，有短视频、互动任务、PK投票等多重创意体验。四是操作更提效，超级钻展更加智能和便利，降低品牌和商家的操作门槛。

3. 腾讯广告平台

腾讯是中国最大的互联网综合服务提供商之一，也是中国服务用户最多的互联网企业之一。腾讯拥有覆盖超过12亿网民的微信、QQ、QQ空间社交用户场景，月度活跃用户超过5亿的腾讯视频，国内安卓用户覆盖第一的应用宝和QQ浏览器、腾讯新闻、天天快报、腾讯体育等行业领先新闻资讯平台。此外，还包括汇聚行业优质流量的优量广告（见图4.2.7）。

 微信广告 微信广告是出现在朋友圈、公众号和小程序中，以一种更加贴近用户生活方式呈现的广告形式。

 QQ广告 国内第一年轻社交平台，基于海量用户社交关系，用黑科技和多元玩法赋能品牌在社交、运动、购物、游戏等场景中与年轻用户深度互动。

 腾讯视频广告 中国领先的在线视频媒体平台，月度活跃用户超5亿，广告以原生形式出现在娱乐化流量场景中，精准触达用户，影响用户对品牌的感知。

 腾讯新闻广告 业界领先的新闻资讯平台，月活跃用户超2.88亿。广告原生出现于资讯信息流中，依用户属性、历史浏览行为、兴趣偏好等精准投放。

 腾讯信息流广告 聚合QQ浏览器、QQ看点、天天快报等海量信息流资源平台，多元场景下精准触达用户、品效合一，助力营销全面升级；形态原生，支持图文、视频及多种创新形式。

 优量广告 基于腾讯广告生态体系，依托腾讯广告平台技术，在合作媒体上展示的广告产品，汇集超过10万个优质App，月覆盖用户超过5亿。

 腾讯音乐广告 中国最大的在线音乐娱乐平台，旗下包括QQ音乐、酷我音乐、全民K歌三大音乐产品，为品牌深度定制，实现听、唱、看、玩多维度泛音乐一体化营销。

图 4.2.7　腾讯广告平台

4.2.3 移动支付工具

网络支付覆盖领域日益广泛，加速向垂直化应用场景渗透，推动数字经济与实体经济融合发展。非现金支付工具与大众日常生活的联系日益紧密，不仅重塑了居民个人的消费行为，变革了企业的商业模式，而且在一定程度上带动了各地区居民的消费增长。第48次《中国互联网络发展状况统计报告》显示，截至2021年6月，我国网络支付用户规模达8.72亿，占网民整体的86.3%。第三方移动支付成为人们生活中必不可少的工具，其发展也非常迅速，支付宝与财付通逐渐成为第三方移动支付的两大支柱平台。根据艾瑞咨询发布的报告显示，2020年第一季度中国第三方移动支付市场，支付宝与财付通分别占据了54.4%和38.8%的市场份额。

1. 支付宝

支付宝（Alipay）是淘宝网于2004年12月推出用于解决网络交易安全所设的一个功能，该功能在网络环境下为买卖双方提供第三方担保，以促成电子支付的实现，进而促使交易顺利进行。买家要将货款打到支付宝账户，由支付宝通知卖家发货；买家确认收到商品后指令支付宝将货款支付给卖家，至此完成一笔网络交易。该模式的推出有效解决了支付过程中的信任危机，很好地兼顾了买卖双方的利益，在一定程度上保证了交易的安全，使电子商务支付能真正、持久地实现电子化。

随着移动支付的使用场景越来越丰富，支付宝里面包含了购物娱乐（游戏中心、淘票票等）、旅游出行（飞猪旅行、滴滴出行、共享单车等）、教育公益（校园生活、教育缴费、爱心捐赠等)、金融(余额宝、蚂蚁花呗等)等模块,依靠一个支付宝几乎可以完成生活中的各项支付。支付宝致力于提供"简单、安全、快速"的支付解决方案,自 2014 年第二季度开始成为当前全球最大的移动支付平台。

2. 财付通

财付通是除支付宝之外,目前最受用户欢迎的在线支付平台。财付通是腾讯公司于 2005 年 9 月正式推出的专业在线支付平台,早期一直在腾讯的各种游戏软件上使用,后来微信推出后快速带动了财付通的市场应用,如微信抢红包、滴滴打车、微信转账、QQ 转账等用到的支付平台都是财付通。

财付通的核心业务和支付宝一样,即帮助在互联网上进行交易的双方完成支付和收款,致力于为互联网用户和企业提供安全、便捷、专业的在线支付服务。在线支付市场上,财付通有着自己独特的优势。由于腾讯全部的付费采用了财付通,凭借腾讯产品强大的吸金能力(即时通信和游戏),财付通在在线支付市场上的占有率也很高。微信红包的出现全面引爆了开通微信支付的财付通用户的数量;腾讯乘车码的出现,使财付通开始形成了真实的线下高频支付场景,带动了越来越多的微信用户开通了微信支付;微信服务号微信支付功能的出现,通过企业服务号微店激活了财付通的各种支付场景。

微信支付与财付通的区别:财付通是一个第三方支付平台,而微信支付包括 QQ 钱包都是这个支付平台上的产品,微信支付的架构隶属于财付通,微信支付只是财付通在产品模式上的一种新表达方式。从本质上来讲,微信是个前端渠道,后端业务走的是财付通,完成支付转移的是财付通。换言之,微信端完成的是业务场景,支付转移系统等后台处理应该由财付通完成。

4.2.4 数据采集工具

许多有用的营销工具能够帮助社会化营销人做出合理的有价值的判断,这些工具或多或少地都与大数据有关,数据采集工具的使用是快速准确获取数据的基础。

1. 百度指数

百度指数是以百度海量网民行为数据为基础的数据分析平台,百度指数能够告诉用户:某个关键词在百度的搜索规模有多大,一段时间内的涨跌态势以及相关的新闻舆论变化,关注这些词的网民是什么样的,分布在哪里,同时还搜了哪些相关的词,帮助用户优化数字营销活动方案。百度指数的主要功能模块有:基于单个词的趋势研究(包括搜索指数与资讯关注情况)、需求图谱、人群画像。

2. 八爪鱼数据采集器

八爪鱼采集器是一款全网通用的互联网数据采集器,模拟人浏览网页的行为,通过简单的页面点选,生成自动化的采集流程,从而将网页数据转化为结构化数据,存储于 Excel 或数据库等多种形式,并提供基于云计算的大数据云采集解决方案,实现数据采集,是数据一键采集平台。八爪鱼是一款通用网页数据采集器,使用简单,可进行完全的可视化操作;功能强大,任何网站均可采集,数据可导出为多种格式,它可以用来采集商品的价格、销量、描述等数据内容。

4.3 零售数字化营销策略

"数字化营销"这个术语的源头来自 IT 行业,原来的含义仅是一个信息技术用语,由于大量采用信息化技术已成为现代企业管理的基础,数字化的意义已远远超出技术的层面,数字化营销成为现代零售业的一个子系统。《2019 中国数字营销趋势》显示,79%的广告主会增加数字营销投入,预算平均增长 20%。美国市场营销协会(AMA)对数字营销的定义为:使用数字技术来营销产品和服务,包含了很多互联网营销(网络营销)中的技术与实践,但它的范围更加广泛,还涉及手机及数字展示广告等数字媒介。数字技术是对营销手段和营销方法的升级,没有变化的是营销的本质。

4.3.1 社会化媒体营销

社会化媒体又称社交媒体,是人们彼此之间用来分享意见、见解、经验、观点的工具和平台。凯度发布的《2019 年中国社会化媒体生态概览白皮书》中,中国生活媒体生态格局图(见图 4.3.1)统计了 100 余家国内社会化媒体平台,并划分为复合媒体、核心社会化媒体与衍生社会化媒体 3 个层级。

复合媒体,指支持搜索、交友、通信、娱乐、游戏及社交功能的多功能一站式平台,用户可根据需要切换功能,满足多种应用场景需求,且总用户数大于 5 亿。微信、支付宝、淘宝、QQ 是目前可被定义的复合媒体。

核心社会化媒体属于重关系平台,用户可通过用户关系,建立和维护社会关系,包括交友关系、兴趣及分享新事物的平台。

衍生社会化媒体属于重内容平台,用户可从内容生产者处获取符合兴趣的信息,包括电商购物、知识资讯、影视娱乐、网络游戏等平台。

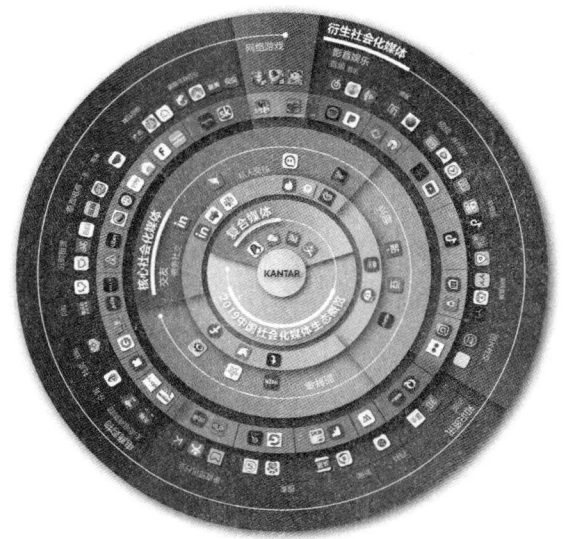

图 4.3.1 中国社会化媒体生态格局图

第45次《中国互联网络发展状况统计报告》显示，截至2020年3月，在典型社交应用中，微信朋友圈、微博、QQ空间使用率分别为84.1%、42.5%、47.6%。人们已经进入了社会化媒体时代，人们的生活也被极大地改变，社交电商借助社交媒体，通过分享、内容制作、分销等方式，发展成为网络消费的新生力量。网经社电子商务研究中心发布《2021年（上）中国社交电商市场数据报告》，预计2021年交易规模达到28 650.5亿元，逼近3万亿元。做好社会化媒体营销也成为每个企业必须面对的挑战。《2019中国数字营销趋势》显示，81%的广告主会增加社会化营销投入，预算平均增加21%。

1. 微博营销

微博，即微型博客的简称，是基于用户关系的社交媒体平台，用户可以通过PC、手机等多种移动终端接入，以文字、图片、视频等多媒体形式，实现信息的即时分享、传播互动。2009年8月新浪推出"新浪微博"内测版，成为门户网站中第一家提供微博服务的网站，若无特别说明，微博就是指新浪微博。微博平台在互联网行业中一直保持着相当高的活跃度。微博2021年第三季度财报显示，微博月活跃用户达4.73亿，日活跃用户达2.48亿。微博是一个可互动的开放平台，强社交属性让它成为各个热点内容输出与品牌曝光的重要途径。

微博营销，百度百科的解释是："以微博作为营销平台，每一个听众（粉丝）都是潜在的营销对象，企业利用更新自己的微型博客向网友传播企业信息、产品信息，树立良好的企业形象和产品形象。"企业微博需要一个长期精心呵护的经营过程——"养博"，在这个过程中需要注重传递企业价值、塑造个性化、加强互动性及发布信息连续性等方法与技巧，用优质内容策略去吸引用户，用情感策略去打动用户，用互动策略去吸引用户，用意见领袖策略去引领用户，用多账号矩阵策略去扩大影响力。

[案例] 2018年支付宝的锦鲤抽奖曾经引发过微博上的舆论轰动，在抽奖微博发布短短6小时之后就获得了百万转发量。支付宝的抽奖是没有预热的，在国庆前发出微博，却非常快地引起了微博用户的疯狂转发，因为奖品确实非常诱人。支付宝没有透露具体的奖品是什么，而是让大家关注评论区。在评论区中出现了非常多、不同领域内的大品牌，令人眼花缭乱，猜测满满；1个小时后，支付宝终于发布新微博公开了详细的奖品内容，一条长长的奖品清单，涵盖国庆期间的吃喝住行，面面俱到，价值不菲，让网友们叹为观止。这样的豪华大奖毫无意外地让支付宝的这条微博得到了空前绝后的阅读量和转发量，并迅速成为热门话题。

资料来源： 经典微博营销案例之支付宝锦鲤抽奖！网友直呼：壕！[EB/OL].鱼爪传媒，https://mj.yuzhua.com/consulte/2-20-20538.html，2020-07-09.

2. 微信营销

微信是腾讯公司于2011年1月21日推出的一个为智能终端提供即时通信服务的免费应用程序，用户可以通过手机、平板电脑和PC快速发送语音、视频、图片和文字，同时也提供了公众平台、朋友圈、消息推送等功能。用户可以通过"扫一扫"等方式添加好友和关注公众平台，可以将内容分享给好友，也可将看到的精彩内容分享到微信朋友圈。随着微信支付、微信商城等新功能的推出，微信已集社交、通信、购物、游戏、娱乐等功能于一体，渗透到千千万万普通百姓的生活中。根据腾讯公司发布2021年第三季度财报，微信的月活跃账户达到12.6亿，成为时下中国最热门的社会化媒体平台。

微信营销是伴随着微信的火爆而产生的一种点对点的网络营销方式。微信不存在距离的限制，用户注册微信后，可与同样注册的"朋友"形成一种联系。用户订阅自己所需的信息，商家通过提供用户需要的信息，推广品牌与产品。基于微信一对一的互动交流方式具有良好的互动性，精准推送信息的同时更能形成一种朋友关系，微信的传播深度与互动深度相对优于其他营销方式。微信营销拥有位置签名、二维码、开放平台、朋友圈信息流广告、微信公众平台、微信小程序、IBS竞价广告等多种营销模式，企业可以针对不同的营销目的选择不同的模式，营销成本低廉，同时依托腾讯的用户流量确保了信息传播的有效性与营销的精准性。

【案例】2017年5月，农夫山泉在朋友圈投放视频广告，旨在推广由BIGBANG代言的农夫山泉旗下茶π系列饮料。广告除了借助BIGBANG在年轻人群中的影响力，还特别使用了微信广告最新的评论互动功能。广告一经上线，瞬间收到5万条评论，包括"我叫你一声你敢答应吗？"等@广告主的"调戏"评论。农夫山泉官方微信也及时回复："要不给你来段B-BOX?"俏皮的回复有效提升了农夫山泉和茶π品牌在年轻人群中的好感度。

资料来源：微信朋友圈营销10大成功经典案例[EB/OL].龙狮网，http://m.losking.com/nshow.php?id=1058，2018-10-18.

4.3.2 移动营销

根据美国移动营销协会的定义，移动营销是指"公司或者组织通过任何移动设备或者网络来和用户进行互动，以及沟通的一整套做法"。百度百科对其定义是："面向移动终端设备（手机或平板电脑）用户，在移动终端上直接向分众目标定向和精确地传递个性化即时信息，通过与消费者的信息互动达到市场营销目标的行为。"第48次《中国互联网络发展状况统计报告》显示，截至2021年6月，我国手机网民规模为10.07亿，网民中使用手机上网的比例为99.6%，移动设备成为人的"数字器官"，也在不断地改变与塑造人类的行为，人们的生活方式也在迅速移动化，移动营销应运而生。

1. 搜索引擎营销

第48次《中国互联网络发展状况统计报告》显示，截至2021年6月，我国搜索引擎用户规模达7.95亿，占网民整体的78.7%，搜索广告是搜索引擎企业的核心收入来源。搜索引擎营销是一种基于搜索引擎平台的网络营销形式，它利用人们对搜索引擎的依赖和使用习惯，在人们检索信息的时候将信息传递给目标用户，其核心是基于网站内容的推广。

搜索引擎营销的基本思想是让用户发现信息，并通过点击进入网页，进一步了解所需要的信息。艾瑞咨询的调查结果显示[①]，搜索结果中排在前10名的网站占据了72%的点击率，排在第10~20名的网站拥有17.9%的点击率，排在20名以后的网站点击率只有10%，

[①] 张苗苗.搜索引擎营销在中国的应用研究[D].天津：天津大学，2008.

排在第三页以后的访问率几乎为零。根据网页显示的结果不同,搜索引擎营销有搜索引擎优化和按点击付费两种形式。搜索引擎优化是指通过对网站的标题、结构、内容等要素进行合理的设计,采用一系列技术手段使网页在自然搜索结果中获得较高的排名,方便用户及时有效地获得信息。按点击付费是指企业购买相关的关键词,当用户输入与关键词相关的搜索请求时,页面的付费结果栏就会出现企业放置的网页。在国内,最流行的点击付费搜索引擎有百度、雅虎和Google。

《互联网广告管理暂行办法》规定,互联网广告应当具有可识别性,且"付费搜索广告应当与自然搜索结果明显区分",从而保护搜索引擎用户的利益。中国互联网络信息中心(CNNIC)发布的《2019年中国网民搜索引擎使用情况研究报告》显示,国内搜索引擎品牌渗透率前三名的为百度搜索(90.9%)、搜狗搜索(53.5%)和360搜索(46.1%);94.1%的用户在使用搜索引擎时意识到结果中含有广告,88.3%的用户可以对广告和自然搜索结果进行辨别。

2. 短视频营销

短视频是指视频长度以秒计数,主要依托于移动智能终端实现快速拍摄和美化编辑,可在社交媒体平台上实时分享和无缝对接的一种新型视频形式。早在2011年,快手就已经成立,随后陆续出现秒拍、美拍等产品,但短视频行业长期不瘟不火,直到2016年,抖音横空出世,一举奠定了"南抖音,北快手"格局下短视频行业的发展基础。第48次《中国互联网络发展状况统计报告》显示,截至2021年6月,我国网络视频(含短视频)用户规模达9.44亿,其中短视频用户规模为8.88亿,占网民整体的87.8%。短平快的大流量视频内容逐渐获得大平台、粉丝和资本的青睐。

短视频营销是在短视频媒体平台上进行的所有广告活动,包括品牌图形广告、视频贴片广告、信息流广告和内容原生广告(见图4.3.2)。2016年短视频兴起后,短视频平台方一直在进行各种商业变现尝试和探索,短视频营销的玩法和模式也不断被创新,从广告主尝试短视频的卷入程度由低到高看,包括硬币投放、内容植入、内容定制、网红活动、账号运营和跨平台整合(见图4.3.3)。中商产业研究院发布的《2020—2025年中国短视频营销行业市场前景及投资机会研究报告》显示,预期短视频变现市场增长迅速,由2018年的60亿元增加至2023年的470亿元,自2018年起的复合年增长率为51.0%。

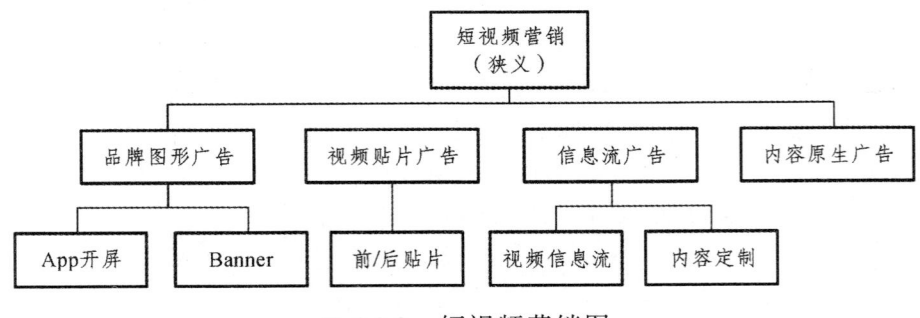

图4.3.2 短视频营销图

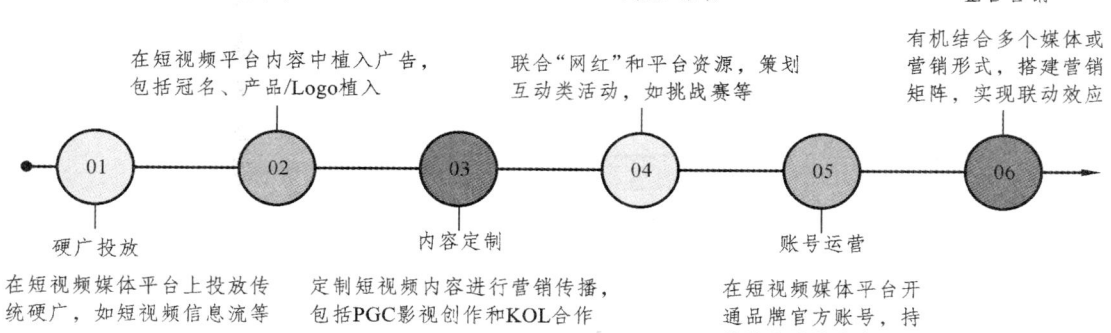

图 4.3.3 短视频营销部分玩法

资料来源： 2018 年中国短视频营销市场研究报告[EB/OL].艾瑞网，https://report.iresearch.cn/report_pdf.aspx?id=3302，2018-11.

[案例] 2019 年京东以"爱，趁现在"的主题，发布了母亲节微电影——《一天》，通过儿子在一天内看到妈妈不断变老的一个梦，不断重复"妈妈，你怎么变老了"这个念头。影片中并没有太多的刻意煽情，主要是轻松愉快的母子日常逗趣情节，提醒母亲要趁现在多爱孩子。整个微电影，京东只植入了一个妈妈通过京东给儿子买爱吃的零食的镜头，最后片尾落版"京东母亲节"。京东通过述说亲情故事，唤起了无数子女内心深处的柔软，也将"爱，趁现在"的主题抒发得淋漓尽致。京东还在微博上携手@微博节日发起了#母亲节快乐#的互动话题，邀请网友晒出母亲节的故事和感动，引发大量话题。截至 5 月 13 日，微博话题阅读量已达 21 亿，讨论量也超过 1 000 万。

资料来源： 又是一年母亲节，品牌如何花式表白？[EB/OL].搜狐网，https://www.sohu.com/a/313733760_120057219，2019-05-13.

3. 直播营销

2015 年以来，当集美貌与才华于一身的 papi 酱开始通过直播售卖《魔兽》衍生服装时，直播开始渗入我们的生活。2016 年被行业人称为"移动视频直播元年"，最重要的标志就是 2016 年移动互联网将大量资本投向了直播市场。视频直播平台的兴起，让企业看到了通过视频直播进行营销的机会。

百度百科的解释："直播营销是指在现场随着事件的发生、发展进程同时制作和播出节目的营销方式，该营销活动以直播平台为载体，达到企业获得品牌的提升或是销量的增长的目的。"直播电商通过"内容种草"（指通过内容介绍、展示等方式，分享推荐某种商品，激发他人的购买欲望）、实时互动的方式激活用户感性消费，提升购买转化率和用户体验。各个行业都在对直播营销的模式进行摸索（见图 4.3.4），直播带来的网络消费空间不断拓展。第 48 次《中国互联网络发展状况统计报告》显示，截至 2021 年 6 月，电商直播用户规模达 3.84 亿，占网购用户的 38.0%。2020 年人民日报、央视新闻等官方微博组织的"一起遇见国货好物#这很中国#"等多个主题直播活动的用户观看量均超过千万，电商直播正处于蓬勃发展的阶段且潜力巨大。

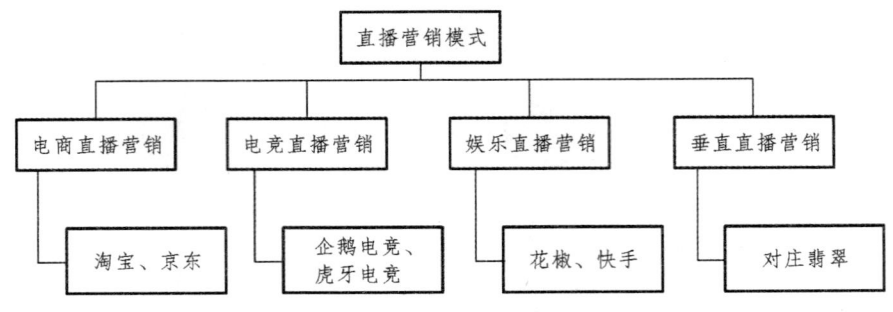

图 4.3.4　直播营销模式图

[案例] 来自上海的原创品牌——林清轩,致力于中国传统草本原料,制作天然安全的化妆品,在全国有 300 余家直营门店。2020 年 1 月 31 日,创始人孙来春于在迷茫和惆怅之中写下了题为"至暗时刻的一封信",很快在圈内刷屏。受疫情影响,林清轩的 157 家门店歇业,一周时间整体业绩较 2019 年下滑 9 成,企业依旧要承担 2 000 余名员工的工资和 300 多家店铺的租金,孙春来决定选择直播营销进行反击。2 月 1—2 日林清轩全体导购通过线上小程序打通淘宝,武汉门店的销售业绩就排到了全国第二位。14 日孙春来也开始属于自己的直播,直播共有 6 万多的观看量,销售了 40 万元的产品,2 个小时的直播相当于直营门店 4 个月的带货量。15 日林清轩的业绩达到了 2019 年同期的 145%,林清轩这一传统品牌又重新焕发了生机。

4.3.3 其他数字营销

1. 圈层营销

《新世代　新圈层——2020 垂直圈层营销报告》显示,社会化媒体让分散的大众重新聚合与分流,形成了一个个具有高度文化或兴趣认同感的小群体,圈层经济逐渐兴起;而数字互联网技术持续创新迭代,重塑和改变用户习惯,圈层边界不断消弭和重建,逐渐成为多样化发展,部分小众圈层开始走向大众视野,圈层经济已成为当下市场经济的主流风潮。由《2019 年中国社会化媒体生态概览白皮书》可知,圈层是真正衡量社会化媒体用户群体的标准单位,圈层是拥有同样兴趣或者职业的人,不同的圈层之间存在重叠和包含的关系。

将各圈层的大众认知度、圈层用户规模、圈层经济运作模式的成熟度等角度综合来看,可以分为小众圈层、上升圈层及热门圈层,其中,以追星、二次元(动漫、虚拟偶像等)、体育运动(潮鞋、电竞)、国风等为代表的热门圈层已从最初"圈地自萌"的小众市场进入了大众视野,受众规模逐渐扩大且形成了较为成熟稳定的经济运营产业链,垂直用户市场蓝海展现。圈层经济时代,是一个真正人以群分、物以类聚的小众经济时代,个性化是基本特征,基于高度认同感,越是个性、垂直的内容,受众付费意愿越强。因此,圈层营销也需要从垂直角度出发,明确目标圈层用户范围,尊重及认同圈层文化,挖掘圈层专属的高效传播渠道，厘清圈层经济运作的权力结构，用极致的垂直圈层营销激发圈层经济的裂变效应。

[案例] 汉服消费是个典型的圈层。艾媒数据显示，2020年中国汉服产业保持高增长态势，中国汉服爱好者规模同比增长74.4%，连续4年保持70%以上的高增长，已超过350万人。从市场规模上看，中国汉服产业2019年市场销售额突破45亿元，仅淘宝平台上汉服市场规模就破20亿元。从人群上来看，2019年带"国风爱好者"标签的人数有8 437万，其中83%的年纪在24岁以下，女性群体仍是主要消费群体。从汉服消费者的购买动机来看，47.2%的消费者是出于对汉服文化的喜欢，也有40.3%的消费者是出于对流行时尚的追求。而对于平台商而言，阿里巴巴和虎牙也相继下场，分别于2019年下半年推出古桃和花夏App，主打汉服社交功能。

资料来源： 暖报！这个店铺15天后业绩达到145%[EB/OL].搜狐网，https://www.sohu.com/a/377926753_115402，2020-03-05.

2. 内容营销

根据美国内容营销协会的定义："内容营销是基于对界定清晰的目标受众的理解，有针对地创造与发布与顾客相关且有价值的内容来吸引、获得这些受众，并使其产生购买行为，为企业带来盈利的全部过程。"以营销为目的、内容为载体的商业传播行为，不同内容形式有着不同的内容营销呈现形式，其共同构成了丰富多彩的内容营销生态。

内容营销具有关联性与价值性。内容营销是基于对界定清晰的目标受众的理解开展的营销活动，因此营销的内容设计是针对特定目标群体的兴趣、需求而制定的，具有客户导向。内容营销的重点不是介绍产品或者服务，而是创造目标群体感兴趣的内容以吸引他们的注意力。同时，内容营销与品牌有相关性，所有内容都源自品牌价值，内容应与品牌价值观一致。

[案例] 2021年7月15日乐事联合巨量引擎推出沉浸式美食纪录片《寻个地道味》。一城、一人、寻一味，每期由一位飞行嘉宾来到一座城市寻访当地最有生命力代表的年轻人，一起打卡地道美食探讨创作。他们寻找的不仅是一个城市的地道味，更是它的人情味。乐事也通过节目鼓励广大年轻人走出去寻找自己的人生百味。《寻个地道味》以适应短视频传播趋势的节目形态、贴合年轻人口味的节目内容，很好地刻画出当代年轻人的精神面貌和奋斗符号，一经抖音播出便受到广泛热议。截至7月29日，节目整体播放量超过32亿，点赞更是轻松破百万。

资料来源： 2020，得搞懂"圈层消费"[EB/OL].腾讯网，https://new.qq.com/rain/a/20200823A08CEY00，2020-08-23.

3. 私域营销

根据腾讯营销洞察发布《2021中国私域营销白皮书》，将私域流量定义为品牌自有的、可开展个性化运营的用户资产，通常可划分为微信生态、企业自营渠道、其他触点3大板块。通过私域流量，品牌可以主动地反复触达并唤醒用户，通过用户扩散品牌影响力，也可以基于数据精准分析用户行为，并实现用户数据的应用和变现。

微信生态和自营 App 等私域触点在中国的渗透率已达 96%，2020 年的疫情加速了线上线下融合的趋势，私域流量的价值被放大。私域流量已成为品牌营销消费者的重要路径（见表 4.3.1），不少品牌已经通过发展私域流量取得了较好的增长业绩，因此 2020 年被称为私域流量元年。根据艾瑞咨询发布的《2021 年中国私域流量营销洞察研究报告》，2021 年近 8 成公司已布局私域流量营销，10.2%表示目前尚未部署，未来预计部署。微信和企业微信是私域的主要阵地，分别有 78.7%及 53.2%的品牌主布局，私域流量营销从"试水"变为"必要选择"。

表 4.3.1 私域流量对消费者的重要影响

影响性	具体表现
渗透高	私域触点在中国的渗透率达 96%
黏性强	中国消费者平均每天在手机上花费近 6 个小时，其中在私域触点上花近 1.5 小时
易习惯	42%的消费者已养成使用私域触点的习惯
影响大	74%的消费者表示其消费决策受到私域内容的影响。其中口碑与干货信息，影响最大
交易频	79%的消费者过去 1 年中在私域有过购买，其中 45%的消费者表示会增加购买频次，80%表示会分享

[案例] 德克士是中国西式快餐特许加盟第一品牌，同时引领了西式快餐的私域经营。一是对会员商城进行精细化运营，2020 年 9 月至 2021 年年底会员拉新超过百万，客单价环比提升接近 200%。二是灵活利用各项营销工具，实现会员的高质量活跃，万人拼团试吃活动触达人数超过 10 万，转化率高达 47%。三是利用直播高效转化会员，进一步加强用户与品牌的链接，直播日单日成交额突破 100 万。

资料来源：《寻个地道味》创意收官，五城寻味解锁当代年轻人的奋斗符号[EB/OL].腾讯网，https://view.inews.qq.com/a/20210730A03KZH00?startextras=0_d3360878a5150&from=ampzkqw，2021-07-30.

4. KOL 营销与 KOC 营销

意见领袖（Key Opinion Leader，KOL）是指在人际传播网络中经常为他人提供信息，同时对他人施加影响的"活跃分子"。20 世纪 40 年代，拉扎斯菲尔德等在《人民的选择》一书中正式提出"意见领袖"的概念，他们认为大众传播并不是直接"流"向一般受众，而是要经过意见领袖这个中间环境，即"大众传播—意见领袖—一般受众"，意见领袖在大众传播效果的形成过程中起着重要的中介或过滤作用。

KOL 营销就是通过那些在特定领域拥有影响力的人物，让自己的品牌和产品与受众建立联系，并且保持互动。KOL 作为品牌与消费者之间的重要节点，他们通过与用户的互动沟通引爆潮流，更加高效地促进交易的完成。根据《2019 中国数字营销趋势》数据，63%的广告主表示社交营销重点会放在 KOL 推广。KOL 可以分为跨界型与垂直型(见表 4.3.2）。

表 4.3.2　KOL 分类特征说明

分类	特征说明
跨界型	属于头部 KOL，具有高覆盖的特征，能够给品牌拓展用户群体，实现传播上的破圈，更适合新品推广时期的造势动作，迅速打开知名度
垂直型	属于中腰部 KOL，拥有深厚的圈层背书，能够激发深度的圈层传播内容，形成品牌忠诚度及高转化，更加适合日常投放及带货组合投放

关键意见消费者（Key Opinion Consumer，KOC）一般指能影响自己的朋友、粉丝，产生消费行为的消费者。KOC 营销是指那些购买过某类产品或者服务的消费者，他们通过自己在生活中的真实使用情况，发表自己的观点和看法，并向亲朋好友或者是社交平台上少数忠实的粉丝分享。从发布内容来看，KOC 以一个普通用户的身份来为品牌宣传，而不是作为专家形象进行产品推介，拥有更多的真实感，从而更能影响其他用户决策。从用户关系来看，KOC 作为消费者，与普通用户的联系更加紧密，在发布内容时更能够通过同理心来影响其他用户。

【案例】小红书通过种草营销思路，开辟了 KOC 素人与 KOL 达人的组合种草模式。一是通过 KOL 分享带货，打造爆款产品。KOL 粉丝多，影响力大，借 KOL 达人种草分享品牌和产品的体验笔记，能够在一定时间内大幅度提升用户对品牌和产品的认知度，并且借势名人自带粉丝效应提高品牌话题热度，实现大范围曝光，从而扩大品牌和产品的影响范围。二是通过 KOC 铺量扩散，持续种草引流。海量的 KOC 素人博主主要以笔记内容为重点，通过高质量的 KOC 种草笔记创作，采用体验分享、干货分享、实用技巧、心得分享等软性植入的形式，以用户体验的角度，对产品的优势亮点进行多维度的展示和讲解，用户通过分享的笔记能充分汲取产品的相关信息。

资料来源：2021 私域经济年终盘点，十大你不得不看的经典案例[EB/OL].财经圈热潮，https://baijiahao.baidu.com/s?id=1720378463592550981&wfr=spider&for=pc，2021-12-28.

本章小结

伴随社会经济的发展，零售行业的数字化渗透率逐渐提高，从而不断优化人、货、场的管理，赋能零售行业线上线下渠道。基于大数据及新技术，数字化将持续赋能零售业全渠道，线下渠道向智能化转型，线上渠道在便捷性及个性化推荐方面优势显著。未来在数字化的驱动下，将实现人、货、场数据的整合打通，在产品研发、供应链管理、营销决策等各环节实现决策智能化，线上线下渠道将进一步融合，构建真正意义上的新零售。

【课程思政】

国风圈：弘扬中华文化瑰宝，国风"Z"青年

穿汉服、写书法、学国学、买文创，传统文化复兴的大潮袭来，短视频的兴起让国风

活动的传播途径更多元,数千万的传统文化爱好者齐聚 B 站。年轻人成为最热衷于传统文化传承与复兴的群体,数据显示,B 站上近乎 9 成的国风爱好者都是"Z"世代(4 000W+的 B 站国风爱好者中 88%都是"Z"世代,B 站国风视频上传者中 70%都是"Z"世代)。

纪录片中加入传统文化在 B 站的创新表达。B 站的年轻用户群对于传统文化类视频表现出了不一般的热情。2016 年《我在故宫修文物》于央视首播,当时并未引起轰动,反而在 B 站爆红,每集作品平均有 600 万的播放量。尤其是在该纪录片播出后第二年,原本很多大学里无人问津的文物修复专业,报名人数变为原来的 8~10 倍。2018 年上线的《国家宝藏》在 B 站得到了 9.9 分的好评。节目播出两个月后,湖南省博物馆的关注度得到了 463.4%的提升。《国家宝藏》《寻找手艺》《人生一串》等纪录片在 B 站发酵,收获了年轻观众的口碑。2019 年年初,B 站正式成立了 B 站纪录片出品部,当年就主导出品了 16 部优质的头部纪录片,涵盖了人文历史、自然地理、科技、军事、社会、美食、旅行、萌宠等多种类型,其中传统文化相关的美食、历史是其重要部分。

古风音乐、舞蹈、汉服、妆容成爆款内容端口。对于国风青年来说,汉服绝对是一个不可或缺的标配。在 B 站上,汉服同样是一个热门内容端口。汉服博主通过制作大量的汉服科普视频和汉服展示视频,向我们传递汉服独特的古典韵味和传统文化之美。B 站博主小豆蔻儿在 B 站上创作了大量汉服的相关视频,有穿搭教学、发型教学、汉服安利,还有生活短视频,每个视频展现汉服的美感,视频的平均播放量在十几万到几十万不等,多则达到百万次。2018 年,共青团中央与 B 站开始共同举办"中国华服日",当日身着汉服,就可以免费游玩平日价值数十元乃至百元门票的历史公园,积极鼓励人们去主动了解汉服文化。此外,古风妆容同样属于 B 站兴趣的一大种类。一位古风妆容博主上传的唐朝仕女古风仿妆视频,获得 71.5 万播放量和近 1 000 的弹幕数。还有音乐区、舞蹈区也是国风创作非常活跃的分区,墨韵的《千本樱》古筝翻奏版点击量突破 2 000 万,弹幕数量超过 35 万,被誉为镇站之宝;原创音乐博主 ILEM 在其新专辑中,也推出了传达中国酒文化的新曲《大氿歌》。

加持国创动画,助力国漫崛起。在 B 站的推动下,国产动漫成为平台重要的内容来源,同时也迎合了年轻人对于国产优质动画内容喜爱的心理需求。2017 年 3 月"国创"板块正式上线,开始重点布局国产动画。B 站国创内容从最初的《哪吒闹海》《三毛流浪记》到当下的《全职高手第一季》以及《汉化日记》,或改编自中国经典神话故事,或是当下热门 IP 改编而来,都讲述了中国文化语境下的中国故事。国产动漫《中国唱诗班》系列动画短片,在 B 站评分高达 9.8 分,通过短片故事演绎中国古诗词的文化内涵,被称作"国漫崛起之作"。官方数据显示,2019 年 B 站国创区用户总播放时长超过 3 亿小时,同比增长 125%,国创区月活跃数首次超越番剧区,成为站内第一大专业内容品类,占全站所有分区月活跃数比例的 28%。

资料来源:种草营销怎么玩?如何借小红书 KOL、KOC 笔记种草提升转化效果[EB/OL].凌舟文化传播,https://baijiahao.baidu.com/s?id=1742669959443676732&wfr=spider&for=pc,2022-08-31.

美团从品牌到生活文化

  2021年美团频频推出优秀出圈的好作品，要么让人开怀，要么让人热泪盈眶，冷不丁真是觉得：打开美团，就是打开快乐。

  美团七夕节帮你照顾爱：美团推出七夕爱情短片《一座城，帮我照顾一个人》，讲述了发生在重庆、深圳、北京3座城市的3个爱情故事。美团通过不同的情节，传递着品牌在城市中"帮你照顾爱"的温暖，深化了美团"美好生活小帮手"的品牌形象。由一束鲜花、一个酒店订单、一张电影票衍生出的故事，更像是美团便捷服务背后的品牌洞察。从"单一的吃"扩展至"一座城的业务"，从"本地生活服务"延伸至"城市美好生活"，从"利益宣导"深化至"情感沟通"，在与大众日常生活息息相关之余，与消费者构建情感维系桥梁。

  美团给做饭人写了封情书：美团优选把目光聚焦于"干饭人"身后的"做饭人"，发布大片"做饭人都用美团优选"。短片从美团优选线下提货点店家的视角出发，见证或亲历做饭的人更有财，做饭人的孩子不会变坏，做饭人更长寿，做饭人更瘦，做饭人总能遇到自己的"菜"，做饭人更甜的故事。用诙谐幽默的情节和配音讲述温暖人心的故事，体现出幸福、自由、浪漫、快乐的做饭人为生活以及身边人带来的无限希望与美好。此外，美团优选还推出了"做饭人"专属的限量买菜包，上面印有做饭人的标语，助力做饭人在环保买菜之余彰显潮流个性。

  美团在重阳节帮你照顾老妈：重阳节，美团借势打造暖心短片《老花》，用"老花"隐喻年迈父母对在外漂泊的孩子的深切关心。他们看得清孩子所在城市的天气，却不常关注自己那里是否下雨；他们关心孩子有没有好好吃饭，却忽略了自己在家顿顿将就。"老花"的父母总看得清远处的孩子，却常常看不清近处的自己。美团借由短片呼吁大众多关心父母的身体，做些力所能及的事，美团为父母备好常用药、送上新鲜蔬果、打卡新餐厅等，以slogan"帮你照顾咱爸妈"深化美团作为"美好生活小帮手"的品牌内涵。

  美团优选中秋让爱回家：美团优选在"中秋超惠节"，奉上了《让爱回家》系列影片，展现了人间烟火当中那暖暖的亲情。影片对准了3个不经常回家的年轻人，关于不回家，他们各自都有不同的理由。回不回家，对年轻人来说或许只是一个选项，对父母来说却是盼望已久的期待项。片中年轻人假意"爽父母的约"去观察父母失落的表现，从而让观众体察到父母对孩子的爱。美团优选希望用系列短片替年轻人开口说出对父母的爱和思念，从而指出爱在团圆共餐时，"食材虽惠，爱无价"的品牌理念。

  美团的业务众多，无论是美团品牌，或是美团优选、美团外卖等业务，但是美团的品牌形象在我们的内心却异常统一，帮助消费者解决短程、中程的生活服务、城市服务。美团的使命一直是：帮大家吃得更好，生活更好。

  资料来源：B站国风青年，如何把传统文化玩出圈[EB/OL].文化产业评论，https://www.shangyexinzhi.com/article/444133.html，2020-01-14.

思考与讨论：

1.你怎样看待让国潮热澎湃不息。
2.你认为新时代青年应当如何继承和发扬中华优秀传统文化？

5　零售数据分析策略

知识目标

1. 掌握常用零售数据分析方法。
2. 掌握销售目标的预测与分解。
3. 熟悉顾客数据分析内容与方法。
4. 掌握商品数据分析内容与方法。

技能目标

1. 具备一定的零售数据分析思维。
2. 能够进行销售数据分析。
3. 能够进行顾客数据分析。
4. 能够进行商品数据分析。

思政目标

1. 了解零售数据采集与处理的道德准则与行为规范。
2. 不被数据误导。

知识导图

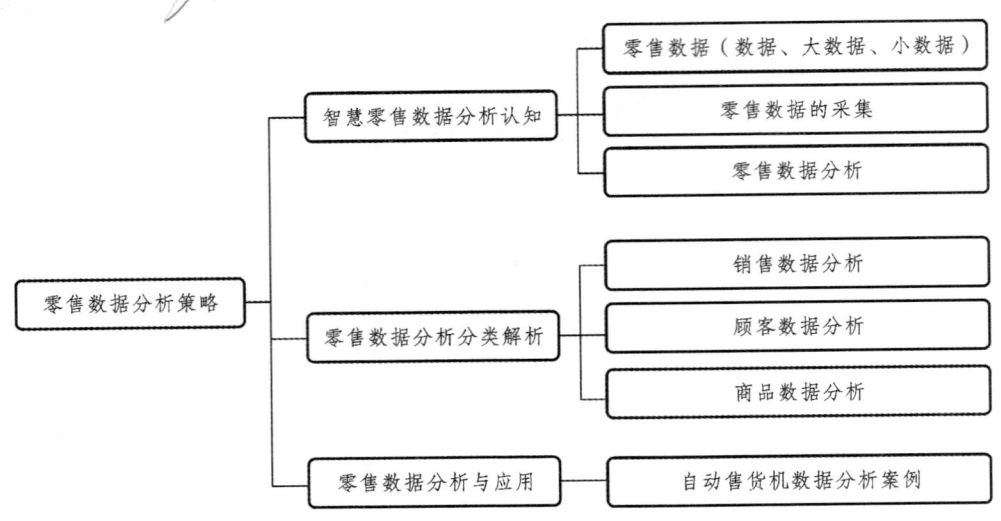

本章引例

华为展示智慧零售新成果
——门店更智能、水果更好吃、服务更个性

受新冠疫情影响，数字化已成为零售企业应对变化和挑战的重要手段。华为与合作伙伴在"2021深圳国际智能零售数字化博览会"上，展示了智慧门店、智能制造等方面的最新成果。

华为广东云计算深圳业务部总经理冯文斌认为，新零售趋势下，消费者体验成为中心，如何满足未来市场需求，提升运营效率，为客户带来最佳体验，数据的驱动力不可或缺。华为智慧零售解决方案是通过Wi-Fi、云技术实现交易场景的网络全覆盖和数据获取，提升购物体验、增强顾客黏性；通过云服务、大数据实现各个业务环节的数据整合和分析，提升运营效率。

智慧门店是通过店内智能"端"与消费者之间建立联系，在客户引流、进店、浏览、导购、取货、买单、离店的不同环节为客户提供个性化的服务及体验。在智慧门店方面，华为联合汉朔科技股份有限公司打造数字货架解决方案，基于高品质无线网络，将Wi-Fi与数字货架网络进行融合、部署，实现互动营销牌感应取物、动态海报自动播放、电子价签批量管理等功能。当消费者从数字货架上拿起一罐汽水，货架的屏幕上立即呈现出跟商品相关的视频。智能手推车上装有平板显示器，将商品二维码置于平板的下方，马上就能扫描，让消费者"边买边付"，如果忘记扫描，手推车还能"提醒"消费者有未支付的产品。

冯文斌表示，当前零售业正面临库存高、成本高、效率低和品牌识别度低的挑战，数据正驱动人、货、场重构。面向零售行业，华为将以数字化底座为支点，携手生态合作伙伴，共创未来智慧零售新时代。

资料来源： 从美团看平台营销如何撬动用户心智[EB/OL].合力造化，https://baijiahao.baidu.com/s?id=1731150251225596998&wfr=spider&for=pc，2022-04-26.

【思考】

1.华为如何收集数据？

2.华为用数据做了什么？

5.1 智慧零售数据分析认知

5.1.1 零售数据

互联网、物联网、云计算、大数据、人工智能等技术的成熟和应用，商品、用户和消费行为都被数字化，数字科技贯穿消费全过程：从用户识别、用户触达到用户服务，消费者从"人以群分"到"千人千面"，线上线下从对立到界限模糊、加速融合，数据驱动零售运营升级，零售行业进入自我改造和快速更迭的快车道，以新产品、新服务、新体验为特征的智慧零售由此兴起，并成为一种全新的商业模式。

然而，数据本身并没有什么价值，有价值的是从数据中提取的信息。数据是信息的表达和载体，只有通过数据分析，发现数据的内在规律，进而形成有价值的信息，帮助管理者进行有效的决策和判断，数据才能真正发挥作用。

5.1.1.1 数据

数据是对客观事件进行记录并可以鉴别的符号，是对客观事物的性质、状态以及相互关系等进行记载的物理符号（包括物理符号的组合），是可识别的、抽象的符号。由此可见，数据不仅指狭义的数字，还可以是具有一定意义的文字、字母和数字符号的组合。数据的表现形式多样，包括文字、数字、图片、视频、音频以及这些元素的组合等。

例如："气象台今天18点发布报告，本市今天晴，最高气温12.3℃，最低气温5.1℃，偏北风5级。明天天气预报：小雨，10℃，最低气温6℃，微风，降水概率70%。"

"2022年春晚互动691亿次，京东送出15亿红包好物。"

"2021年实物商品网上零售额突破10万亿元。"

5.1.1.2 大数据

人类进入大数据时代，各种数据产生速度快，数量大，数据爆炸成为大数据时代的鲜明特征。关于"什么是大数据"这个问题，目前还没有统一的界定。但无论如何定义大数据，大数据现象都无处不在，比以往更普及、更重要。大数据具有的数据量大（Volume）、数据类型繁多（Variety）、处理速度快（Velocity）和价值密度低（Value）的"4V"特征被大家广泛认可（见图5.1.1）。

图 5.1.1 大数据的"4V"特征

5.1.1.3 小数据

《美国计算机学会通讯》中曾多次提到有关小数据的内容。小数据被定义为：个体化的数据，是每个个体的数字化信息。简单来讲，大数据与别人相关，但小数据却与自己相关。小数据，虽然没有大数据那么纷繁浩杂，但对于个体而言却是极为重要的。

零售前沿：大数据思维与小数据思维

大数据，不仅是一次技术革命，同时也是一次思维革命。维克托·迈尔·舍恩伯格在《大数据时代：生活、工作与思维的大变革》一书中明确指出，大数据时代最大的转变就是思维方式的转变：从抽样到全样、从精确到效率、从因果到相关。

（1）全样 VS 抽样。

过去，由于数据采集、存储、技术和处理能力的限制，通常采用抽样的方法，即从全集数据中抽取一部分样本数据，通过对样本数据的分析来推测全集数据的总体特征；在大数据时代，大数据技术的核心就是海量数据的实时采集、存储和处理，科学分析完全可以直接针对全集数据而不是抽样数据。

大数据时代，样本思维不再像以往一样是数据思维的主流，但是人们利用小数据样本思维也可以解决一些特殊问题，能够从更加细微、全面的角度获得人们的心理数据。行为数据与心理数据的结合，即总体思维与样本思维的融合，能够对事物的认识更加全面、精确、立体和系统。

（2）效率 VS 精确。

由于抽样的结果具有不稳定性，抽样的微小误差在放到全集数据后可能会被放大，出现"失之毫厘，谬以千里"的现象。为了保证误差被放大到全集数据时仍然处于可以接受的范围，就必须确保抽样的精确性。而大数据时代的全样而非抽样分析，不存在误差被放大的问题，精确性不再是其首要目标；相反，大数据的"秒级响应"特征，能够在几秒内迅速给出针对海量数据的实时分析结果，否则就会丧失数据的价值。

例如，用户在访问"天猫"或"京东"等电子商务网站时，用户的点击浏览数据会被实时发送到后端的大数据分析平台进行处理，平台会根据用户的特征找到购买兴趣匹配的其他用户群体，然后再把这些用户群体曾经买过而该用户未曾购买的相关商品推荐给该用户。很显然，这个过程的时效性很强，需要"秒级响应"。如果过一段时间才给出推荐结果,很可能用户已经离开网站了,这就使推荐结果变得毫无意义。所以,在这种应用场景中,效率是被关注的重点,分析结果的精确度只要达到一定程度即可。

(3)相关 VS 因果。

过去,数据分析的目的,一方面是解释事物背后的发展规律,如一个大型超市在某个地区的连锁门店在某个时期内的净利润下降了,这就需要对相关销售数据进行详细分析找出原因;另一方面是用于预测未来可能发生的事件,如通过实时分析微博数据,当发现人们对雾霾的讨论明显增加时,就可以建议销售部门增加口罩的进货量,因为人们关注雾霾的一个直接结果就是会想到购买口罩来保护自己的身体健康。不管哪个目的,其实都反映了一种"因果关系"。但是,在大数据时代,因果关系不再那么重要,人们转而追求相关性而非因果性。例如,在淘宝购物时,当你购买了一个汽车防盗锁后,淘宝网还会自动提示你,与你购买相同物品的其他客户还购买了汽车坐垫。也就是说,淘宝网只会告诉你"购买汽车防盗锁"和"购买汽车坐垫"之间存在相关关系,但是,并不会告诉你为什么其他客户购买了汽车防盗锁后还会购买汽车坐垫。

在大数据时代,零售企业只有结合大数据思维与小数据思维,才可以得到更广、更深的数据洞察,更加透彻地了解数据背后的规律。例如,利用线上与线下消费者的全部购买行为、购买历史、会员卡对消费者进行分类,将传统的"销售产品"转变为"满足消费者需求",从而实现精细化营销。而以用户为中心的大数据,包括位置、搜索历史、品牌偏好等,与实体店小数据联系起来,可以让消费者更加实时、精准地找到自己想要购买的产品。

5.1.1.4 零售数据

零售数据是对零售生产运营的直接记录。零售业每天产生大量的数据,主要分布在:线下实体门店;交易型电商平台,如淘宝、天猫、京东等;内容电商平台,如小红书、抖音等;融合电商平台,如微信、微博等;物流送货环节,在线支付渠道等。这些数据不仅支持交易,其中蕴含的规律更有助于零售企业发现商业机会和市场趋势,进而弥补决策能力,极大地降低决策风险。

据 Facebook 统计,Facebook 每天产生 4PB 的数据,包含 100 亿条消息,以及 3.5 亿张照片和 1 亿小时的视频浏览。在 Instagram 上,用户每天要分享 9 500 万张照片和视频;Twitter 用户每天要发送 5 亿条信息。通过分析这些信息,可以判断出用户的潜在兴趣产品,从而有针对性地向用户投放广告。因此,零售数据既包括"小数据",也包括"大数据"。数据、大数据、零售数据三者的关系如图 5.1.2 所示。

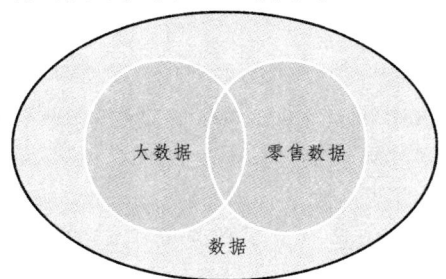

图 5.1.2 数据、大数据与零售数据三者的关系图

5.1.2 零售数据的采集

5.1.2.1 零售数据的来源

一直以来,零售企业依赖数据建立与顾客之间的互动,通过信息技术推动商业活动向顾客深度参与的方向发展。随着科技手段不断增强,零售数据来源不断拓宽。

在大数据时代,企业获取数据的源头已经发生了翻天覆地的变化:互联网、移动终端、工业4.0、工业互联网、可穿戴设备等新技术、新浪潮的出现,企业可以全方位、持续地收集、获取用户数据。根据信息收集主体不同,零售企业数据源可分为:第一方数据、第二方数据、第三方数据及开放数据,具体如表5.1.1所示。

表 5.1.1 零售企业数据源

数据源	数据来源	数据源归属	数据平台	典型来源	常见数据类型
第一方数据	内部	自身	自身	CRM 数据	历史交易数据、营销积累数据、售后服务数据、网站分析数据、重点客户业务数据
第二方数据	外部	自身	外部	社交媒体平台、电商平台	社交媒体行为数据、电商交易数据
第三方数据	外部	外部	外部	外部供应商	客户行为数据、客户信用数据、其他数据
开放数据	外部	外部	外部	爬虫数据	互联网上可见数据

5.1.2.2 零售数据的采集方法

零售管理的核心目标之一就是有目的、高效率地收集、处理、使用各种信息,而信息是建立在数据基础上的,不同的数据类型和渠道来源,需要采用不同的收集方法。常用的零售数据采集方法有问卷调查、用户访谈、第三方平台统计、网络爬虫、网站日志、业务数据库等。

(1) 问卷调查。问卷调查是一项有目的的研究实践活动,其调研的信息一般是不确定性用户信息或无法通过后台数据获取的信息。此外,问卷调查需要用有限的问题来获取有价值的信息。因此,在进行问卷调查时首先应考虑样本的容量,然后设计内容,最后按照确定目标进行问卷投放、收集汇总和结构分析等工作。

(2) 用户访谈。在访谈之前,运营人员首先要确定访谈目标;其次设计访谈提纲,并选择访谈对象;最后对访谈结果进行记录和分析。在分析访谈结果时,一般采取关键词提炼法，即对每位用户、每个问题的反馈进行关键词提炼，然后对所有访谈对象反馈的共性关键词进行汇总分析。

（3）第三方平台统计。第三方数据统计分析平台有很多，如 CNZZ（友盟）、百度统计和神策数据等。有的平台是免费的（前两个），主要采集前端数据；有的平台是付费的（如神策），可以采集前后端数据。

（4）网络爬虫。这是一种按照一定的规则自动抓取互联网信息的程序或脚本，可以自动采集所有能够访问到的页面内容，以获取或更新这些网站的内容和检索方式。

（5）网站日志。网站日志是网站的用户点击信息和其他访问信息的汇总。利用网站日志可以清楚地得知用户在何时、用何种操作系统和浏览器访问了网站的哪一个页面。其优点是，保证用户的使用行为可以被查询，同时针对用户的一些误操作可以通过日志文件进行恢复。

（6）业务数据库。一般零售企业都有自己的业务数据库，里面存储了订单信息、交易信息、商品信息、用户信息等数据。通过这种方式获得的数据都是实时、准确的，可以直接用于衡量企业的绩效和目标。但是由于数据表单数据量过多，增加了分析难度，会导致数据的使用价值变低。

[案例] 银泰百货收集并存储了用户的交易记录、交易行为以及与用户的互动等数据。自银泰网上线之后，传统的线下实体店就和线上的会员账户实现了互通。银泰在百货中心和购物中心铺设了免费 Wi-Fi，用户一旦进入线下实体店，连接上了免费的 Wi-Fi，后台就可以轻而易举地将用户识别出来，并实时查询该用户以往在银泰的记录，包括交易记录、互动记录等，进而识别出用户是会员还是潜在客户。当把用户线上线下数据放在银泰集团后台的公共数据库中进行匹配时，就可以通过系统中用户在实体店的电子小票、行走路线、停留区域等数据的分析，更加精准地判断该用户的购物喜好，分析其购物行为、购物频率和品类搭配的习惯，为用户提供更加符合其需求的个性化定制产品。

资料来源：华为展示智慧零售新成果：门店更智能、水果更好吃、个性定制只需数分钟[EB/OL].TechWeb，https://new.qq.com/rain/a/20210314A08RKU00.

5.1.2.3 零售数据采集遵循法则

数据采集的质量决定数据分析的深度，分析结果的正确性和可靠性。为此，零售数据采集应遵循"大、全、细、时"4大原则。

（1）大：强调的是宏观的大，从系统的角度去考虑数据的收集。

（2）全：强调的是多种数据源，如用户分析，需要采集客户端数据、服务端日志、业务数据库以及第三方服务器等数据，全面覆盖。

（3）细：要求把不同维度的数据都采集下来，如采集用户行为事件数据，要采集 Who、When、What 等信息，完成每一个事件的维度、属性和字段的采集，快速记录事件的发生、形成。

（4）时：强调时效性，如双十一期间，用户大量增加，如果不能实时查看数据情况，则可能错失良机。企业只有实时采集和分析数据，才能保证分析结果的价值最大化。

5.1.2.4 零售数据采集和处理的道德准则及行为规范

数据的客观性、可重复性是数据收集和处理的基本原则。零售数据的收集和处理也必须遵循这些原则。如果违反了这些基本原则，获得的数据会造成对实际情况的判断错误，导致决策失误。零售数据收集和处理应遵循以下行为准则：

（1）尽可能收集原始数据或第一手数据，即收集零售企业经济活动和生产经营中产生的、未经处理和变动的数据记录，并说明原始数据的来源、时段。

（2）如果需要引用别人提供或处理过的数据，首先应辨别是否侵犯数据提供者的知识产权，应详细注明所引用数据的来源，既表示对数据提供者的尊重，也便于第三者需要时进一步考证。窃取别人提供的数据作为自己的成果，是违背学术道德规范的行为。

（3）原始数据中如果有异常数据，应尽可能分析产生异常的原因，并加以说明。如果异常数据是孤立或偶然的原因产生的，数据处理中有必要删除这些异常数据，也需要加以说明。为了达到事先设定的主观目的，随意增删、篡改客观数据，都是违背学术道德规范的行为。

（4）公布数据处理结果时，应该明确说明数据处理的工具、方法以及数据处理的流程，以便别的数据研究者和使用者确信有关数据经过这样的处理，确实可以得到相应的结论。

（5）问卷调查得到的数据，必须说明问卷调查的内容、问卷调查表的格式、确定问卷调查对象的原则和方式、问卷发放和回收的渠道和方式、问卷发放数量、回收数量、有效问卷的数量、问卷结果统计方法和统计结果等。

总之，零售数据收集和处理与对待其他科学数据一样，是一项重要的基础工作，必须坚持实事求是的科学精神和严谨务实的科学态度。只有数据收集和处理工作做好了，数据的研究和分析才会有意义。

5.1.3 零售数据分析

数据分析，是指根据分析目的，用适当的分析方法和工具，对收集来的数据进行分析，从中提取有价值的信息，形成有效结论的过程。零售数据分析，就是针对零售行业的数据进行的数据分析，包括对销售业绩的分析、商品的分析、顾客的分析以及对财务状况的分析等，其最终目的是将看似烦琐的零售数据汇总起来，帮助管理者进行有效决策和判断，从而实现店铺成功运营，并实现利润最大化的目标。

5.1.3.1 零售数据分析的主要内容

零售是一系列商业模式的统称，是通过某种"交易结构"让消费者和商品之间产生连接，把商品卖给消费者；反之亦然，让消费者发现或找到商品。因此，就店铺而言，零售数据分析的主要内容包括：销售业绩分析、顾客分析、商品分析以及财务分析。

1. 销售业绩分析

对店铺的各项经营指标、财务收支状况、成本利润等进行分析，分析出店铺经营现状，是盈利还是亏损；分析盈亏原因，哪些商品或业务带来盈利，哪些造成亏损等，在此基础上对店铺未来的发展方向进行预测。

2. 顾客分析

对顾客的分析,前大数据时代通常包括一般购物者分析及会员分析。购物者分析是指针对购物者所做的各种研究:购物者从哪里来——商圈分析,购物者来店怎么走——客动线分析,购物者怎么买——接触率分析、购买率分析及购买决策树分析。在大数据时代,顾客分析则是结合会员数据进行用户画像、顾客细分等,以实现精准营销,更好地为顾客服务。

3. 商品分析

商品的数据分析,主要包括门店如何从众多商品中选择自己的SKU——商品采购数据分析,门店商品销售情况——商品销售数据分析,商品库存情况分析——商品供应数据分析等。

4. 财务数据分析

财务分析在评价企业业绩形成过程中有着重要且不可替代的作用。通过对报表数据的各种变换计算,获得销售额、成本、毛利率、净利率、库存数量、盈亏平衡点、销售数量、销售金额、市场占有率等指标值,从中分析企业的现金流量、资产流动性、负债水平以及偿还能力,分析店铺的资金周转、商品盈利能力以及周边经营环境和发展方向,可以从各个方面、各个角度分析企业经营成果并预测未来趋势。

5.1.3.2 零售数据分析方法

零售数据分析方法很多,常用的有比较分析法、分组分析法、结构分析法、平均分析法、交叉分析法、综合评价分析法、矩阵关联分析法、杜邦分析法及预测分析法等9种(见图5.1.3)。

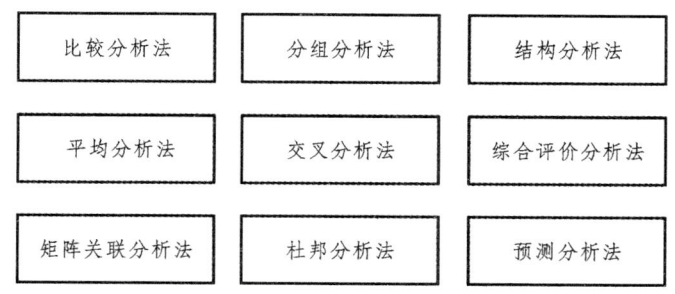

图 5.1.3 常用零售数据分析方法

1. 比较分析法

比较分析法是指将客观事物进行对比,以达到认识事物的本质和规律,进而判断其优劣的分析方法。通常是把两个或者两个以上的同类数据进行比较,剖析、对比事物的个别特征和属性等,分析它们的差异,从而揭示这些数据所代表的事物的发展变化情况和规律性。

比较分析法可以分为横向比较和纵向比较。横向比较是对不同地区、不同部门的同类事物进行比较,从中找出差距,判断优劣。纵向比较是对同一事物不同时期状况的特征进行比较,从而认识事物的过去、现在及其发展趋势。

零售企业应用比较分析法主要从不同时间、企业内不同门店及区域、竞争对手、业绩指标等方面进行。

2. 分组分析法

分组分析法在分组的基础上，对数据分析对象的内部结构、现象之间的依存关系，从定性的角度进行分析研究，以便寻找事物发展的规律，正确分析问题和解决问题，从而认识分析对象的不同特征、不同性质及相互关系的方法。分组分析法可以分为3种方式：按数量分组分析法、按相关关系分组分析法以及按品质分组分析法，其特征如图5.1.4所示。

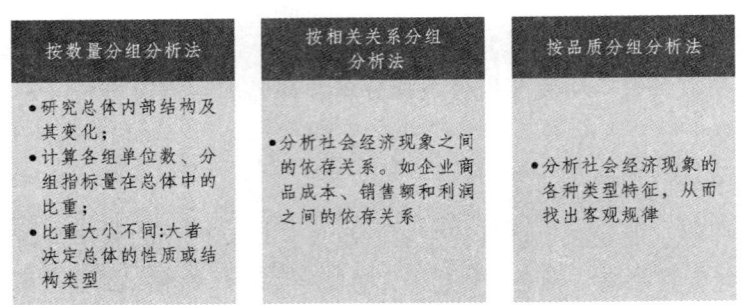

图 5.1.4　分组分析法的类型与特征

分组分析法需要遵循两大原则：互斥与穷尽原则。互斥原则就是在特定的分组标志下，总体中的任何一个单位只能归属于一个组，而不能同时或可能归属于几个组。穷尽原则就是总体中的每一个单位都应该有组可归，或者说各分组的空间足以容纳总体中的所有单位。

3. 结构分析法

结构分析法，又称比重分析法，是测定经济指标各构成部分在总体中所占比重并加以分析的方法。计算结构相对数的方法可以说明各构成部分在总体中的地位和作用，从而分清主要问题和一般问题，从内部结构揭示事物的本质特征。同时，分析结构相对数的变化情况，了解企业生产经营活动的效果。

总体内各部门占总体的比例，属于相对指标，其计算公式如下：

结构相对指标（比例）=（总体某部分数值/总体总量）×100%

结构分析法的优点是简单实用，在实际的零售企业运营分析、财务数据分析中经常用到。如市场占有率，市场占有率是分析零售企业在行业竞争中竞争状况的重要指标，也是衡量企业运营状况的综合经济指标。市场占有率越高，表明企业运营状况越好，竞争能力强，在市场上占有有利地位；反之，则表明企业运营状况差，竞争能力弱，在市场上处于不利地位。

市场占有率=（某商品销售量/该种商品市场销售总量）×100%

4. 平均分析法

平均分析法就是利用平均指标对社会经济现象进行分析的方法。平均指标是经济现象总体和单位在一定时间、地点条件下某一数量特征的一般水平。

平均分析法分为两种：一种是数值平均数，包括算术平均数（简单算术平均、加权算术平均）、调和平均数、几何平均数、平方平均数；另一种是位置平均数，包括众数和中位数。

平均分析法在数据分析里的作用有以下几点：比较同类企业、产品、服务标准之间的本质差距；分析数据之间相互依存关系；对企业中的某产品在不同时间上进行水平比较，用来说明产品的发展规律与趋势。

5. 交叉分析法

交叉分析法是在纵向分析法和横向分析法的基础上，从交叉、立体的角度出发，由浅入深、由低级到高级的一种分析方法，通常用于分析两个变量之间的关系，如连锁企业地区与销售额的关系等。对比表 5.1.2 与表 5.1.3，二维交叉表直观地展现出某品牌六七月 A、B、C、D 4 个地区短裙与短裤的销量。

表 5.1.2　一维表

月份	地区	衣服	销量/件
六月	A	短裙	452
六月	B	短裙	552
六月	C	短裙	668
六月	D	短裙	530
六月	A	短裤	487
六月	B	短裤	253
六月	C	短裤	145
六月	D	短裤	472
七月	A	短裙	154
七月	B	短裙	128
七月	C	短裙	752
七月	D	短裙	241
七月	A	短裤	241
七月	B	短裤	560
七月	C	短裤	186
七月	D	短裤	651

表 5.1.3　二维交叉表

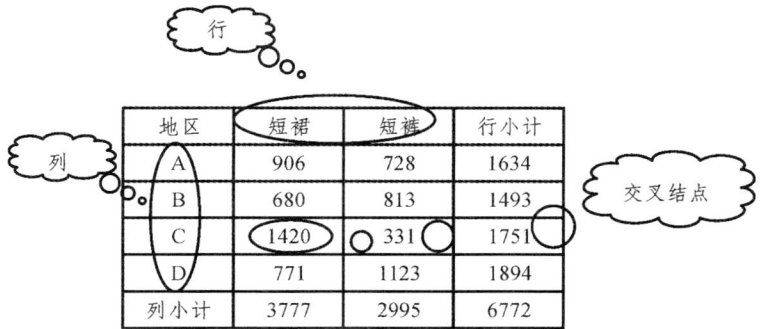

6. 综合评价分析法

综合评价分析法的基本思想是将多个指标转化为一个能够反映综合情况的指标来进行分析评价，用于解决复杂的分析对象。购买决策、门店业绩评价、商圈选址等，均需要应用综合评价法。

综合评价法的步骤如图 5.1.5 所示。

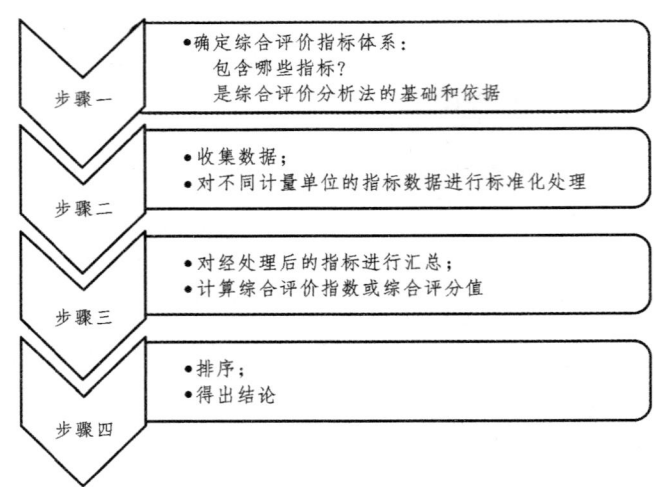

图 5.1.5　综合评价法的步骤

7. 矩阵关联分析法

矩阵分析法是将多个变量变化为少数综合变量的一种多元统计方法。在数据矩阵图的基础上，把各个因素分别放在行和列，然后在行和列的交叉点用数量来描述这些因素之间的对比，著名的波士顿矩阵、SWOT 分析法都属于这个范畴。

8. 杜邦分析法

杜邦分析法是拆分法的经典应用，就是将某个问题拆解成若干子问题，通过研究这些子问题而找到问题的症结点，并解决问题。

[案例] 门店销售额下降原因分析

某门店周一销售额大幅下降，运营人员欲找出销售额下降的原因（销售额=访客数×转化率×客单价）。应用杜邦分析法，门店销售业绩问题可以拆分为转化率、客单价和访客数 3 个子问题，收集这 3 个子问题昨日、本周一及上周一的数据如表 5.1.4 所示。

表 5.1.4　门店核心数据

日期	访客数	转化率/%	客单价/元	销售额/元
周一	1 000	3.5	100	3 500
昨日	2 000	3.4	100	6 800
上周一	2 500	3.5	100	8 750

分析这 3 个子问题发现，在考虑的 3 个时间段内，客单价和转化率没有明显变化，但是周一来客数比之另两个时间段急剧下降，来客数占比不超过 50%。由此发现，销售额下降的问题来自来客数的急剧下降。访客数可以进一步拆分为付费访客数和免费访客数。收集数据可以进一步寻找原因及找到解决问题的方法。

9. 预测分析法

预测分析法，是根据客观对象的已知信息，对事物在将来的某些特征、发展状况的一种估计、测算活动，是运用各种定性和定量的分析理论与方法，对事物未来的发展趋势、水平进行判断和推测的一种活动。预测分析法很多是对各种定性和定量分析理论的应用、延伸和发展。据不完全统计，现有预测分析法大约有 130 余种，常用的就有数十种，如平均法（移动平均、加权平均、移动加权平均等）、平滑指数法、回归分析法等。

5.1.3.3 零售数据分析流程

零售数据分析，总体上可以分为 6 个阶段：明确分析目的、获取数据、处理数据、分析数据、数据可视化及撰写报告，如图 5.1.6 所示。

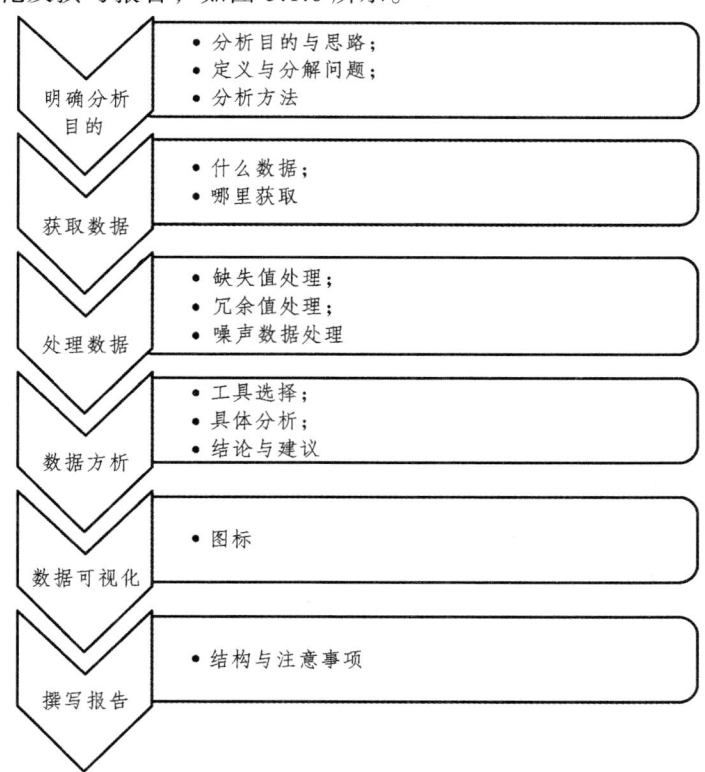

图 5.1.6 零售数据分析流程

1. 明确分析目的

做任何事情都要目的明确，数据分析也一样，首先要明确数据分析的目的，即希望通过数据分析得到什么,并把分析的目的分解成若干个不同的分析要点,然后梳理分析思路,搭建分析框架。例如,希望通过数据分析发现流失用户都有哪些特征,希望通过数据分析找到销售额下降的原因等。

2. 获取数据

目的明确后,需要根据目的获取数据。在获取数据之前需要明确以下问题:

需要什么指标?需要什么时间段的数据?这些数据都存在于哪个数据库或哪个表中?是否需要另行收集?怎样提取数据,是自己写 SQL(结构化查询语言)还是可以直接从 ERP 系统下载

3. 处理数据

大数据时代,数据质量成为企业应用数据的瓶颈。零售企业获取到的数据,可能是原始数据,可能是存在于不同渠道的统计口径不一致的数据,也可能是杂乱无章、毫无联系的数据,表现出数据异常、缺失与重复、逻辑混乱等问题(见图 5.1.7)。

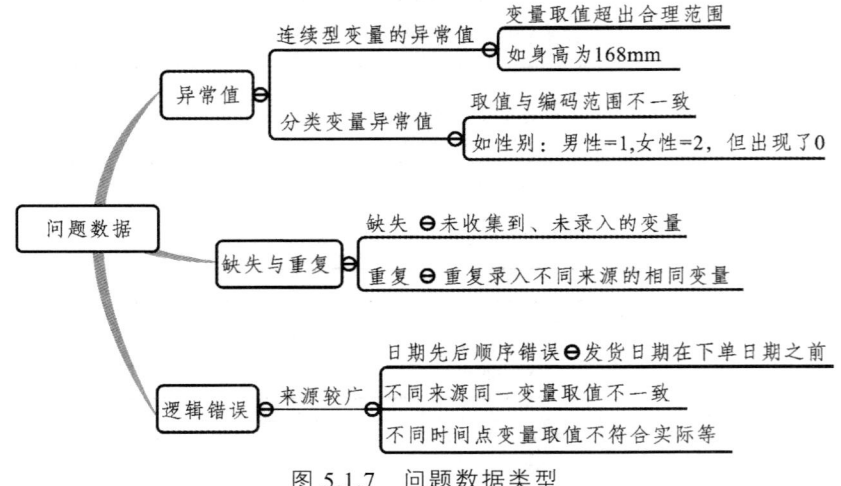

图 5.1.7 问题数据类型

这些问题数据只有经过系统化的转化与处理,才能成为有价值的数据,真正用于数据分析。零售数据的处理就是对这些问题数据进行数据清洗和数据转换。

(1)缺失值处理。

这一类数据主要是一些应该有的信息存在缺失或不对应的问题,如供应商名字缺失、分公司名称缺失、会员编号缺失、客户区域信息缺失、业务系统中主表与明细表不能匹配等。对于缺失数据,如果缺失比例高于 30%,则需要考虑重新收集或者放弃这个指标,即做删除处理;而低于 30% 的指标,则可采用填充补全的方法处理,即使用均值、0、众数、中位数、组平均数等进行填充(见图 5.1.8)。

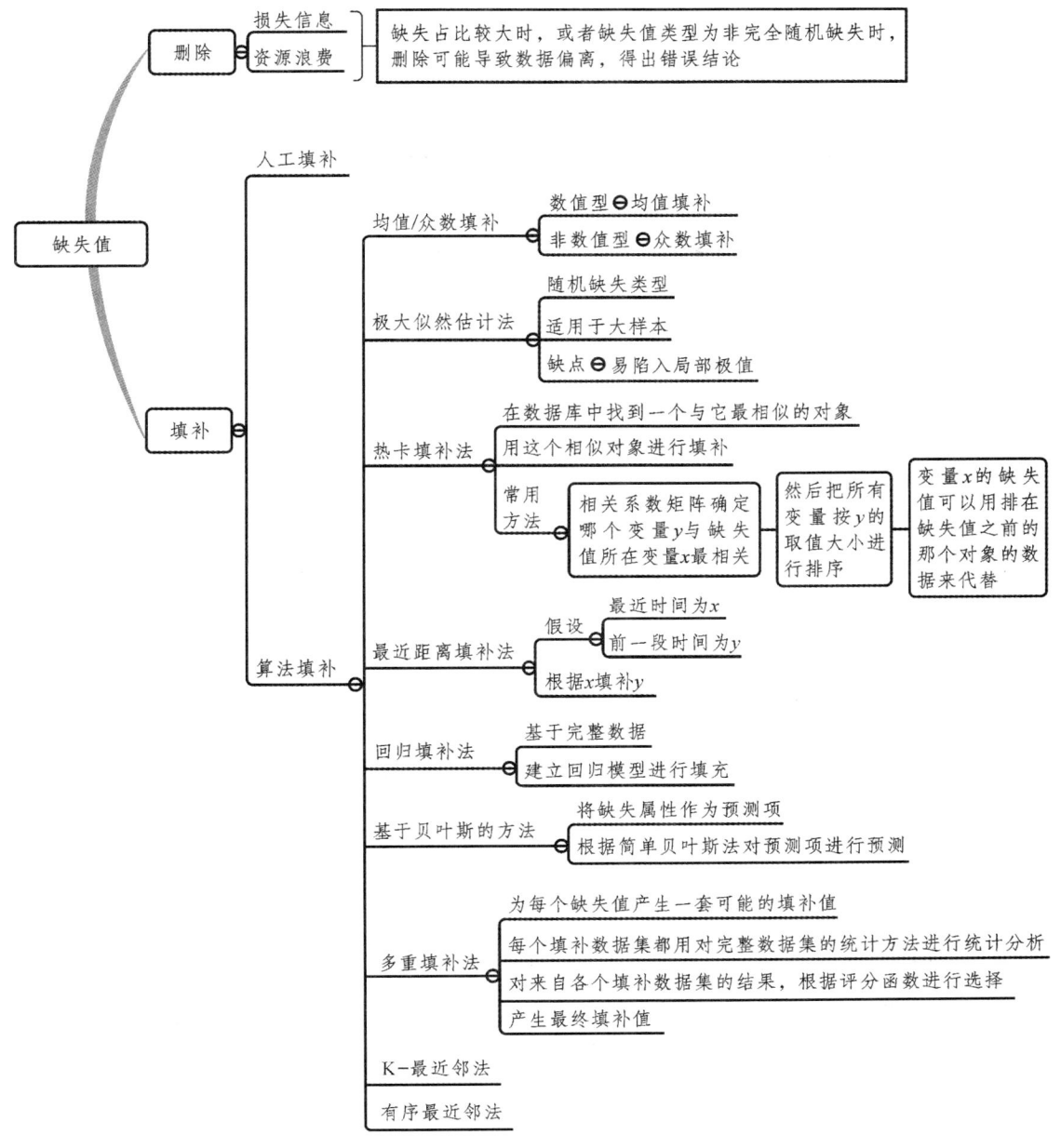

图 5.1.8 缺失值处理

（2）冗余值处理。

冗余值是指重复数据或者无关数据。对于重复数据，需要确认是否是合理重复，如重复购买的会员，购物小票按商品拆分的记录就会出现编号的重复，这属于合理的重复数据。对于不合理的重复数据，则需要进行处理，处理方式可参照图 5.1.9 进行。

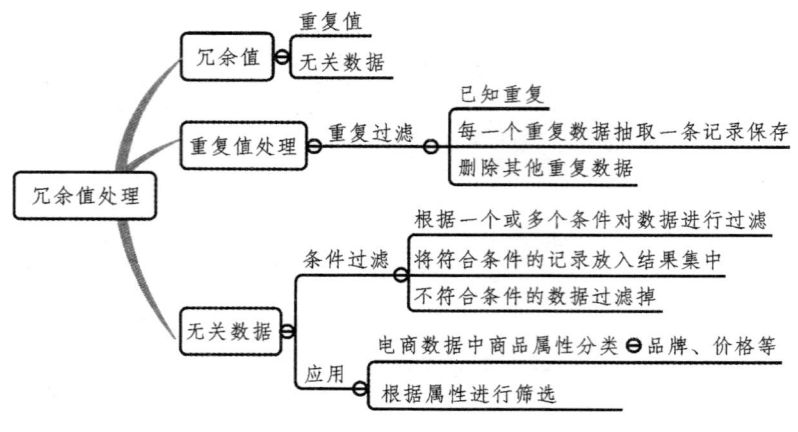

图 5.1.9　冗余值处理

（3）噪声数据处理。

噪声数据是指错误数据、假数据或者异常数据。噪声数据的出现可能是由人工录入的失误、业务系统不够健全等原因导致。比如文本与数值类型设定错误、日期格式不正确、日期越界等，或者在不同系统中对于会员的性别采用"男、女"或"F、M"方式录入等。对于噪声数据的识别与处理，可参照图 5.1.10 进行。

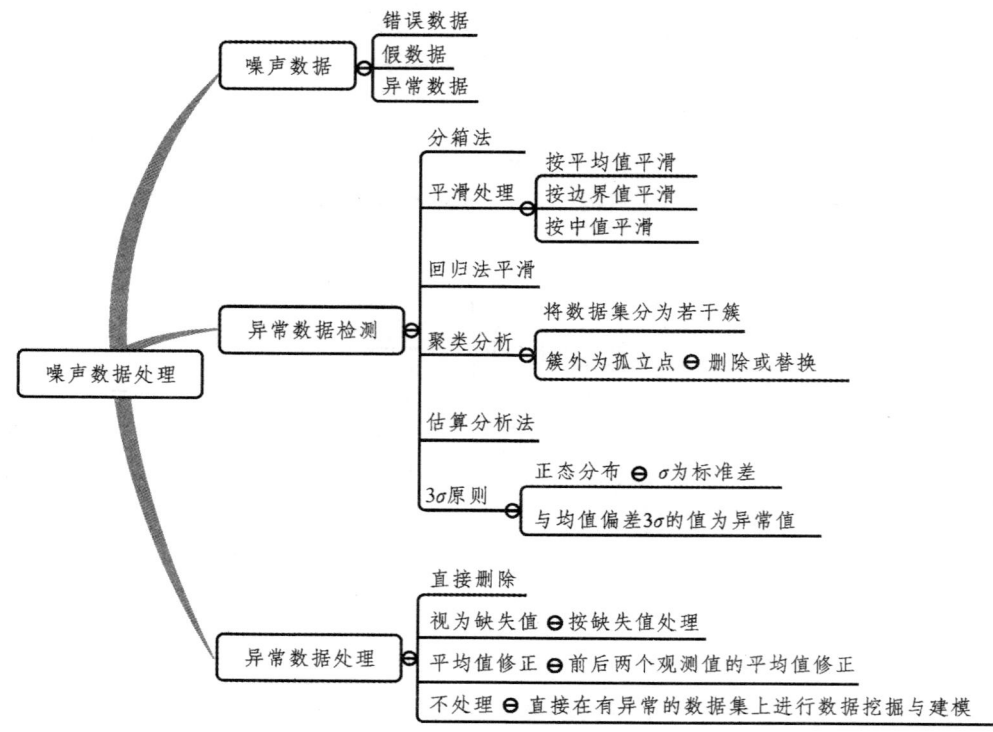

图 5.1.10　噪声数据的检测与处理

（4）数据分析。

按照第一步的分析目的与思路，对处理后的数据进行分析。如通过对比分析发现连锁企业某一天的销量突然上涨或者下滑时，下一步分析哪个地区的销量上涨或下滑，进而分析哪个品类、哪个商品的销量出现上涨或下滑，最后找到问题产生的真正原因。

一般的数据分析可以通过分析工具实现。常用的数据分析工具包括：Excel、Python、SQL、Tableau、PowerBI、Hive、SPSS、Stata等，其适用场景如表5.1.5所示。其中，Excel是最基本、最常见的数据分析工具，其功能非常强大，无论是数据处理、数据可视化还是统计分析，都能够支持。

表 5.1.5 数据分析工具汇总

应用领域	适用工具
数据采集	Python、Google Analytics、数极客等
数据清洗	Excel、SQL、Hives、Hadoop 等
数据可视化	Excel、Echart、PowerBI、Tableau 等
统计分析	Excel、Python、SAS、Stata、Eviews 等

（5）数据可视化。

在数据分析中，一般能用图说明的问题就不用表格，能用表格说明的问题就不用文字。因此，大多数情况下，数据通过表格与图形的方式来呈现将更加容易理解。常用的数据图表类型包括饼图、柱形图、条形图、折线图、散点图、雷达图等。

（6）撰写报告。

从数据结果中判断提炼出有价值的商务洞察，然后根据商务洞察结果最终确定商业决策，其表现形式就是结论、总结、建议与数据分析报告。数据分析报告是项目可行性判断、运营决策等的重要依据，是数据分析过程、思路与结论的最后呈现。

数据分析报告应具备以下3个要素：

一是总体分析：从项目的实际需求出发，对该项目的财务、业务数据进行总量分析，把握全局。

二是确定重点，合理配置资源：在对全局掌握的基础上，根据分析项目的特点，通过具体的趋势分析、对比分析等手段，合理确定分析重点，做出正确的项目分析决策，调整人力、物力等资源，以达到最佳状态。

三是总结经验：从数据分析报告中吸取经验，将主观的经验固化为客观的分析模型，从而指导以后项目实践中的数据分析。

[案例] 自动售货机数据分析流程

数据分析的目的主要是从大量杂乱无章的数据中发现规律，并进行概括总结，提炼出有价值的信息。对自动售货机数据进行分析，能够帮助企业掌握自动售货机的销售和商品库存等情况，了解商品需求量和用户偏好，为用户提供精准贴心的服务。其流程及分析步骤与说明如图5.1.11和表5.1.6所示。

图 5.1.11 自动售货机数据分析流程图

表 5.1.6 自动售货机分析步骤与说明

步骤	说明
需求分析	根据业务、生产和财务等部门的需要，结合现有的数据情况，确定数据分析的目的和方法
数据获取	根据数据分析的目的，提取、收集数据，是数据分析的基础工作
数据处理	借助 Excel 对数据进行排序、筛选、去除重复值、分类汇总、计数等操作，将数据转换为适于分析的形式
分析与可视化	通过对销售额、毛利率、销售量、销售目标达成率、存销比、客单价和复购率等指标的计算和分析，发现数据中的规律，并借助图表等可视化的方式来直观地展现数据之间的关联信息，使抽象的信息变得更加清晰、具体，易于观察
分析报告	以特定的形式把数据分析的过程和结果展示出来，便于决策者了解

资料来源： 于久贺.小数据：玩转数据与精准营销[M].人民邮电出版社,2016

5.2 零售数据分析分类解析

5.2.1 销售数据分析

销售数据展现了企业的经营战略及其执行情况，对销售数据的分析，可以指导企业各项资源的调配，比较部门间效率，预报问题与寻找增长点，也是考核与激励团队的标准，包括销售预测、销售目标分解及销售业绩回顾。

5.2.1.1 销售预测

销售预测准确度受内因和外因影响比较大，内因有营销策略、生产计划、组织结构等，外因则包括经济状况、行业环境、同业竞争、政策法规等。预测分为定性预测与定量预测。一些常见的预测方法如图 5.2.1 所示。

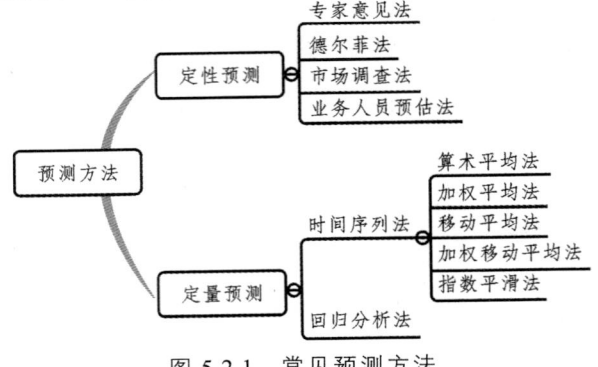

图 5.2.1 常见预测方法

在实际工作中，定性预测与定量预测往往相互配合使用。例如，新开门店的预测，既可以使用专家意见法做定性预测，也可以对专家意见应用加权平均法等定量方法做定量预测。销售业绩的考核基本以月度为单位，零售企业常常需要为门店、主管或商品部门设立月度销售业绩目标，这需要首先做好月度销售目标的预测。对月度销售目标的预测有简单预测与考虑历史背景的预测等。

1. 月度销售目标简单预测

表 5.2.1 为某门店 2019 年 1—9 月的销售业绩，请根据表中数据预测该门店 10 月的销售额。

表 5.2.1　某门店 2019 年 1—9 月的销售额（单位：万元）

编号	C	D	E	F	G	H	I	J	K	L
月份	1月	2月	3月	4月	5月	6月	7月	8月	9月	10月
销售额	9 109	7 955	6 936	7 856	8 579	6 899	7 527	6 987	8 038	

根据所给数据，可以应用以下简单预测法进行预测：

（1）算术平均法预测。

即 1—9 月的销售额绝对平均，用 Excel 计算为：AVERAGE（C2:K2）=7 765（万元）。

（2）加权平均法预测。

根据实际情况，过去 9 个月的销售额在预测中并不具有同等重要性，也就是每一个月在预测中的权重不同，对零售业来说，距离现在越近的数据越有参考价值，权重越大。为此，给予 1—9 月的权重值分别为 1.0~9.0，如图 5.2.2 所示。应用 Excel，加权平均法预测 10 月的销售额为：SUMPRODUCT（C3:C11,D3:D11）/SUM（D3:D11）=7 610（万元）。

	A	B	C	D	E
1					
2		月份	销售额	加权平均法权重	加权移动平均法权重
3		1月	9109	1.00	
4		2月	7955	2.00	
5		3月	6936	3.00	
6		4月	7856	4.00	
7		5月	8579	5.00	
8		6月	6899	6.00	1
9		7月	7527	7.00	2
10		8月	6987	8.00	3
11		9月	8038	9.00	4
12		10月			

图 5.2.2　加权平均法预测 10 月销售额

（3）移动平均法预测。

同样考虑不同月份数据具有不同的权重，移动平均认为仅有最近的一组数据对于 10 月销售额预测有参考价值，这是一种滚动预测法。如移动距离为 4，则 10 月销售额预测仅与最近 4 个月（6、7、8、9 月，见图 5.2.2）的销售额相关。为此，移动平均法预测为：AVERAGE（C8:C11）=7 363（万元）。

（4）加权移动平均法预测。

在移动平均法预测思想下，认为最近 4 个月的销售额对于 10 月销售额的预测具有不同的权重，如分别对 5—9 月赋予权重：1、2、3、4（见图 5.2.2），则加权移动平均法预测为：SUMPRODUCT（C8:C11,E8:E11）/SUM（E8:E11）=7 507（万元）。

2. 基于历史数据的预测

同样对该门店 10 月的销售进行预测：收集该门店过去 3 年每月销售数据以及今年 1—9 月的销售业绩，预测 2019 年 10 月的销售额。

第一步：计算过去 3 年每月销售额占当年销售总额的比重（保留一位小数），结果如图 5.2.3 所示。

	A	B	C	D	E	F	G	H	I	J	K	L	M	N	O
1		年份	权重	1月	2月	3月	4月	5月	6月	7月	8月	9月	10月	11月	12月
2		2016	1	9.6	8.4	6.7	8	8.5	6.5	7.3	7.2	8.2	9.3	9.8	10.5
3		2017	2	10.6	7.6	6.6	8.4	8.6	6.8	7	7.5	8.4	9.1	9.4	10
4		2018	3	10	8.2	7	8.2	8.4	6.7	7.2	7.3	8.5	9.2	9	10.3
5		2019	预测	10.1	8.0	6.7	8.2	8.5	6.7	7.4	7.4	8.4	9.2	9.3	10.2
6	2019年销售额			9109	7955	6936	7856	8579	6899	7527	6987	8038	8999		

图 5.2.3　2019 年每月销售额占比及预测

第二步：预测 2019 年每月销售额占全年销售额的比重。认为每月的销售额只与过去同月销售有关，即 2019 年 1 月销售额预测，仅与 2016 年 1 月、2017 年 1 月、2018 年 1 月销售额有关，其余类推；同样基于越近的数据越有参考价值，赋予过去 3 个同月度数据权重分别为 1、2、3，对过去 3 年同月数据应用加权平均法预测 2019 年该月销售额占全年销售额的比重，如 1 月销售额占 2019 年全年销售额比重预测为：SUMPRODUCT（$C$2:$C$4,D2:D4）/SUM（$C$2:$C$4）=10.1%，2—12 月以此类推，预测结果如图 5.2.2 所示。

第三步：预测 2019 年全年销售额。1—9 月的销售额合计：SUM（D6:L6）=69 886（万元），1—9 月的销售额预计占全年销售的比重为：SUM（D5:L5）=71.3%，预计 2019 年全年销售额为：69 886/71.3%=97 994（万元）。

第四步：预测 2019 年 10 月的销售额。根据之前预测，10 月的销售额占全年销售额的比重为 9.2%，预测 10 月的销售额为：9.2%×97 994=8 999（万元）。

5.2.1.2 销售目标分解

无论是年度销售目标，还是月度销售目标，都不是一天可以完成的，也不是突然某个节点完成的，而是日清日结、日积月累的结果。销售目标的分解是为了更加清晰地了解每天销售任务的进展情况，并能及时对工作中的偏差进行修正，确保销售目标落到实处。

1. 按季度分解销售目标

将年度销售目标按季度分解，通常应用季节指数法。季节指数法，就是根据预测目标按季度编制时间数据序列，以统计方法测定出反应季节变动规律的季节指数，并利用季节指数进行预测的方法。该方法适用于有季节变动特征的经济现象数量预测，而零售行业销售表现出明显的季节波动特征，故可以用季节指数法将年度销售目标按季度分解。

（1）公式。

季节指数法的公式如下：

预测年各季预测值=季节指数×预测年趋势值

季节指数=各年同季平均值/季总平均数

预测年趋势值=预测年的季平均数

（2）季节指数法的步骤。

季节指数法的具体步骤如图 5.2.4 所示，其中，y_i（i=1，2，3，4）为所有年限的第 i 季度值，n 为年数。

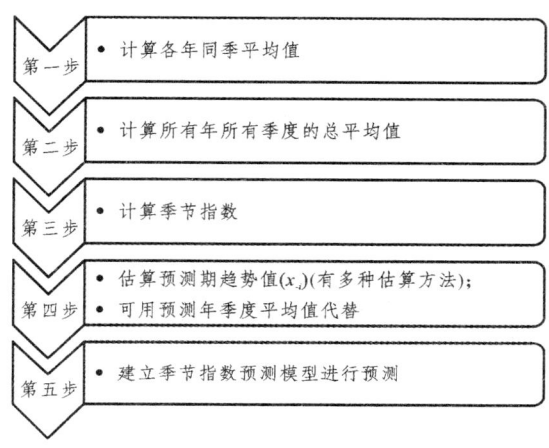

图 5.2.4 季节指数法分解步骤

例如：某大型超市 2016 年销售目标为 24 546 856.96 元，已收集该超市 2013—2015 年 3 年每月销售业绩（见表 5.2.2），请据此将 2016 年销售额按季度分解。

表 5.2.2 某大型超市 2013—2015 年销售业绩情况（单位：元）

月份	2013 年	2014 年	2015 年	2016 年目标
1 月	1 213 410.00	1 451 238.36	1 645 123.80	
2 月	1 851 020.00	2 040 009.14	2 416 390.83	
3 月	1 562 101.00	1 671 448.07	1 821 878.4	
4 月	1 325 412.00	1 347 281.30	1 395 109.78	
5 月	1 456 210.00	1 573 726.15	1 732 515.12	
6 月	1 564 123.00	1 656 875.49	1 787 934.35	
7 月	1 654 124.00	1 681 417.05	1 741 107.35	
8 月	1 682 104.00	1 781 852.77	1 922 797.32	
9 月	1 658 210.00	2 002 288.58	2 417 763.45	
10 月	1 653 241.00	1 804 347.23	2 006 073.25	
11 月	1 521 010.00	1 578 656.28	1 669 113.28	
12 月	1 352 410.00	1 504 961.85	1 706 024.75	
总销售额				24 5468 56.96

根据表中数据，$n=3$。

①计算各季度销售业绩，如图5.2.5所示。

②计算同季平均数。

在图5.2.5中，同时选中E5、E9、E13、E17单元格，输入"=AVERAGE（B17:D17）"，同时按下Ctrl+Enter，计算出一、二、三、四季度的同季平均值，分别为：5 224 206.53元、4 613 062.40元、5 513 888.17元、4 931 945.88元（见图5.2.5）。

	A	B	C	D	E	F	G	H
1	年份月份	2013年	2014年	2015年	同季平均	季节指数	预测年趋势值	2016年目标
2	1月	1213410.00	1451238.36	1645123.80			6136714.24	
3	2月	1851020.00	2040009.14	2416390.83				
4	3月	1562101.00	1671448.07	1821878.40				
5	一季度	4626531.00	5162695.57	5883393.03	5224206.53	1.03		6322398.04
6	4月	1325412.00	1347281.30	1395109.78				
7	5月	1456120.00	1573726.17	1732515.12				
8	6月	1564123.00	1656875.49	1787934.35				
9	二季度	4345745.00	4577882.94	4915559.25	4613062.40	0.91		5582784.00
10	7月	1654124.00	1681417.05	1741107.35				
11	8月	1682104.00	1781852.77	1922797.32				
12	9月	1658210.00	2002288.58	2417763.45				
13	三季度	4994438.00	5465558.40	6081668.12	5513888.17	1.09		6672974.27
14	10月	1653241.00	1804347.23	2006073.25				
15	11月	1521010.00	1578656.28	1669113.28				
16	12月	1352410.00	1504961.85	1706024.75				
17	四季度	4526661.00	4887965.36	5381211.28	4931945.88	0.97		5968700.65
18	总季平均				5070775.75			24546856.96

图5.2.5　2016年销售目标按季节分解

③计算总季平均销售额：总季平均=Average（E5,E9,E13,E17）=5 070 775.75（元）。

④计算季节指数：一季度季节指数=一季度同季平均/总季平均=5 883 393.03/5 070 775.75=1.03，同理计算出二、三、四季度的季节指数分别为：0.91、1.09、0.97。

⑤计算预测年趋势值：预测年趋势值=预测年目标值/4=24 546 856.96/4=H18/4=6 136 714.24（元）。

⑥2016年各季度销售任务：一季度任务=一季度季节指数×预测年趋势值=1.03×6 136 714.24=63 223 98.04（元），同理可得二、三、四季度的销售目标。

2.按日分解销售目标

零售业将销售目标分解到具体的日期，通常采用周权重指数法。周权重指数是以某段周期内历史日销售额数据为基础，以周为单位进行权重分析处理的一种管理工具。周权重指数是一个相对概念，在每个企业都不尽相同，一般介于7.0~14.0。该值越大，表示该企业或者店铺的日销售额波动幅度越大。

周权重指数等于周一到周日每天的日权重指数相加。为了标准化管理，每个零售企业都采用统一的周权重指数。

（1）企业标准周权重指数计算。

企业周权重指数计算如图5.2.6所示。

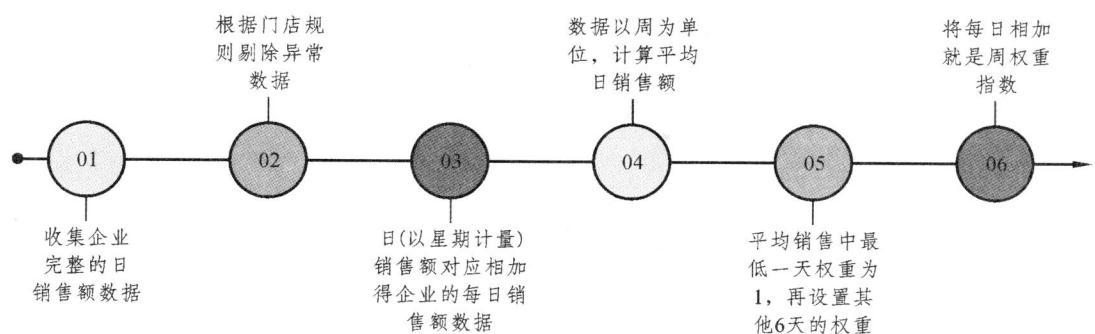

图 5.2.6 周权重指数计算步骤

第一步：收集数据。收集该企业每个完整店铺最近一个完整年度的每日销售额（完整店铺是指在完整年度中有完整销售额的店铺，新店和有停业间断销售的店铺不属于完整店铺；完整年度可以是自然年，如 1 月 1 日至 12 月 31 日，也可以是时间连续的一年，如 2020 年 7 月 1 日到 2021 年 6 月 30 日）。

第二步：将所有完整店铺的每日销售额按周排列，并将每日数据对应相加，即将所有店铺同日销售额相加，并按周一、周二、周三……周日的方式排列，如表 5.2.3 所示。

第三步：根据店铺零售规律对日销售数据进行预处理，剔除异常数据。之所以剔除异常数据，是为了让数据能更真实地反映日常的销售规律。表 5.2.3 中的"—"代表剔除的异常数据。

表 5.2.3 某连锁企业 2018 年日销售额

周	星期一	星期二	星期三	星期四	星期五	星期六	星期日
1	—	—	—	—	—	—	—
2	—	73	72	84	133	154	177
3	77	75	78	86	184	180	145
4	84	95	86	95	205	177	191
5	101	92	78	101	122	151	—
6	—	—	—	—	—	—	—
7	—	—	83	109	126	—	146
8	—	102	82	91	115	160	163
9	76	99	128	140	126	145	179
10	70	89	82	99	132	142	161
11	126	—	87	100	135	163	133
12	97	86	98	97	132	146	149
13	81	89	102	84	114	142	152
14	124	101	100	93	114	—	—
15	—	—	89	91	125	122	124

续表

周	星期一	星期二	星期三	星期四	星期五	星期六	星期日
16	110	80	103	76	129	151	165
17	88	104	98	90	113	170	150
18	81	86	103	107	159	—	—
19	—	87	93	113	140	137	170
20	82	93	101	149	137	165	160
21	68	92	103	86	125	161	152
22	107	93	100	95	124	141	146
23	81	83	124	92	101	—	—
24	—	115	93	129	118	144	178
25	92	110	76	90	135	158	180
26	96	104	129	80	115	159	153
27	89	131	103	89	118	166	180
28	105	147	72	119	191	183	142
29	72	94	67	118	166	193	172
30	92	91	101	98	130	155	140
31	90	93	92	93	129	167	162
32	87	89	93	88	145	168	137
33	130	107	123	96	129	179	134
34	100	97	106	77	135	134	175
35	79	95	107	75	134	117	121
36	100	82	114	97	129	141	114
37	76	94	95	99	112	—	—
38	—	100	74	124	135	179	163
39	95	102	85	86	290	239	219
40	67	80	106	88	153	—	—
41	—	—	—	—	—	74	—
42	76	94	81	91	168	162	160
43	76	93	95	88	178	185	177
44	90	77	107	71	178	154	198
45	87	78	90	109	121	148	163
46	75	84	89	127	135	142	176
47	86	107	100	75	179	190	197
48	110	93	134	77	138	174	144

续表

周	星期一	星期二	星期三	星期四	星期五	星期六	星期日
49	122	94	118	88	127	122	191
50	84	87	81	91	123	139	154
51	95	95	92	72	146	187	198
52	89	86	95	122	173	258	149
53	95	87	90	71	177	—	—

第四步：将剩下的数据以周为单位进行整理，然后计算出平均日销售额，即周一平均销售额，周二平均销售额等，如表5.2.4所示。

第五步：找到平均周中日平均销售额最低的一天，将其日权重指数设定为1.0，然后分别用其余6天的平均销售额除以这个最低值，分别得到其余6天每天的日权重指数。

表5.2.4 某连锁企业周权重指数

数据	星期一	星期二	星期三	星期四	星期五	星期六	星期日	合计
平均日销售额	91	94	96	96	142	160	161	
日销售权重指数	1.0	1.0	1.1	1.1	1.6	1.8	1.8	9.4

第六步：将这周每日权重指数相加就得到企业周权重指数，该企业的周权重指数为9.4。

3. 分店周权重指数计算

连锁企业各分店具有和企业相同的周权重指数，但分店每日的权重指数与企业不尽相同。其计算方法如下：

第一步：收集数据。计算分店销售规律不需要全年数据，有3个月数据就可以进行，一般是最近2个月和去年同期数据。例如，在预测2021年10月分店销售规律时，可以收集2021年8月、9月以及2020年10月的数据。这样做的好处是，既考虑了数据的时效性，又考虑了数据同期的可参考性。

第二步：根据店铺零售规律对日销售数据进行预处理，剔除异常数据。

第三步：将剩下的数据以周为单位整理，然后计算出周中每天平均日销售额以及周平均销售额。

第四步：计算分店日权重指数。

星期N的日权重指数=（星期N的平均日销售额/平均周销售额）×企业周权重指数

式中，N为1~7。

4. 日销售目标计算

不管是销售总监、销售经理，还是销售主管，都要明确自己每天的销售目标是多少。日销售目标分解就能起这样的作用：让数据更透明，标准更统一，对比更有意义，也便于更好地进行销售管理。

日销售目标公式为：

日销售目标=月销售目标×（日权重指数/月权重指数）

式中，月权重指数是指该月每一天权重指数之和。

例如：周权重指数法销售目标分解。

某集团 A 店周权重指数如表 5.2.5 所示，2018 年 8 月该店销售目标为 8 200 万元，2018 年 8 月日历如图 5.2.7 所示，请将 8 月销售目标分解到 8 月的每一天。

表 5.2.5　A 店 2018 年 8 月周权重指数

A 店	星期一	星期二	星期三	星期四	星期五	星期六	星期日	周权重指数
日权重指数	0.9	1.2	1.1	1.2	1.4	1.9	1.7	9.4

图 5.2.7　2018 年 8 月日历

由图 5.2.7 可知，A 店该月月权重指数为：9.4×4+1.1+1.2+1.4=41.3。2018 年 8 月星期一的销售任务为：0.9/41.3×8200=178.7（万元），同理可得星期二至星期日销售任务，如表 5.2.6 所示。

表 5.2.6　A 店 8 月日销售目标

A 店	星期一	星期二	星期三	星期四	星期五	星期六	星期日
日销售目标	178.7	238.3	218.4	238.3	278	377.2	377.5

5.2.1.3　销售业绩分析

对销售业绩的回顾与分析，遵循总量对比、结构平衡两个原则。总量对比包括总量的计划达成率和同比增长率，前者反映任务的完成情况，后者反映当期的进步或退步。结构平衡则是指各项销售指标之间的比例关系，反映零售企业或门店的持续增长能力。

对销售业绩的分析主要考虑收入、利润与库存 3 类。收入类包括销售额、其他业务收入（含后台毛利、租赁收入等），利润包括毛利与毛利率、税前利润等。对这些指标的分析，不仅可以从总体上了解零售企业或门店的业绩情况，而且可以找到需要立即关注的问题及需要重点关注的地区、部门或品类，即销售额与利润均下降的双降区域、门店或部门。

例如：某大型连锁零售企业销售业绩分析。

某大型连锁零售企业一季度在营门店 155 家，其中新店、次新店及改造门店 28 家（为不可比门店），闭店 4 家。公司总体销售达成 95%，公司销售缺口 19 212 万元；税前利润达成 337%，超标 3 294 万元。

考虑销售额、商品毛利、其他收入（租金及创收）、可控费用与不可控费用、经营利润与税前利润指标，各销售指标达成情况如图 5.2.8 所示。公司整体、可比门店与不可比门店税前利润达成率均超过 100%，对税前利润应用杜邦分析法（图 5.2.9），发现税前利润的大幅增长几乎全部来自可比门店可控费用的减少。

同比方面，销售整体增长 7.5%，但可比门店同比下降 7 693 万元，下降幅度 2.3%，来客下降仍是主要原因；税前利润同比下降 20.7%，其中：可比店利润增长 1111 万，增幅 8.9%；下降的主要来源是新店和地区费用的增长（见图 5.2.10）。

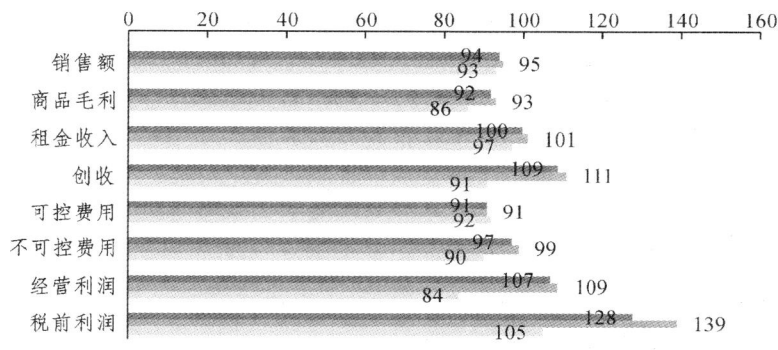

图 5.2.8　一季度公司整体指标达成状况（%）

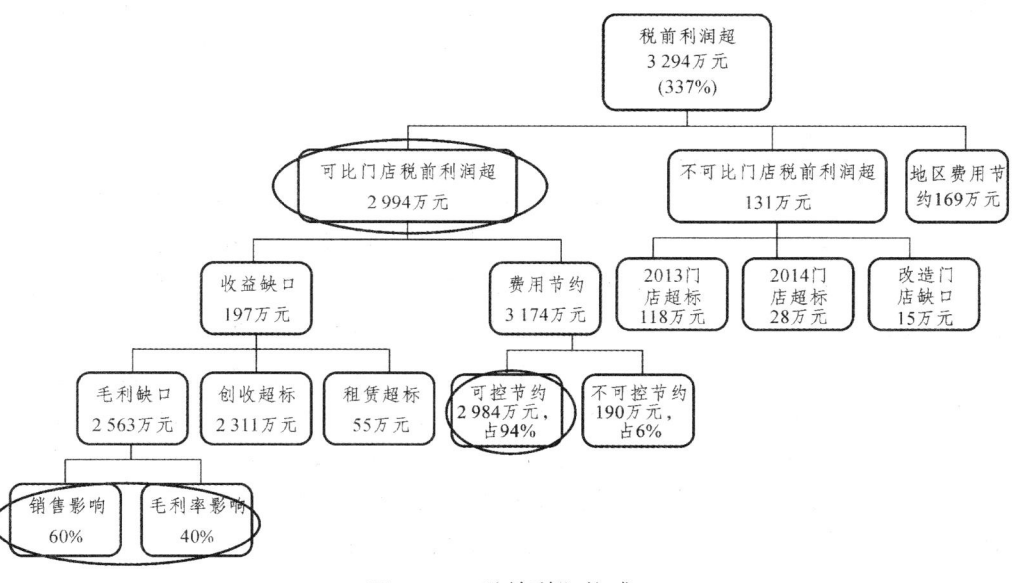

图 5.2.9　税前利润构成

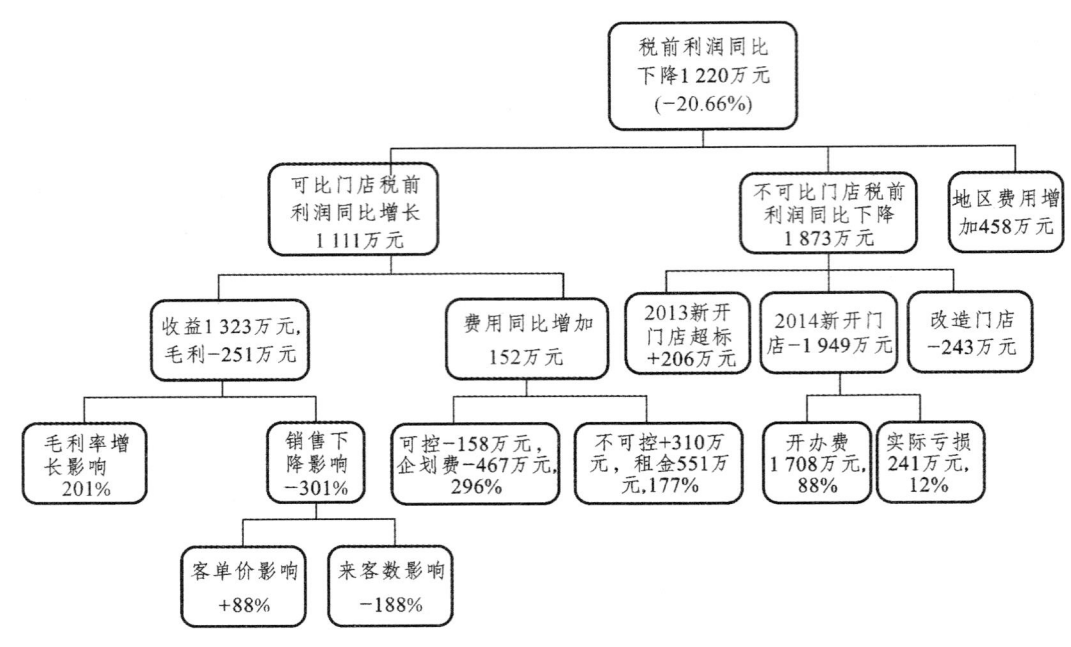

图 5.2.10 息税前利润构成同比分析

5.2.2 顾客数据分析

零售企业越来越了解顾客：亚马逊推荐我们想看的书；谷歌对关联网站进行排序；脸书与微信知道我们的生活喜好；领英猜出我们可能认识谁；微信告诉我们朋友圈里的关键词；大众点评推荐我们想光顾的店……这都离不开对顾客数据的分析。

在这个万物皆数据的时代，所有的文字都变成了数据，所有的图片、视频、音频都变成了数据，所有的方位变成了数据，所有的沟通也都变成了数据，万事万物都可以用数据表示，身处其中的人——零售业的顾客，也被数字化了，贴上了各种数据标签，成为数字化的顾客与消费者。

5.2.2.1 顾客已变：数字化顾客

顾客成为网络的一部分，变得比以前更有影响力，得益于互联网、大数据、物联网、云计算等技术的成熟与普及，企业得以跟上顾客变化的脚步——将顾客数字化。

数字顾客就是在进行购买决策时，会首先考虑使用数字媒体来获得所需信息的顾客。据统计，90%的人在屏幕前进行消费，90%的人会连续使用多个屏幕，65%的人首次购物经历始于网购，61%的人在智能手机上使用社交媒体，59%的人在智能手机上进行他们的首次理财，58%的人开始进行个人理财决策时会使用搜索引擎。Experian 公司的研究表明，到 2015 年 6 月，84%的美国成年人已经成为数字化用户。其中，有 96%的平板电脑用户、93%的计算机用户、76%的智能手机用户使用智能设备进行数字化购买。

顾客已变，零售企业必须与时俱进，跟上变化的顾客，识别顾客、洞察顾客，采用全新的方式与他们互动，以在激烈的竞争中脱颖而出。

5.2.2.2 顾客数字化：数据采集

顾客数字化需要收集大量的、全域的顾客数据。数据越多、颗粒越细，数字化的顾客就更接近真实顾客。

1. 采集内容

零售企业关注顾客是谁、在哪里活动、喜欢什么、想买什么、买了什么等信息（见图5.2.11）。因此，数字化顾客数据采集需要采集尽可能多的顾客信息，包括可以被识别到的顾客的任何相关信息。一般来说，数字化时代零售企业需要收集的顾客信息主要包括以下4种类型：基本信息、交易消费信息、行为特征信息及旅程轨迹信息。

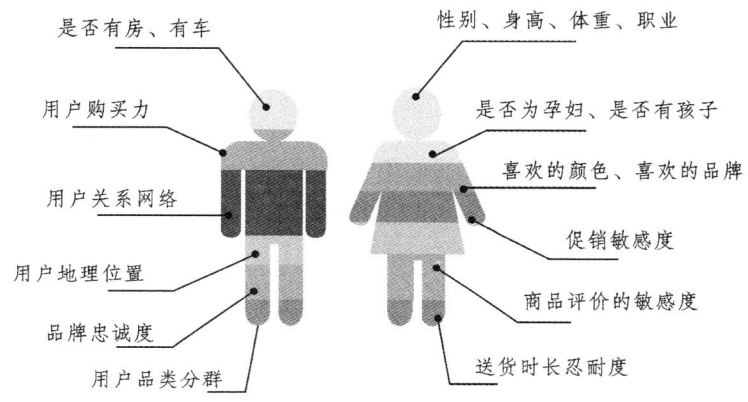

图 5.2.11　想要的顾客信息

基本信息是用来识别顾客身份和描述顾客背景处境特征的信息，包括：姓名、性别、年龄（包括生日、星座等）、受教育程度、职业、收入、工作地点与家庭住址等个人信息，生活习惯、家庭结构、婚姻状况、亲友等社会信息。

交易消费信息通常指顾客购买产品或服务的交易、消费或使用记录，包括：购买行为、购买时间、购买商品、品类与商品偏好、包装偏好、口味偏好、门店偏好、商圈与渠道偏好、支付方式等信息。图5.2.12为某超市收集的顾客交易消费数据内容。

购买行为	购买时间	品类偏好	商品偏好	包装偏好	口味偏好	门店偏好	商圈偏好
全年购买品类广度	早上购买	礼品礼盒	国产	礼盒装	甜味	社区店	区域性中心商圈
单次购买品类广度	中午购买	素食山珍	进口	大包装	辣味	主干道街店	市级中心商圈
件单价	下午购买	话梅类	常规单品	中包装	酸味	大卖场店	社区类商圈
客单价	晚上购买	肉类零食	机会（季节性）单品	小包装	咸味	购物中心店	特殊商圈
促销销售占比	周末购买	养生冲调	目标（明星）单品	单件装	苦味	步行街店	
促销折扣深度	工作日购买	饼干糕点	便利（冲动）单品	散装	原味	火车站店	
来店集中程度	节庆时段购买	果干果脯	自有品牌商品	特殊包装	混合口味	校园店	
低花费购物篮占比	春季购买	糖果布丁	有机食品	手抓包		地铁站店	
高花费购物篮占比	夏季购买	饮料饮品	全年品			办公楼店	
低品类数购物篮占比	秋季购买	海味零食	时令品			景区店	
高品类数购物篮占比	冬季购买	炒货	季节品			医院店	
		坚果	新品			客运站店	
		水果				电影院店	
		休闲饮品					
		休闲热食					
		早餐主食					
		新鲜面包					
		盒饭寿司					
		健康蔬果					
		组合套餐					
		生鲜类					

图 5.2.12　某超市采集的顾客交易消费信息

行为特征信息是指记录和描述用户行为特征的相关信息,不仅限于顾客的购买行为信息,如顾客使用的设备信息、常浏览的网站内容、兴趣爱好、生活方式、娱乐行为与偏好、使用的移动社交工具、媒体偏好等。

旅程轨迹信息是用户在线上或线下发生的跨平台、跨渠道的交互行动路径与行为轨迹信息。在数字化时代,用户的每一个行为都能在系统上留下信息记录,这些信息整合起来就构成了用户的轨迹。如一位线下购物者完成了一次购买,但在决定购买前已经在线上进行了多次比较,然后选择了最便宜的线下实体店完成购买。这些信息被记录在不同的系统里,在数字化时代被完整记录下来,并通过技术手段整合,形成顾客购买的完整过程与轨迹。顾客旅程轨迹信息主要包括:浏览路径、社交偏好、互动内容与社交表现(在线评论、讨论话题、点赞行动、分享内容、收藏信息、点赞行动、转发记录等)、触发原因、位置轨迹等。

2. 采集渠道

在数字化时代,零售企业与客户之间接触渠道多样,双方使用的数字化工具和设备越来越多,能够收集用户信息的渠道和工具也越来越丰富。常见的数据采集渠道有:互联网站、面对面、呼叫中心、实体店面、移动网站、移动应用、分类目录等。据统计,企业平均通过 3 个渠道来收集各类顾客信息。其中,互联网站是最为常用的数据收集渠道,其次是面对面的以接触方式收集的顾客信息,排在第三位的是顾客呼叫中心收集的信息。随着智能移动终端的普及和移动应用的快速渗透,来自移动应用的数据正在成为增长最快的数据收集渠道之一,越来越多的零售企业增加了对移动端的数据关注和项目投资。

[案例] 星巴克顾客评价数据采集

星巴克专门收集顾客想法的网站 Mystarbucksidea.com(我的星巴克想法)的理念是:分享、投票、讨论、看见。星巴克鼓励客户在网站上分享想法和对星巴克体验的建议,客户也能看到其他人最新发布的想法。星巴克利用该网站倾听和收集来自顾客的声音,并发起与顾客的持续对话,包括以下内容:

发起适当的客户调查,收集用户对于产品的偏好和意见。

在线聆听顾客的想法,回答客户提出的问题。

告诉客户星巴克正在采取的行动。顾客能够清晰地看到客户的想法所处的状态。

鼓励客户参与的榜单,鼓励客户参与,对于客户分享想法、参与评论、投票支持的行为送出积分。

奖励客户的参与贡献。用户分享想法、得到的支持投票、评论、对他人的投票等行为都可以赢得积分。用户可以使用这些积分在星巴克任意店面兑换喜欢的星巴克产品。

来自顾客的想法数量非常多,截至 2016 年 12 月底,网站总计收集到 23.7 万多条关于产品和服务的想法。这些顾客的想法按照产品、体验和参与分成了 3 大类和 15 个小类。在顾客分享的这些想法中,64.2% 的与产品相关,23.5% 的与体验相关,12.3% 的与参与相关。从整体来看,与咖啡和浓缩饮品相关的想法大约占 20%,与食物、星享卡、氛围与位置相关的想法各占 10% 左右。

本案例中，星巴克利用直接来自客户的真知灼见审视产品和服务的不足，并且及时采取适合的行动来积极迎合客户，主动提升星巴克的产品品质与店面体验。

资料来源： 史雁军.数字化客户管理：数据智能时代如何洞察、连接、转化和赢得价值客户[M].北京：清华大学出版社，2018.

5.2.2.3 数字化顾客数据分析与应用

1. 识别顾客——用户画像

用户画像的概念是20世纪80年代由交互设计之父艾伦·库珀提出的。这个精致的词汇是从真实用户行为中提炼出来的一些有效特征属性，并最终形成核心的用户模型。他们代表了不同的用户类型及其所具有的相似性的态度和行为。这些画像是虚拟的用户形象。用户画像将人们划分成不同的群体，每一个群体内部都有相同或相似的购买行为。因为具有价值观和具体偏好的共振效应，所以他们对待某一品牌、产品或服务，会表现出类似的态度。因此用户画像所描述的往往是不同用户群体最显著的差异化特点。

要做出清晰的顾客画像，需要提炼顾客标签，即利用若干个关键词来描述顾客的基本特征。标签是画像的轮廓，有了顾客标签，顾客画像才有基本的轮廓。标签越多，越准确，画像越清晰，越有用。

就其具体特点而言，主要包含以下几个基本元素：

（1）顾客画像可以借用虚构的形式来表现和表述理想的典型顾客。

（2）顾客画像或是顾客写真的结论是基于市场调研与已有的顾客的真实行为的数据搜集，通常来说，一般会使用小组讨论或是专题工作坊的方式，与顾客本人直接沟通，从而有效地进行数据收集。

（3）每推出一款新产品通常会形成多个不同形态的顾客画像，每个画像都描述了不同类型的顾客。

（4）顾客画像或是顾客写真描绘了用户的目标、动机、习惯、喜好，试图描述出顾客的需求和欲望。

［案例］京东用户画像——未买先送的精准营销

京东依托于海量交易数据，对不同社区的用户的消费能力和消费习惯进行分析，描绘出不同小区的具体画像，通过小区画像实现未买先送的精准营销。该模式将库存前置到终端的移动商店，缩短商品与客户的距离，从而实现京东1小时送达。

在京东大数据平台上，通过生产数据（包括主数据与交易数据）可以产生4种派生数据：用户画像、小区画像、商品画像和商家画像。其中，"小区画像"提供大数据平台对不同小区客户数量、活跃阶段、促销敏感度、信用水平、消费能力、商品偏好、品牌偏好、忠诚度等维度进行分析，挖掘出居民小区的基本属性和购买属性，按人群、品类预测复购率，筛选出以小区为单位的消费族群青睐的商品。

为了实现1小时快速送达，京东首先根据小区画像预测出小区消费者最可能购买的商品；其次根据每个移动商店的配送能力，在地图上画出每一个移动商店配送系统在1小时内能够配送的覆盖范围；最后将这些商品提前配送到1小时送达该小区的移动商店，从而实现未买先送的精准营销。

资料来源： 中国连锁经营协会校企合作委员会组织编写.数字化营销[M].北京：高等教育出版社，2018.

2. 洞察顾客——顾客细分

顾客细分通常从代表客户属性的数据标签分析开始，对具有相同特性的顾客进行组合和归类，针对同一顾客分群采取相似的营销或服务策略。有效的顾客细分策略往往从管理客户的组合开始。常用的顾客细分有：顾客忠诚度细分、品质关注度细分、顾客生活方式细分以及顾客生命周期细分等。

（1）顾客忠诚度细分。

顾客忠诚度是顾客不会离开你的可能性。顾客忠诚度细分就是根据顾客忠诚度的大小对顾客进行分类。对顾客忠诚度划分主要依赖于RFM模型，也就是顾客复购时间间隔(R)、一段时间内顾客购买频率（F）以及购买金额（M）。

首先根据顾客复购时间间隔，将顾客分为易流失顾客、新客与老顾客。不同业态、不同企业界定标准会有差异。对于老顾客，根据F、M继续进行细分。根据老顾客数据，将F与M分为高、中、低3个档次，则每一位老顾客身上都会被贴上F与M两个标签，且显示为高、中、低。这样的组合有9个，每一个组合代表一类顾客，由此，顾客被分为：忠实会员、优质会员、普通会员与偶然会员（见表5.2.7）。

表 5.2.7 超市业态顾客忠诚度细分表

	近 13 周消费金额	高	中	低
近 13 周消费频率	高	忠实会员	优质会员	普通会员
	中	优质会员	普通会员	偶然会员
	低	普通会员	偶然会员	偶然会员

（2）品质关注度细分。

不同的顾客，对价格或者品质关注的程度不一样。根据每个顾客长期购买不同品类商品的价格带可以分析出顾客对价格关注度的普遍规律。据此将顾客分为：品质关注顾客、主流顾客与价格关注顾客。3类顾客的特点如图5.2.13所示。

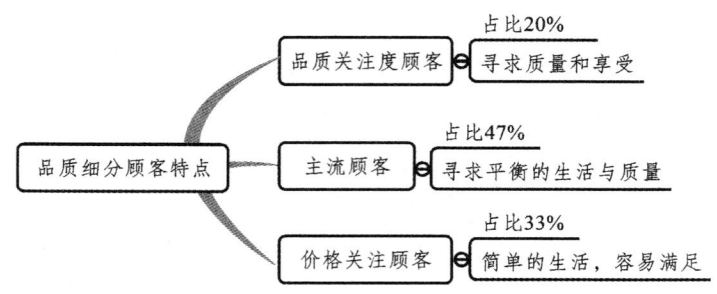

图 5.2.13 品质细分顾客特点

（3）顾客生活方式细分。

不同的人偏好不同的生活方式，有人喜欢健身，有人喜欢唱歌；有人喜欢熬夜，有人喜欢规律的作息。根据顾客信息，获取顾客数据，应用降维、聚类等分析方法，可以对顾客进行生活方式细分。哈步数据将某超市顾客根据生活方式细分为6大客群：健康关注族、家庭采购族、促销狩猎族、年轻有孩族、新品尝鲜族、在家下厨族。并根据这一细分，进行定向营销引客流、精准选品拉客单，为每一类客群实现人、货、场的精准匹配（见图5.2.14）。

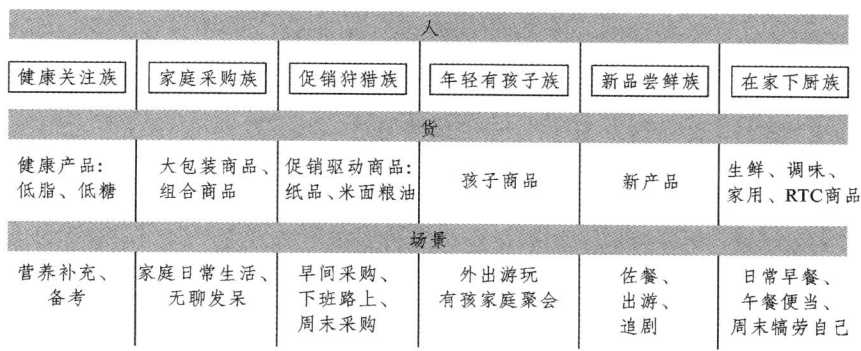

图 5.2.14　生活方式细分应用

（4）顾客生命周期细分。

所谓顾客的生命周期就是从一个普通的消费者变成我们的顾客到离我们而去的过程，这就是顾客的生命周期。

顾客生命周期细分就是识别目标顾客在生命周期中的位置与状态，从而结合生命周期不同阶段的需求策划针对性的产品和服务，最大化客户生命周期的价值贡献。生命周期细分将顾客划分为：潜在顾客、新顾客、活跃顾客、忠诚顾客、不活跃顾客、流失顾客。

不同生命周期顾客的营销策略可以参考表5.2.8进行。

表 5.2.8　生命周期顾客细分应用

生命周期阶段	阶段定义	营销目标	互动策略
潜在顾客	以前没有购买过的人	建立连接，转化购买	交付第一次价值或实现第一次体验
新顾客	90天内的第一次购买者	让他们再次购买	欢迎新顾客，理解他们购买的原因，以及与现有顾客的差异
活跃顾客	90天内至少购买过两次	保持互动，鼓励他们推荐朋友	持续取悦他们，推荐新的价值
忠诚顾客	持续购买你的产品	维系和加深关系，鼓励他们推荐	加深关系，设计忠诚计划提供额外的利益，奖励他们的贡献
不活跃顾客	90天内没有购买	重新建立顾客互动	调查满意度，给他们一个再次购买的理由
流失顾客	6个月没有购买	重新激活这些客户	表达想念，给他们一个再次购买的理由

3. 精准营销

借助数字化为消费者进行画像之后，零售企业就能精准地把握消费者的消费脉搏，在营销的时候自然也就能投其所好，更好、更高效地和顾客互动，从而与顾客建立起良好的关系。零售企业的产品和服务才会真正走进消费者内心，让消费者欲罢不能，也会让他们更加信赖零售企业的品牌。

4. 行为追踪：精准预测潜在顾客平台偏好

顾客虽然游走在不同的平台，但不同内容平台聚焦不同的消费者。比如，哔哩哔哩弹幕视频网（Bilibili）的受众较为年轻；小红书的核心用户则是具有中高消费能力、追求小资生活的女性，尤其是都市白领女性；京东消费者以男性为主，占比约为60%；天猫消费者中家庭消费、白领、学生、公务员占比高于淘宝网。根据用户画像和细分，预测顾客的行为成为现实。而在之前的运营中，零售企业并不能识别不同平台的同一个顾客。但是，在数字化时代，在同一个生态系统内，无论用户跳转多少次，都可以用同一个ID进行连贯监测，在他会出现的每一个触点同时定向投放品牌信息。围绕潜在用户的主要行为轨迹，精准预测其平台偏好，进而策划推广内容，在每一个渠道与顾客互动。

5. 商品推荐

推荐系统主要通过统计和数据挖掘技术，并根据用户在商店的行为，主动为用户提供推荐服务，从而提高商店购物体验。根据不同的商业需求，推荐系统需要满足不同的推荐力度，主要以商品推荐为主，但是还有一些其他推荐，如Query推荐、商品类目推荐、商品标签推荐、店铺推荐等。

6. 以物找人或以人找物

根据顾客画像与顾客细分，零售企业洞察了解自己的顾客，通过标签圈定目标人群，为目标人群推荐他们需要的商品；或者为商品寻找顾客，实现人、货、场的精准匹配，如某超市新上了一款海盐味的猪肉脯，通过标签为该产品找到最有可能购买的顾客。为此，在目标区域内找出新品尝鲜族、无肉不欢族及最近6个月内买过海盐味食品的顾客，对他们进行针对性的营销。

5.2.3 商品数据分析

5.2.3.1 SKU计划

零售商需要控制门店的SKU（Stock Keeping Unit，库存量单位）数。门店SKU的数量受到门店业态、定位、面积大小等因素的影响。正确制订SKU计划，门店的经营者需要对商圈环境进行分析判断，根据自身门店及业态的市场定位、顾客需求来判断未来的销售预期，再结合周边门店及自己门店经营面积和各个区域的可陈列面积等因素，确定门店的SKU计划（见图5.2.15）。

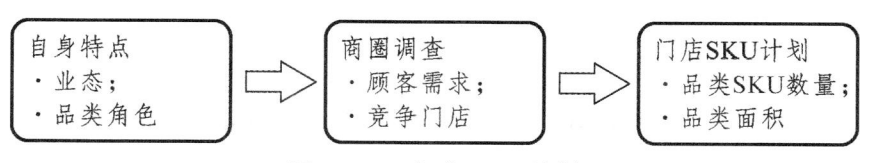

图 5.2.15　门店 SKU 计划

门店 SKU 计划制订和下达采取的是自上而下、自下而上两种方式,即采购中心根据门店的市场调查报告选择与其定位相似的门店,参照其经营品类和 SKU 情况拟订初步的 SKU 计划,然后由市场参与调查的门店管理人员根据真实商圈的环境提出 SKU 计划的相关建议。

[**案例**] 表 5.2.9 为某门店的 SKU 计划。门店根据门店业态、周围商圈情况及门店定位,确定经营的品类,各品类的最小 SKU 数与建议 SKU 数如表 5.2.9 所示。结合各品类的陈列空间情况,计算出门店需要的经营面积。门店如按照表中品类和最少 SKU 配置,门店需要配置 2 450 个 SKU,最小经营面积为 1 717 m²;若按照品类 SKU 建议数配置,则门店需要配置 3 670 个 SKU,营业面积 2 578 m²。

表 5.2.9　某门店的 SKU 计划

品类名称	最少 SKU	SKU	参考店每平方米陈列 SKU 数	最小店经营面积/m²	建议营业面积/m²
烟酒	170	260	2.9	59	90
保健食品	70	105	2.4	29	44
饮料	300	450	0.6	500	750
奶制品/婴儿食品	190	290	1	190	290
冲饮	120	180	0.8	150	225
粮油粉面	210	315	0.8	263	394
酱料、调味品	230	350	1.8	128	194
罐头	40	60	2.8	14	21
农产品干货	90	130	2.8	32	46
糖巧克力	550	800	3.5	157	229
休闲食品	280	430	4	70	108
散装食品	200	300	1.6	125	188
小计	2 450	3 670	25	1 717	2 578

资料来源: 李卫华,陈琦.零售数据分析与应用[M].北京:高等教育出版社,2016.

5.2.3.2 小分类 SKU 确定

对于小分类 SKU 的确定与调整,可以应用商品结构九宫格,具体方法如图 5.2.16 所示。

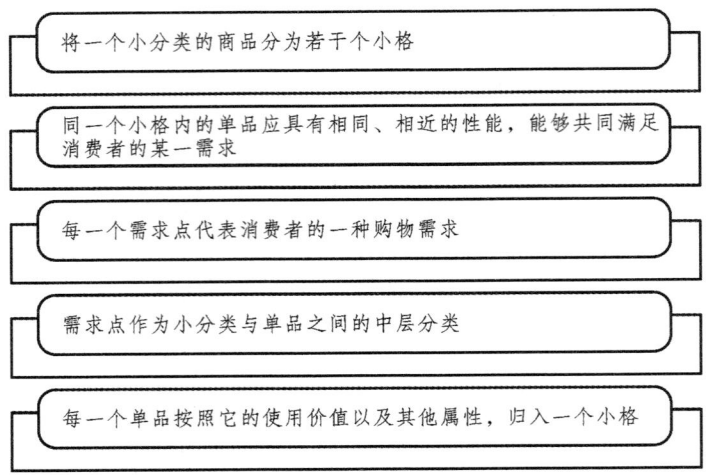

图 5.2.16 商品结构九宫格法确定小分类 SKU 步骤

通过这样的方法，可以把消费者对某一小分类商品的总需求分解为一个个具体的需求点，所有需求点的组合就构成了消费者对这一小分类的全部购物需求。如果一个门店陈列的小分类商品覆盖了该小分类中消费者的全部需求点，则这个门店可以满足消费者对此小分类商品的全部购物需求。在一个需求点内，SKU 数不能太多。研究表明，减少选择有利于消费者选择，在一个明确的需求点内，每种型号的 SKU 以不超过 3 个为宜，超过 7 个则会产生反效果。

[案例] 某门店牙膏 SKU 调整

某门店牙膏品类目前有 70 个 SKU 备选，而实际陈列位置只有 25 个，已有 SKU 22 个。那么，在 70 个 SKU 中怎么选择这 25 个呢？商品结构九宫格法可以解决这一问题。

首先将产品按消费者对牙膏的需求点划分为 6 类：美白牙膏、草本牙膏、防蛀牙膏、口气清新牙膏、功能性牙膏和儿童牙膏。其次，按照九宫格法配置 SKU 的深度（见表 5.2.10）。

表 5.2.10 某公司牙膏陈列的商品结构

牙膏类别	低	中	高
美白	高露洁草本美白牙膏 90 克 上开防酸美白牙膏 120 克	中华健齿白牙膏 155 克 佳洁士盐白牙膏 90 克	黑人超白青柠薄荷牙膏 140 克 黑人超白矿物牙膏 90 克
草本	高露洁草本牙膏 90 克 中华中草药牙膏 170 克	佳洁士草本水晶牙膏 140 克 佳洁士草本水晶牙膏 90 克	黑人茶倍健龙井牙膏 140 克
防蛀	有待引进：低价位牙膏	佳洁士防蛀薄荷牙膏 140 克	高露洁全面防蛀牙膏 140 克
口气清新	高露洁超强牙膏 90 克	佳洁士茶爽牙膏 120 克	黑人茶倍健牙膏 90 克
功能性	蓝天六必治牙膏 90 克	中华多效牙膏清新薄荷味 90 克	高露洁三重功效牙膏 90 克
儿童	有待引进：低价位牙膏	高露洁儿童牙膏水果香型 40 克	黑人儿童苹果味牙膏 40 克

由表可知，现有 22 个 SKU 全部进入九宫格中后，防蛀牙膏的低价位及儿童牙膏的低价位这两个格子缺失，有待引进。其余格子中最多 2 个 SKU，满足格子 SKU 数要求。对于低价位防蛀牙膏，其消费者通常为老年人，可以考虑引进；而低价位儿童牙膏，根据传统"苦什么也别苦孩子"的育儿理念，可以不引进，或仅引进一个 SKU。

资料来源： 李卫华，陈琦.零售数据分析与应用[M].北京：高等教育出版社，2016.

5.2.3.3 价格带分析

1. 价格带的概念

商品的价格带，是指一种同类商品或一种商品类别中的最低价格与最高价格的差别。价格带的宽度决定了门店所面对的消费者的受众层次和数量。对商品价格带的分析，可以为市场调查提供简单而明确的分析结果。以葡萄酒为例，某门店有 5 个规格的红葡萄酒，分别是 8 元、10 元、15 元、20 元、30 元。竞争对手的门店也有 5 个规格，分别是：5 元、10 元、20 元、30 元、50 元。分析本门店与竞争对手的价格带可以发现：

（1）对方的价格带 5~50 元比本门店宽（8~30 元）；

（2）对方的最低价格比本门店便宜；

（3）如果本门店增加 4.5 元和 45 元规格价格，则会改变门店的一些品类定位；

（4）如果同一种商品本门店价格偏高，则需要查看该商品的销售排名，如果销售情况不好，就可以考虑淘汰这种商品；如果销售情况较好，消费者也需要，则可以将其作为赚取高毛利的商品。

2. 价格带细分

价格带分析通常需要对价格带进行细分，常根据单位价格分段找中点的方法将商品价格带分为不同的价格带区间（见图 5.2.17）。

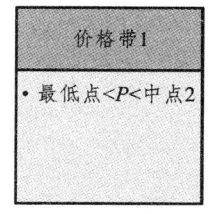 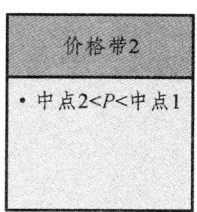 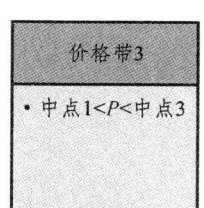 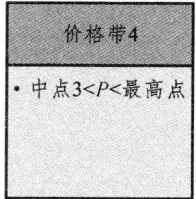

图 5.2.17　价格带细分

中点 1=（ 同一小分类价格最高点 + 价格最低点 ）/2
中点 2=（ 中点 1+ 价格最低点 ）/2
中点 3=（ 中点 1+ 价格最高点 ）/2

3. 价格带分析

对品类商品价格带进行分析,可以帮助零售商观察竞争对手,观察竞争对手陈列位置、陈列方式，得知竞争对手商品构成与价格分布。利用价格带分析方法与竞争门店商品结构进行对比，可以提供简单明确的结果；价格带概念的运用，可以方便地比较企业与竞争对手之间的商品定位差异;结合竞争对手和自己的经营策略,调整商品结构,加强竞争力;价格带也是进行商品定位分析的有效工具。

[案例]品类价格带分析

已知企业 A 定位为高档超市,重点品类 B,其他 3 家竞争对手按价格带(单位价格)区分,产品分布如表 5.2.11 所示。请问零售商 A 在品类上是否需要调整?应该怎样调整?

表 5.2.11　企业 A 品类 B 与竞争对手价格带分布

价格带	价格带 1	价格带 2	价格带 3	价格带 4	总数
企业 A	15	18	15	19	67
竞争对手 1	17	20	21	25	83
竞争对手 2	10	30	19	10	69
竞争对手 3	18	13	20	8	59

一般来说,门店定位满足以下规则:高档定位,满足绝大多数中高收入群体,低收入群体很少问津;中档定位满足一部分高收入群体,绝大部分中收入群体以及部分低收入群体;低档定位满足绝大部分低收入群体、部分中收入群体,高收入群体基本很少光顾。

因为门店 A 定位为高端,则其价格应该覆盖全部价格带。B 类商品为其重点品类,则高端要强于竞争对手,中高端强势覆盖竞争对手,低端不能缺少。为此,可将门店 B 类商品 SKU 按如表 5.2.12 价格带配置。

表 5.2.12　调整后 B 类商品在各价格带 SKU 分布

价格带	价格带 1	价格带 2	价格带 3	价格带 4	总数
企业 A(调整前)	15	18	15	19	67
企业 A(调整后)	5	25	30	26	86

5.2.3.4　商品 ABC 分析

1. ABC 分析的含义

ABC 分析法来源于二八原则,但比二八原则更为细化,是按照一定标准对管理对象进行排序分类,区别重点商品与一般商品,从而投入不同管理力度的一种科学方法。商品 ABC 分析就是把商品分为 A、B、C 三类,A 类商品是最重要的商品,占门店总销售额的 50%,应重点管理;B 类商品为门店的非重点商品,占门店销售额的 40%,可进行一般管理;C 类商品是次要商品,占门店销售额的 10%,可投入少量的管理力度。

2. ABC 商品的确定

在正常情况下,门店会按照累计销售额占比来确定 ABC 类商品,具体方法如图 5.2.18 所示。

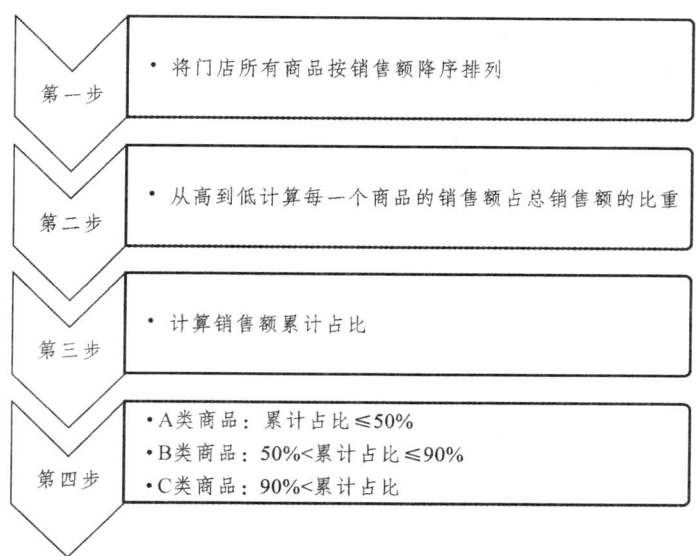

图 5.2.18 ABC 分析法步骤

3. 分析 ABC 商品的结构

（1）科学合理的 ABC 商品结构。

科学合理的 ABC 商品结构应为，10%的 SKU 创造 50%的销售额，为 A 类商品；30%的 SKU 创造 40%的销售额，为 B 类商品；60%的 SKU 创造 10%的销售额，为 C 类商品（见图 5.2.19）。

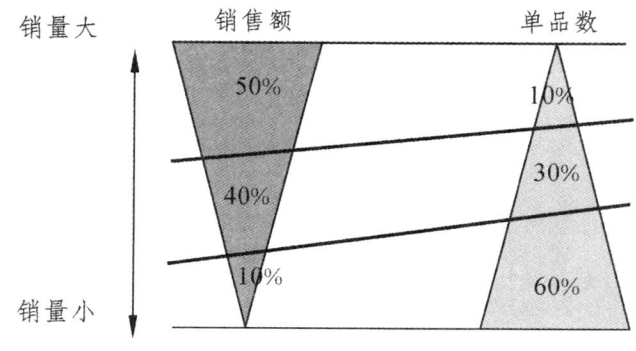

图 5.2.19 科学合理的商品 ABC 结构

一般来说，A 类商品主要由促销商品、应季商品及一线品牌的主流商品构成，而在这三者中，只有应季商品的利润率高，其余两者利润率都比较低。C 类商品属于销售比较差的商品，一般包括结构性商品（如价格结构、功能结构）、新品（正处于缓慢的市场导入期）、待淘汰商品（如衰退期的商品、长期导入不成功的商品）及滞销品。

（2）不合理的商品 ABC 结构。

并不是所有的零售企业都有科学合理的商品 ABC 结构，当运用 ABC 分析的时候，零售企业的销售业绩可能呈现如下分析结果：

① 同等的商品产生同等的销售业绩。

50%的商品贡献了50%的销售额,40%的商品贡献了40%的销售额,10%的商品贡献了10%的销售额。这属于绝对的平均化,即门店存在主力商品销售不突出的情况,各种商品都能销售一点,因此造成了门店无主力商品可以推广的问题。此种情况,门店要寻找待挖掘的主力商品,调整主力商品销售的陈列及与供应商的合作关系,共同将主力商品推上去。

②最小的商品产生了最大的销售业绩。

最小的商品产生了最大的销售业绩,有3种情况。

第一种情况如图5.2.20所示。此种情况A类商品过少,主力商品过于集中,不宜再拿A类商品促销以防止竞争风险。B类商品相对合理,推广B类商品促销,从中培养部分单品进入A类。C类商品较多,应拉动C类商品的销售,让更多的C类单品进入B类。促销选品ABC商品比例:A类不选品促销,BC两类选品比例为:(B:C)占比应为(40%:60%)。

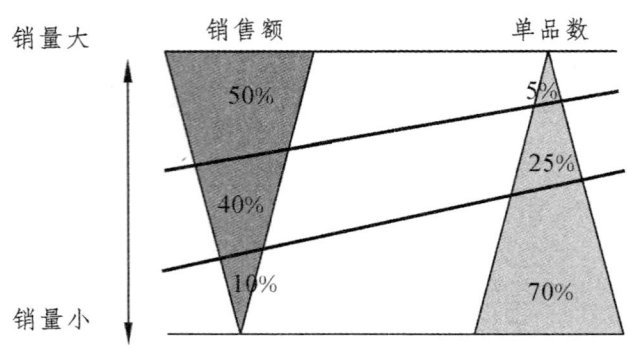

图 5.2.20 不合理的ABC商品结构(一)

第二种情况如图5.2.21所示。此种情况A类商品过多,主力商品不突出,要加大A类商品的选品力度,培养强势单品。B类商品过少,停止B类促销,推广C类商品的促销,从中培养部分商品进入B类。

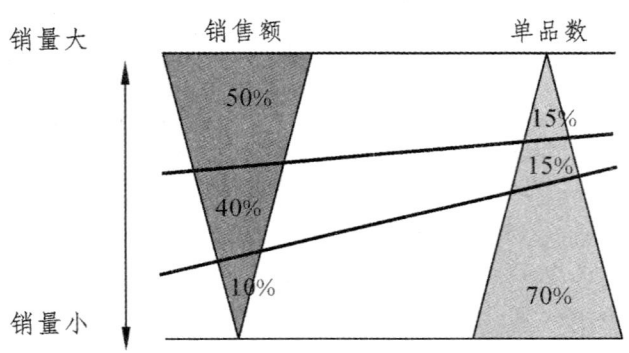

图 5.2.21 不合理的ABC商品结构(二)

第三种情况如图5.2.22所示。此种情况A类商品太少,具有极大的竞争风险,一旦A类遭到攻击,销售会随时大幅下滑。B类同时也过少,无法起到后备军的作用。此时不能再用A、B类商品进行促销。C类商品极多,有大量滞销品堆积,要重点关注C类商品的分类转化如促销和清理。建议重点分化 C 类商品，从中选出促销品、清退品等，利用组合手段进行筛选。

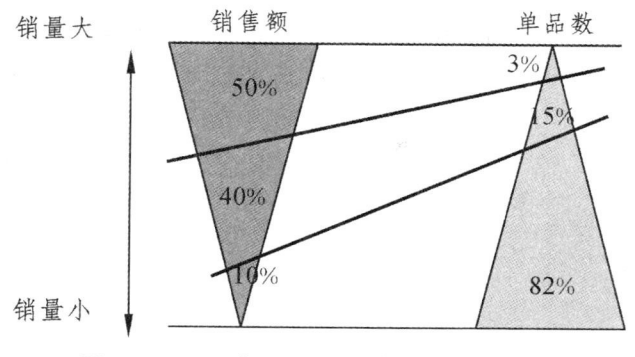

图 5.2.22　不合理的 ABC 商品结构（三）

4. 从 ABC 分析到双 ABC 分析

将商品分为 ABC 三类，可以有效地了解商品结构和商品现状。如果将商品结构连续两年的 ABC 进行汇总分析，能进一步了解商品今年和去年的状况，有效指导门店销售的策略，这种方法就叫作双 ABC 分析。双 ABC 分析可以将门店商品分为 12 类（在字母的排序上前一个字母表示该商品今年的类型，后一个字母表示该商品去年的类型。如果只有一个字母，表示该商品去年没有销量，唯一的字母表示今年的商品类型），具体如表 5.2.13 所示。

表 5.2.13　双 ABC 分析类型与特点

商品类型	含义	特点
A	今年新品	新上市的大力度促销商品
AA	今年和去年都为 A 类	一线明星商品、强季节商品、促销商品
AB	去年为 B 类今年为 A 类	上升趋势商品
AC	去年为 C 类今年为 A 类	培养潜力很大的商品
B	新品	销售不错
BA	去年为 A 类今年为 B 类	销量有所下降
BB	去年与今年均为 B 类	平稳
BC	去年为 C 类今年为 B 类	去年与今年都未大力促销，可培养
C	刚上市新品	没有经过促销，有待观察
CA	去年为 A 类今年为 C 类	销量下滑严重，需要删除
CB	去年为 B 类今年为 C 类	销量下滑严重，需要删除
CC	去年与今年均为 C 类	可能是结构性商品，不能删除

5.2.3.5 畅滞销分析

畅滞销分析是指对门店畅销品和滞销品进行分析。畅销分析是对销售量排在最前面的商品进行分析；滞销品分析是对销售量排在最后面的商品进行分析。对于商品的畅滞销分析，一方面可以提高订货的准确性，另一方面能够针对畅销商品和滞销商品的库存，查看周转情况。

畅滞销分析可以分为前 10 大商品销售及占比分析、前 10 大商品库存及占比分析及滞销品销售占比分析。

1. 前 10 大商品销售及占比分析

前 10 大商品销售就是在所有商品中销售额或销量最好的 10 种商品的总销售额或总销量。前 10 大商品销售占比就是它们的销售额或销量占总销售额或总销量的比重。前 10 大商品销售占比越大，商品销售就越集中，销售管理就更容易，但是销售风险也会加大。合理的前 10 大商品销售占比并没有标准，行业不同、业态不同，标准就不一样；即便同样的行业和业态，门店的运营策略不同，标准也会大不相同。在进行畅滞销分析时，需要参考历史数据的趋势，前 10 大商品销售占比通常会在一个区间范围内变化，如果占比越来越高，就需要分析具体的原因，是属于企业主动实施促销策略的效果还是被动的数据异常。一般针对前 10 大销售占比的商品要做表 5.2.14 所示的分析和应对。

表 5.2.14 畅销款应对表

主要表现指标	启示	行动
畅销款（前 10 款）	1.畅销的真正原因； 2.检查库存； 3.计算回转周数； 4.制定安全库存线； 5.了解畅销货品的情况，准备替代品	1.如果畅销款库存充足，可以考虑让其带动滞销款，进行技巧式搭配销售； 2.如果畅销款式数量不足，可以寻找替代品； 3.补货前要充分考虑补货周期及与畅销品类似的款式

2. 前 10 大商品库存及占比分析

与前 10 大商品销售及占比概念一样，只是前者基于销售，后者基于库存。这是一个库存管理指标，同样是看趋势，看数据是否存在异常。

3. 滞销品销售占比分析

滞销商品销售占比指的是滞销商品的销售额或销量占总销售额或总销量的比重。针对后 10 大销售占比的商品可以参考表 5.2.15 进行分析和应对。

表 5.2.15 滞销品应对表

主要表现指标	启示	行动
滞销款（前 10 款）在什么时候定位滞销款	1.找到销售占比后几位的商品； 2.查找原因，想出办法； 3.进行尝试； 4.选择促销的方式	1.店长每周找出了门店的滞销货品吗？ 2.店长是否找到了滞销的原因？ 3.对于店铺的滞销品，店长是否加强了重视度？（令员工主推或让销售技巧好的员工负责销售） 4.是否针对滞销品制定了每人及每日销售目标，并加强了员工对滞销品的重视程度？ 5.是否针对滞销品销售做出了个人奖励？ 6.销量及销售额占比最大的滞销商品是否搭配了其他商品出样？ 7.店长是否在例会及现场向员工传授滞销品销货卖点？

5.2.3.6 库存分析

库存分析的目标是控制有效库存，清理无效库存。

对销售环节来说，库存分析无外乎两个方面：是否缺货？库存是否过大，占用资金？为此需要先切割库存，再量化库存，最后分析库存结构。因此，库存分析的主要内容包括：切割库存、量化库存、分析库存结构、预估销量以确保库存量及特殊库存分析。

（1）切割库存，让库存分析更合理。

库存可以被切割成有效库存和无效库存。无效库存可以被继续切割为假库存与死库存。死库存属于残损、过期、下架等无法继续销售的库存；假库存是可以继续销售，但是对销售帮助不大的商品的库存，这些库存形同虚设，没有什么实际意义，如滞销商品、过季商品等。表 5.2.16 为某零售门店库存切割情况。

表 5.2.16 某实体门店库存切割

总库存		20 000
无效库存	死库存	1 500
	假库存	3 500
有效库存	配件	1 000
	鞋子	7 000
	服装	7 000

（2）量化库存，确保库存的安全性。

切割库存展示了库存数量，需要进一步设定标准来帮助判断库存的安全性。其一是设定绝对值标准，其二是设定相对值标准。绝对标准以库存数量或金额来确定，如某服装店安全库存标准为 15 000 件；相对标准可以使用库存天数（DOS）或库存周数（WOI）来衡量,前者适合看宏观库存,后者适用衡量微观的 SKU 库存。零售企业一般用库存天数来判断门店是否存在缺货风险。

$$库存天数=期末库存数量/某个销售期的销售数量×销售期的天数$$

(3) 分析库存结构,确保库存结构的合理性。

当确定了门店的标准库存天数和绝对安全库存数量后,总库存数量就基本确定了。接下来需要考虑库存的各种结构间的合理性。库存不但要安全,而且要合理,也就是要追求库存结构和销售结构的平衡。常规商品库存结构分析包括商品类别或品类结构分析、二八法则商品结构分析、ABC 商品结构分析、价格段结构分析、品牌间结构分析等。确定库存结构合理的分析方法和指标有:库存和销售结构对比,动销率,广度、宽度与深度,排行榜。

(4) 预估销量,确保库存量,把握未来销售脉搏。

库存天数的意义是按历史销售数据来看目前的库存还能够支撑多长时间的销售,它代表的是过去的销售规律。如果没有特别的事件发生,这种规律一般会延续。但如果有特殊事件发生,零售企业无法从库存天数直接得知。要把握销售的脉搏,就必须找到那些影响未来销售的因素,包括:促销活动、季节性因素、节假日和其他特殊事件。

(5) 分析特殊库存。

除了常规库存分析外,还需要对一些特殊库存进行分析,包括:零销售额但有库存的商品,零库存但曾有过销售记录的商品,库存天数异常的商品,无效库存商品,季节性商品库存,促销商品库存,占销售额 80% 的商品库存或排名前 10 位、前 20 位的商品库存,占库存 80% 的商品,即将淘汰的商品库存,负毛利商品库存等。

[案例] 某实体店库存分析

某服装类实体店主要销售衣服、配件与鞋子,其库存情况如表 5.2.17 所示。表中将该店库存商品分为服装、配件与鞋子,然后根据年份和季节分类。做好分类后,再分析每个类别的库存数量、库存金额、数量占比、金额占比等。其中,数量占比=当前品类的库存数量/全品类库存数量,金额占比=当前品类的库存金额/总金额。

表 5.2.17 某实体店库存明细

大类名称	商品年份	季节名称	库存数量	库存金额/元	数量占比	金额占比
服装	2017 年	夏季	162	30 398	6%	3%
		秋季	177	61 463	7%	5%
		冬季	186	101 514	7%	9%
	2017 年汇总		525	19 375	19%	17%
	2018 年	夏季	164	24 746	6%	2%
	2018 年汇总		164	24 746	6%	2%
	服装汇总		689	218 121	25%	19%

续表

大类名称	商品年份	季节名称	库存数量	库存金额/元	数量占比	金额占比
配件	2016年	秋季	6	180	0%	0%
		冬季	26	780	1%	0%
		四季	14	1593	1%	0%
	2016年汇总		46	2 553	2%	0%
	2017年	春季	4	100	0%	0%
	2017年汇总		4	100	0%	0%
	2018年	夏季	22	616	1%	0%
		秋季	17	476	1%	0%
	2018年汇总		39	1 092	1%	0%
	配件汇总		89	3 745	3%	0%
鞋子	2014年	四季	5	2 395	0%	0%
	2014年汇总		5	2 395	0%	0%
	2015年	春季	22	10 858	1%	1%
		春夏季	2	1 078	0%	0%
	2015年汇总		24	11 936	1%	1%
	2016年	春季	37	20 223	1%	2%
		夏季	3	1 737	0%	0%
		春夏季	97	53 963	4%	5%
		秋季	485	27 2855	18%	24%
		秋冬季	4	1 916	0%	0%
		四季	620	229 844	23%	20%
	2016年汇总		1 246	580 538	46%	50%
	2017年	夏季	115	49 675	4%	4%
		秋季	38	15 822	1%	1%
		秋冬季	340	179 700	13%	16%
	2017年汇总		493	245 197	18%	21%
	2018年	春季	69	33 991	3%	3%
		夏季	18	6 492	1%	1%
		春夏季	6	3 114	0%	0%
		秋季	46	25 134	2%	2%
		秋冬季	31	19 529	1%	2%
	2018年汇总		170	88 260	6%	8%
	鞋子汇总		1 938	928 326	71%	81%
总计			2 716	1 150 192	100%	100%

由表 5.2.17 中的数据可知，该门店存在无效库存，如 2016 年的秋季即 2017 年的春季配件、2014 年的四季鞋子、2015 年的春夏季鞋、2016 年的夏季鞋等，都属于可以销售但实际无销售的死库存，是无效库存。2016 年鞋子库存 1 246 双，比 2017 年的库存 493 双还多一倍以上，说明该实体店有库存积压，需要清理库存。

资料来源：李卫华，陈琦.零售数据分析与应用[M].北京：高等教育出版社，2016.

5.3 零售数据分析与应用：自动售货机数据分析案例

5.3.1 案例背景、目的与思路

某零售企业自 2016 年成立以来，经过两年多的发展，"自动售货机"的布设规模不断扩大，销售业绩在零售行业中领先。但随着"自动售货机"规模的扩大，业务量不断增加，也越来越面临行业竞争加剧、销售业绩增长变缓的挑战。对"自动售货机"本周的销售数据和库存数据进行分析，能够帮助企业掌握本周的消费情况以及用户的消费偏好和特征，为制定营销策略提供参考和指导，从而提高营销效率和盈利水平。

基于 2018 年 9 月 24 日至 2018 年 9 月 30 日的销售数据和库存数据，计算销售额、毛利率、销售量、销售目标达成率、存销比、客单价和复购率等指标，通过计算指标和可视化展现来呈现商品的整体销售情况、区域销售情况、库存和用户行为，并对销售量进行预测。

5.3.2 数据收集与处理

该零售企业一直采用一个数据库系统来实现全过程的统一运营管理，数据系统包含人力资源、商品销售和商品库存等业务数据。其中，商品销售数据字段说明如表 5.3.1 所示，商品库存字段说明如表 5.3.2 所示。

表 5.3.1　商品销售数据字段说明

字段名称	含义	字段名称	含义
区域	售货机投放区域	商品类别	商品所属类别
售货机 ID	售货机唯一标识	商品 ID	商品唯一标识
购买日期	客户消费日期	商品名称	商品的名称
客户 ID	客户唯一标识	购买数量	单词购买的数量
支付方式	客户付款方式	成本价	商品的进货成本
消费金额	单笔消费金额	销售单价	商品的销售价格

表 5.3.2　商品库存数据字段说明

字段名称	含义	字段名称	含义
日期	库存状态所属的日期	库存数量	某商品的库存数量
商品名称	商品的名称	成本价	商品的进货成本
商品类别	商品所属类别	销售单价	商品的销售价格

5.3.3 分析内容

1. 商品的整体销售情况分析

利用销售额的环比、毛利率、商品销量、单价区间的销量等指标,分析商品的整体销售情况。

由图 5.3.1 可知,本周的销售额在周一最低,周六最高;整体上周一、周二、周三低于本周的其余时间。销售额环比先上升到一个峰值后,开始出现下降的趋势,2018 年 9 月 27 日销售额的增长速度最快。

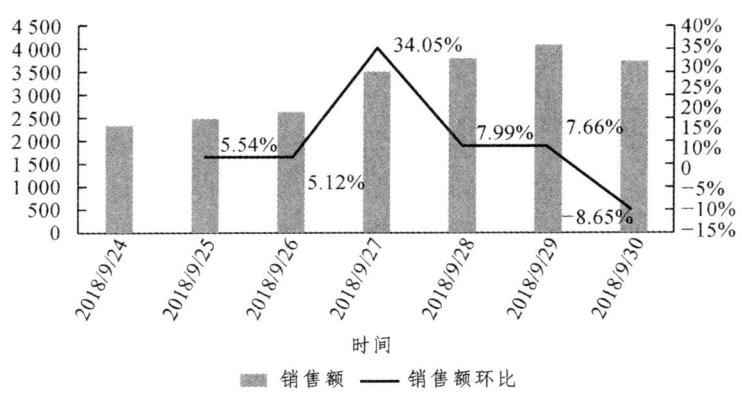

图 5.3.1 销售金额和环比值组合图

由图 5.3.2 可知,本周的毛利率有上下波动,但大体呈上升的趋势,说明企业的盈利能力较好。

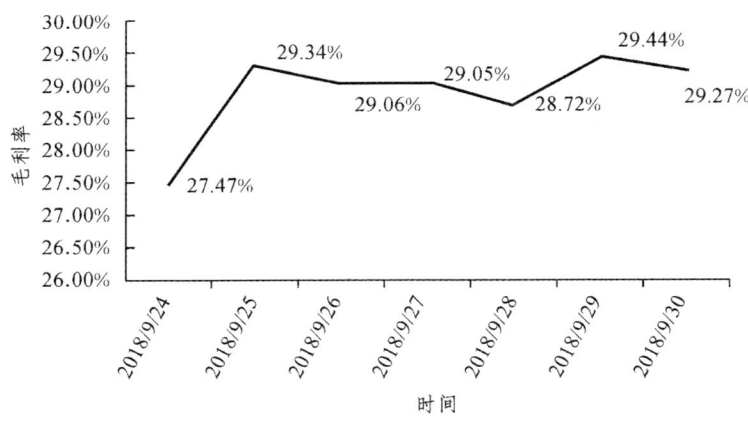

图 5.3.2 商品毛利率

由图 5.3.3 可知,本周最受欢迎的是饮料类商品,远远高于其他小分类,膨化食品、方便速食、牛奶和饼干类商品销售良好,而调味品和糖果甜食等食品的销售量并不乐观。

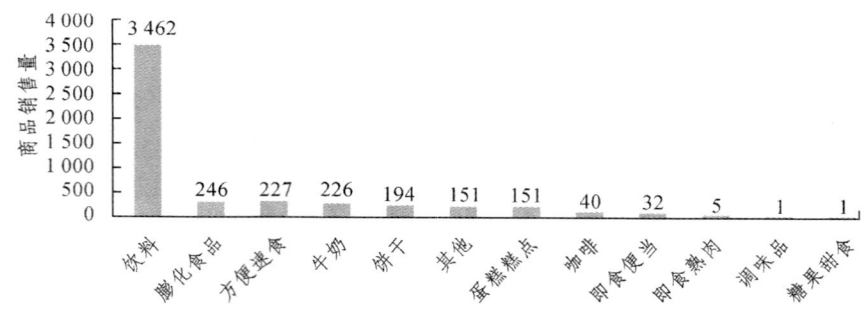

图 5.3.3　商品销售量排行榜

由图 5.3.4 可知,单价在(0,5]的商品销售量最多,其次分别是单价区间(5,10]、(10,15]、(15,20]、(20,30]的商品,这说明用户更偏向购买低价格商品。

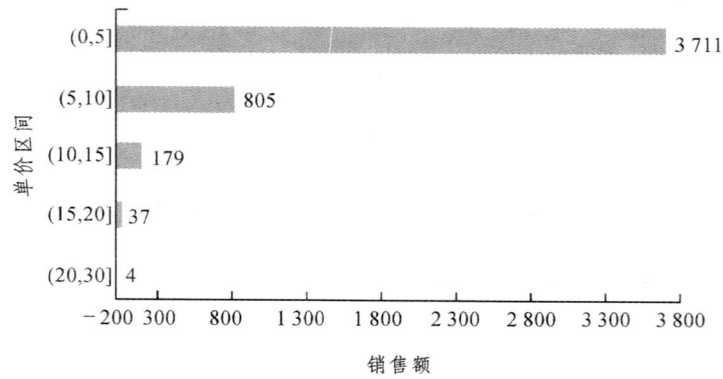

图 5.3.4　单价区间销售量排行榜

2. 各区域销售情况分析

由图 5.3.5 可知,本周 3 个区域中兰山区的销售额最高,其次为罗庄区,河东区的销售额最小。由于兰山区是市中心区域,人流量较大,因此销售额相对较高。

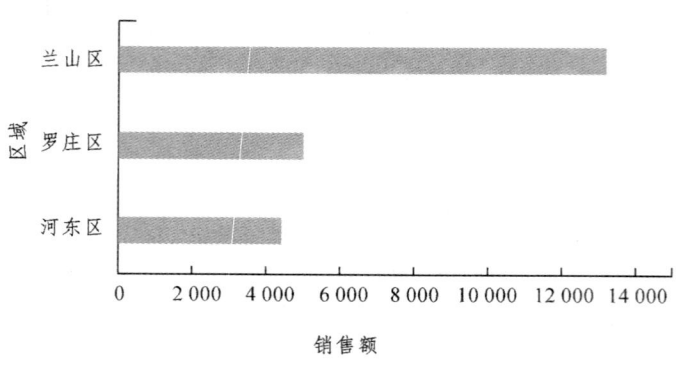

图 5.3.5　各区域销售额

由图 5.3.6 可知，本周兰山区销售额超过了目标值，罗庄区几乎完成了销售目标，而河东区仅完成了 87.57%。从图 5.3.7 可以看出，各个区域的销售额与售货机的数量成正比，因此，企业可以在人流集中区域适当增加售货机的投放数量，以此来提高销售额。

N	O	P	Q
区域	销售额	目标销售额	达成率
河东区	4 378.6	5 000	87.57%
罗庄区	4 998.4	5 000	99.97%
兰山区	13 200.2	10 000	132.00%

图 5.3.6　各区域销售目标达成率

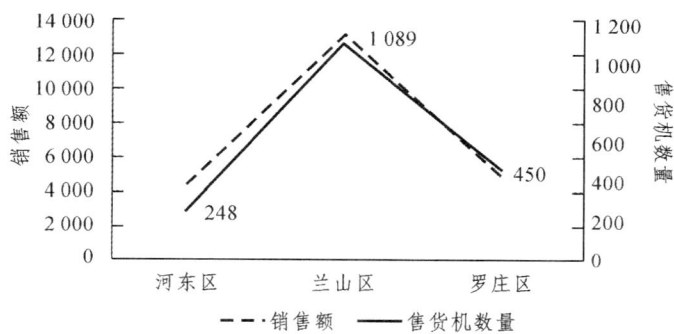

图 5.3.7　各区域售货机数量与销售额相关性

3. 商品库存分析

由图 5.3.8 可知，糖果甜食和调味品两类商品的存销比均大于 1，即期末库存数量大于销售数量，说明糖果甜食和调味品滞销，销售量太低。

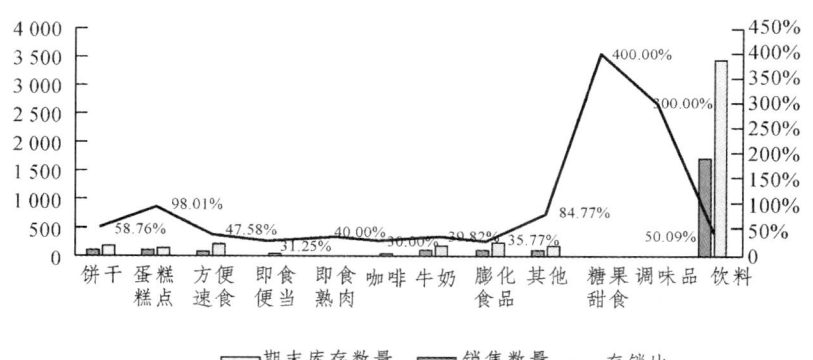

图 5.3.8　存销比分析

由图 5.3.9 可知，饮料类商品所占库存最大，占了 72.12%；糖果甜食和调味品的库存量较小。结合图 5.3.8 分析可知，本周商品库存结构较合理。

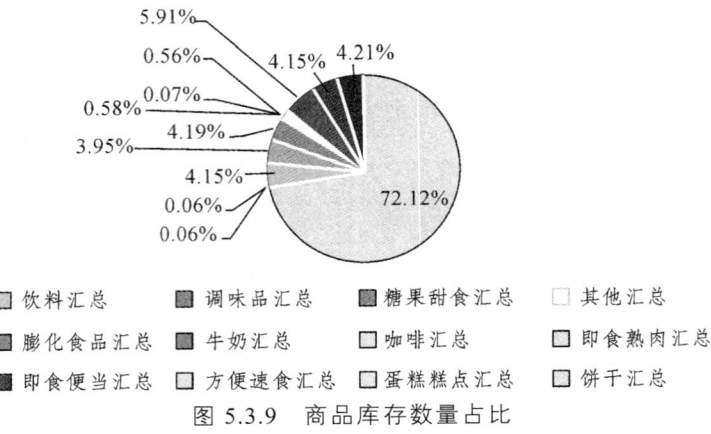

图 5.3.9 商品库存数量占比

4. 用户行为分析

由图 5.3.10 可知，本周客单价在 5 和 6 之间上下波动，说明用户更偏向购买低价格的商品。

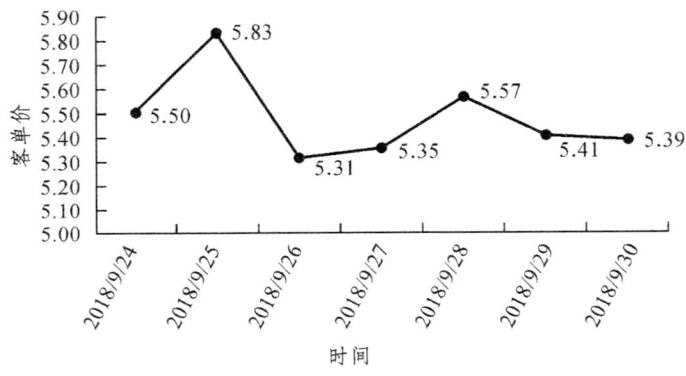

图 5.3.10 客单价分析

由图 5.3.11 可知，49%的用户只进行了一次交易，主要原因是自动售货机投放位置的人员流动性较强。

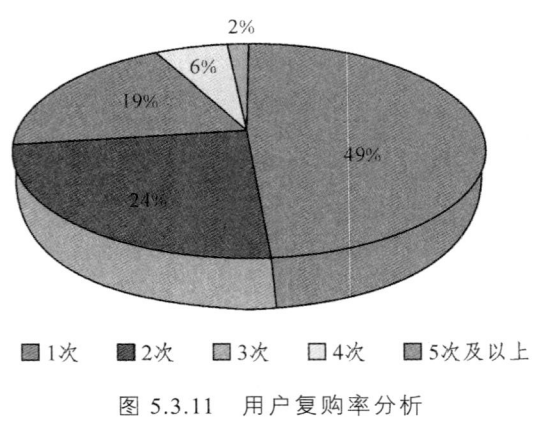

图 5.3.11 用户复购率分析

由图 5.3.12 可知，用户更加偏好使用微信支付，其次是支付宝支付，现金支付的用户仅占 8.32%。因此，企业可以联合移动支付运营商（如微信、支付宝等）做一些推广活动。

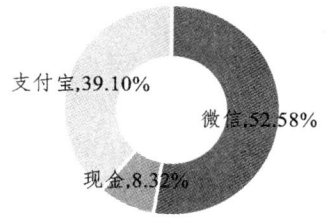

图 5.3.12　用户支付偏好

5.销售量预测

由图 5.3.13 可知，未来两周的销售量预测值分别为 5 046 件和 5108 件，总体上会有增长的趋势。因而企业可以根据预测值制定合理的销售计划，并调整库存结构。

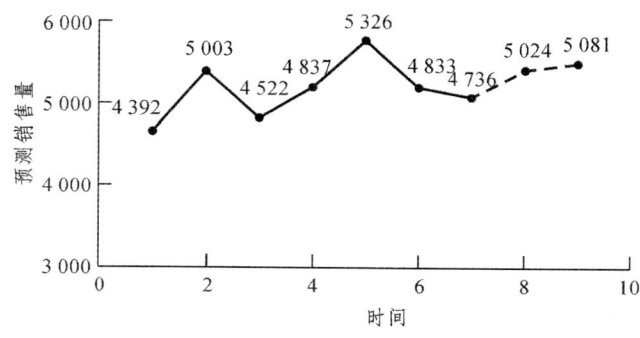

图 5.3.13　预测销售量

本章小结

零售数据分析，让零售更智能、高效。零售企业需要根据自身情况收集数据、处理数据、分析数据，以更好地为顾客服务。智慧零售数据分析内容主要有销售数据分析、顾客数据分析以及商品数据分析。销售数据分析包括销售预测、目标分解与销售业绩分析；顾客数据分析包括用户画像、顾客细分、精准营销、顾客行为追踪、商品推荐等；商品数据分析包括门店 SKU 计划、小分类 SKU 确定、价格带分析、ABC 分析、畅滞销分析及库存分析。

【课程思政】

底线在哪里

我们常常知道哪些指标很重要，但这些重要的指标通常的标准是什么？除非你有了一条底线，否则你无法知道是你跑赢了底线还是底线跑赢了你。

转化率是零售电商需要关注的一个重要指标。根据经验，不管是卖自己的产品，还是零售他人的产品，多数电子商务创业公司也只能达到 1%~3% 的转化率。这些创业公司在考量其业务的可行性时，就不应该在商业模式中考虑 8%~10% 这么高的转化率，那是不可能的。要让转化率从2%变成10%,需要有非常忠诚的客户、大量的库存单位和回头客。即使具备了这样的条件,要达到这么高的转化率仍然不容易。

不同行业之间,典型的转化率也不一样。FrieClick2007年的调研数据显示,产品目录网站的转化率通常在5.8%左右,服装与时尚网站大约为2.3%,电子产品网站约为0.5%,而户外与运动网站的转化率则约为0.4%。2012年的一项最新研究估计,在整个互联网范围内,平均转化率为2.13%。一般认为,淘宝转化率为3%~5%是正常的。就是每100个人里面总有3~5个人会购买淘宝店铺的产品。

如果你是一个零售电商,你一开始的转化率可能在2%左右,这个初始转化率会随着垂直行业的不同有所差异,但是如果你的转化率在10%,就已经做得非常好了。如果你的访客带有明确的购买意向,你的业绩会更好。

与转化率类似,许多指标都有一个底线。如成功的邮件列表营销活动应该达到20%~30%的打开率和超过5%的点击率;网站页面上的平均参与时间的正常值为1分钟,但不同网站之间以及网站的不同页面之间也会有较大差异;把访客首次访问网站载入时间控制在5秒内是很好的,如果这个时间多于10秒则会失去用户;而在购买漏斗中,65%的人会在付款前放弃购物……

底线不是一成不变的。现实的情况是,我们常常需要根据特定的产品和市场快速调整底线。这没有什么不对,只是要记住:不要改变底线去适应你的能力,而要提高能力来满足底线。

资料来源: 阿利斯泰尔·克罗尔,本杰明·尤科维奇.韩知白,王鹤达.精益数据分析[M].北京:人民邮电出版社,2015.

思考与讨论:

1.如何理解底线?
2.谈谈零售人的底线。

6　社交零售运营策略

知识目标

1. 了解社交零售的发展背景。
2. 熟悉新零售模式及特征。
3. 熟悉社交零售热点。
4. 掌握社交零售人群画像。

技能目标

1. 能够运用引流型社群运营策略。
2. 能够运用粉丝型社群运营策略。
3. 能够运用快闪型社群运营策略。

思政目标

1. 拥有诚信和社会责任心。
2. 养成良好的工作习惯,健康的工作态度。
3. 严格遵守经营活动中的法律法规。

知识导图

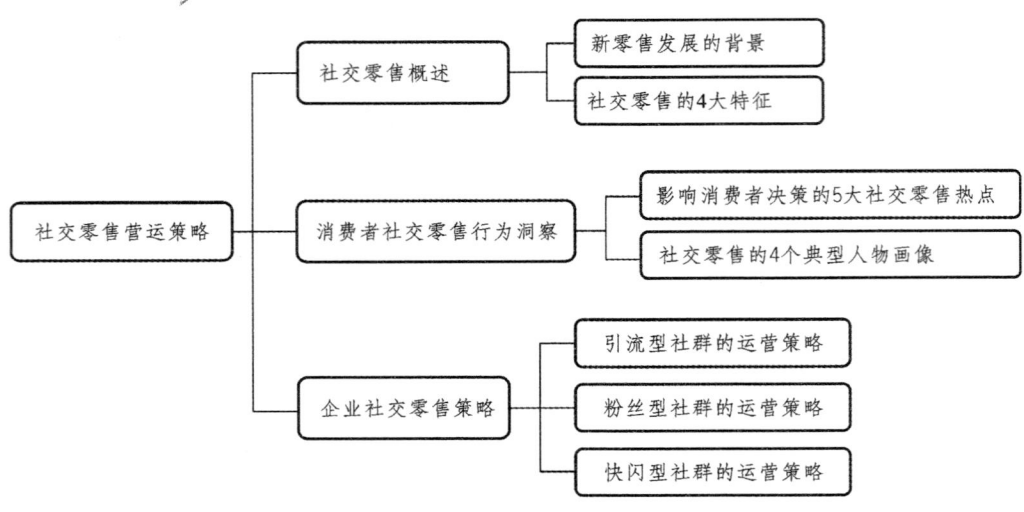

本章引例

小镇鞋店老板顾客社群营销收入翻 3 倍

在一座四线城市的某小镇上有位开鞋店的老板，主人小张，面对激烈的竞争，做着传统的等客上门的生意，店内销售额越来越少，后来转变思路，尝试做自己店的顾客社群营销。

首先邀请顾客进群。邀请顾客不是硬拉顾客进群，而是吸引顾客进群。吸引顾客进群有两个方法：①做一张顾客福利抽奖群海报；②到店消费顾客进群送小礼品。这样很快就有了精准的顾客来到自己的群里。每天固定时间，带着顾客一起做游戏，请成员分享自己的故事，看图猜物，都是有奖活动，每天送出去几份礼品。顾客来领奖，将奖品晒到群里，同时会帮助店主把抽奖活动发到朋友圈。小张还推出了一些促销活动：①充值 XX 元送 XX 礼品；②消费 XX 元送 XX 元积分（积分可以换礼品）；③购买抵用券送礼品，同时可以享受店内抽奖福利。

小张的业绩有所增长，因为买鞋是低频的需求，于是她又运用了社群联盟，即帮助周边的其他商家也建立顾客社群。大家流量共享，相互做活动，如果你的群里有 500 人，10 个商家就是 5 000 人，那么你的流量来源就广了。有了商家联盟，商家可以给到顾客福利，比如打 9 折、8 折、7 折。小张是联盟的盟主，发动这些联盟商家群里的顾客成为会员，会员费 50 元左右。成为金牌会员后，可以享受商家的集体福利，最后总共有八九百人成为会员。会员费成为联盟的经费，因此带来的客流消费让她店里的利润提高了 3 倍。除此之外，还有其他商家主动找到她要加入联盟，入盟费每家收 1 000 元，这样商家的流量就拼到了一起，非常有价值。

资料来源：颠覆你的思维：四个令人拍案叫绝的社群营销案例 [EB/OL]. 知乎，

https://zhuanlan.zhihu.com/p/98910054.

【思考】

1.什么是社群营销？

2.为什么社群能够有这么大的效果？

6.1 社交零售概述

6.1.1 新零售发展的背景

新零售的出现有两方面原因，一是中国的经济正朝着高质量、高科技方向发展转型，传统的电商零售已经不符合现今国家的经济、科技发展，从而衍生出更符合国家发展的"新零售"商业模式。二是消费者对于商品品质、品牌的要求更高了，产品的使用体验更苛刻，依托科技的进步，商家需要满足消费者需求，开拓出更便利、更先进、更智慧的商业模式。因此新零售不是脱离群众、脱离现实的概念，是当代所需求也是社会发展的必然趋势。

1. 新零售

新零售通过大数据、人工智能等先进技术以及电商平台日积月累的顾客数据，用这些数据对商品的生产、流通与销售过程进行升级改造，利用现有的数据以及技术分析不同的人群的喜好差异、层次需求，并对其分析出来的结果，给不同的消费者提供属于自己的个性化服务。新零售的核心内容是以人为本，把消费者放在首位，体现了全心全意为消费者服务的决心。简单来说，新零售是利用前沿的科技与丰富的数据重新打造一个业态结构与生态圈，并对线上服务、线下体验以及现代物流进行深度融合的零售新模式。

2. 新零售与传统电商零售的区别

（1）主体不同。传统电商零售是要入驻各大电商平台，单一依靠电商平台的流量获得消费者，而新零售主要用线上商城、小程序、App等这些工具组合线下的实体店，形成新的销售模式，来实现线上、线下的结合，会有更多的流量。

（2）与消费者的距离不同。传统的电商产品都是批量生产或者直接跟厂家拿货，很难迎合消费者多变及个性化的需求，他们的步伐总是跟不上市场更新换代的速度。但新零售不一样，它有大量的数据支持，还有先进的人工智能，它时时关注着市场，可以制造个性化产品，还可以时刻根据市场以及消费者的需求，及时做出调整。新零售模式从经营产品变成经营客户。不再是先生产产品，然后运用一切营销手段，向客户推销、说服客服购买，而是找到目标客户，了解其所需，再生产产品。

（3）消费体验不同。新零售模式在先进前沿的科技支持下，应用数字化技术实现现实与虚拟结合，使客户、产品、场景在空间和时间维度上得到最大的利用。客户不会受到区域、时段、空间等的限制，就能体验产品。

6.1.2 社交零售的 4 大特征

1. 重视"人"

有人才有社交,有社交才有流量,因此人是社交零售的核心所在。零售企业所有有关社交零售的战略、计划的落脚点都应该是用户的需求与体验,并且策略与计划还需要具备独特性、可操作性以及交互性,三者缺一不可。

独特性表现在社交互动方式上的新颖与独特。可操作性是最易实现的,例如在一个 300 人的微信群随便发一条分享链接十分简单,但没有互动,没有社交红利,用户转化率与购买率极低,最终也无法使企业获得收益。

交互性要求零售企业抓紧用户的痛点,通过多样化的渠道与用户持续保持交流互动,并及时发掘用户潜在的痛点与需求。例如,零售企业可以在节假日给先下单的用户赠送礼品;根据用户的数据,在其生日发送生日祝福与生日优惠券;还可以建立用户粉丝群,定时为用户发送福利等。这些都是与用户互动的好方法。只有能够调动起用户情感与消费欲望的互动才是真实有效的,才能够增加用户的黏性,促进社交新零售的开展,为用户提供更优质的体验。

零售企业只有将社交新零售的策略与计划的独特性、可操作性以及交互性真正落地,才能真正地实现对"人"的重视,以用户为核心,促进企业的发展。

2. 提供"货"

"货"既代表着具有使用价值的产品,也包括优质的服务,对用户做到单品与库存的透明。提供"货"即是:通过用户的个性化、多样化的需求,细分需求市场,将用户的价值充分发挥出来,从而为用户提供高度融合的产品和服务。

3. 创造"场"

创造"场"就是打造线上与线下相结合的消费场景,与用户在线上与线下实现深度交互。借此不仅能够为用户提供个性化服务,还能在用户心中形成良好的品牌效应。

4. 构建"圈"

"圈"指代供应链,构建"圈"就是通过供应链的优化打造"商业共享经济"。这不仅需要各个零售企业与商家相互合作、共享资源,还可以使用户参与到产品的供应链之中,充分发挥用户的价值。

6.2 消费者社交零售行为洞察

6.2.1 影响消费者决策的 5 大社交零售热点

TMI 腾讯营销洞察与 BCG 联合发布的《2020 中国"社交零售"白皮书》分析研究了消费者社交零售行为洞察,得出影响消费者决策的 5 大社交零售热点分别为新奇内容、品牌公众号/小程序、KOL/KOC、社群和社交拼购。

1. 新奇内容

"信息爆炸"时代,品牌需要更多新奇内容脱颖而出,抓住消费者"眼球"。从性别来看,男性被新奇内容吸引的比例达 63%,女性达 59%;从年龄来看,25 岁以下人群极易被新奇内容吸引,比例达 66%,25~40 岁人群被吸引比例达 63%,40 岁以上人群被吸引比例达 52%;从城市类型角度来看,高线城市人群被新奇内容吸引比例达 63%,低线城市人群达 58%;从商品领域来看,在时尚领域中奢侈品品牌以高互动性体验为主,易激发消费者互动(见图 6.2.1),被吸引比例达 73%,而在快消领域中包装食品饮料被吸引比例达 65%,最能激发大众冲动消费。

图 6.2.1　奢侈品与消费者互动方式

2. 品牌公众号/小程序

品牌通过公众号和小程序与消费者建立更紧密的联系,并打破时间、功能、服务、场景的限制,极易被品牌公众号/小程序种草的消费者达 28%。消费者对品牌权威性的诉求高,"官方"口径尤为重要,而且消费者追求新潮、新品、新趋势。从性别来看,女性被品牌公众号/小程序吸引的比例达 29%,男性达 25%;从年龄来看,25~40 岁人群极易被品牌公众号/小程序吸引,比例达 30%,25 岁以下人群被吸引比例达 27%,40 岁以上人群被吸引比例达 21%;从城市类型角度来看,高线城市人群被品牌公众号/小程序吸引比例达 29%,低线城市人群为 25%;从商品领域来看,在时尚领域,奢侈品和美妆领域品牌公众号/小程序极易被吸引,比例为 35%。

3. KOL/KOC

KOL(Key Opinion Leader,关键意见领袖),是营销学上的概念,通常被定义为:拥有更多、更准确的产品信息,且为相关群体所接受或信任,并对该群体的购买行为有较大影响力的人。KOC(Key Opinion Consumer,关键消费领袖),是营销学上的概念,通常被定义为:粉丝量不大,知名度不高,但通过自身试用推荐影响身边的消费者产生购买的关键人。

如果将 KOL、KOC、普通用户看成一个金字塔的话，那么 KOL 绝对处于顶端，KOC 为腰部，普通群众则位于底部（见图 6.2.2）。在金字塔顶部的 KOL 可以快速地打造知名度，引爆产品，而位于腰部的 KOC 影响力相对较弱，位于底部的普通消费者，大部分时候都是处于被动地接收信息的状态。

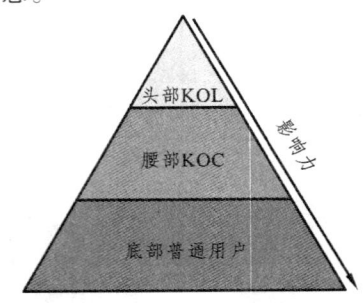

图 6.2.2　KOL/KOC/普通消费者影响力

随着社交时代蓬勃发展，KOL/KOC 急速拉近品牌与消费者之间的关系，极易被 KOL/KOC 种草的消费者比例达 31%。KOL/KOC 在消费者中起到引领作用，"引领模式"在时尚领域最为显著，消费者希望看到"最佳实践"，并紧跟潮流（见图 6.2.3）。从性别来看，女性被 KOL/KOC 吸引的比例达 34%，男性达 27%；从年龄来看，25 岁以下人群极易被 KOL/KOC 吸引，比例达 41%，25~40 岁人群被吸引的比例达 33%，40 岁以上人群被吸引的比例达 20%；从城市类型角度来看，高线城市、低线城市人群被 KOL/KOC 吸引的比例均为 31%；从商品领域来看，奢侈品领域品牌极易被 KOL/KOC 吸引，比例为 45%，美妆领域品牌为 38%，时尚鞋服领域品牌为 35%。

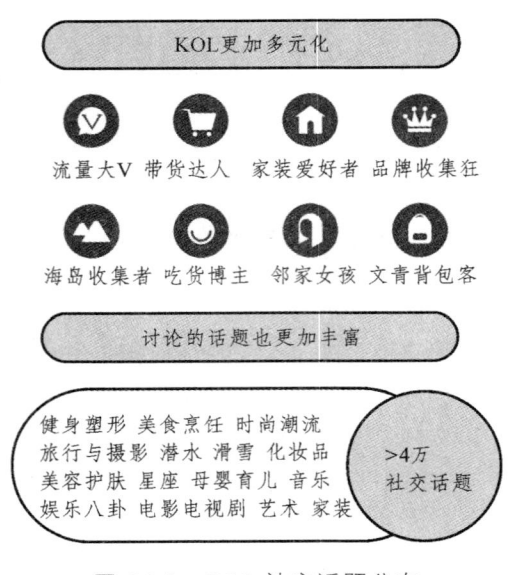

图 6.2.3　KOL 社交话题分布

4. 社群

社群是伴随微信生态孕育出的新型关系，拥有强互动、强线下属性，极易被社群种草的消费者比例达37%（见图6.2.4）。从性别来看，女性被社群吸引的比例达39%，男性达35%；从年龄来看，25~40岁人群极易被社群吸引，比例达41%，其他年龄段人群被吸引的比例达31%；从城市类型角度来看，高线城市、低线城市人群被社群吸引的比例均为37%；从商品领域来看，消费者对母婴产品的安全性和周边知识的诉求高，需要高互动方式、高信任关系来交流，母婴领域品牌极易被社群吸引，比例为56%，美妆领域品牌为40%。

图6.2.4 社群属性

5. 社交拼购

社交拼购是近年来兴起的新型社交电商，满足消费者对性价比和凑热闹的心理诉求，依靠价格促销和"集体参与感"，激发非必需品类的消费。消费者极易被社交拼购种草，比例达36%（见图6.2.5）。从性别来看，男性、女性被社交拼购吸引的比例均为36%；从年龄来看，25~40岁人群极易被社交拼购吸引，比例达40%，其他年龄段人群被吸引的比例达30%；从城市类型角度来看，高线城市、低线城市人群被社群吸引的比例均为36%；从商品领域来看，消费者对时尚鞋服的消费诉求高，时尚鞋服领域品牌极易被社交拼购吸引，比例为40%。

图6.2.5 社交拼购原理

6.2.2 社交零售的 4 个典型人群画像

1. 女性

调查数据表明，56%的女性易被社交媒介激发兴趣，高于男性的 45%，尤其是微信体系、内容类电商、微博和短视频；同时，她们爱参考他人评价，利用他人判断帮助自己的决策，所以更容易被他人影响，被 KOL/KOC 种草。此外，决策环节也更注重产品周边知识（出于对产品的全面了解）。

2. 男性

调查数据表明，男性对性价比和产品功能更感兴趣。同时，在决策与裂变环节，对娱乐性内容的偏好更强，但相对比较理性，会更谨慎产品文章内容是否真实而决定是否裂变。

3. 小镇新青年

小镇新青年喜爱社交与裂变，特别是微信、微博、短视频平台和 QQ；非常在意产品颜值，容易被酷炫的产品视觉激发兴趣，希望买到好看的产品来彰显个性，而不一定是好用的；同时，极易被 KOL 在社交媒体上发布的信息所影响。

4. 高线银发族

64%的高线银发族会主动裂变，且活跃程度不亚于年轻人。同类产品对比、产品性价比最能激发其兴趣。高线银发族裂变人群依赖与熟人交流、钟爱社群，并且喜欢在拼购类社交电商凑热闹、找实惠。

6.3 企业社交零售策略

一场突如其来的新冠疫情，让零售行业受到不小冲击。不少企业迫切地希望，通过不同的渠道更多地触达消费者。但众所周知，如今公域流量的转化率越来越低，需要有强大的资本，且要做好打持久战的准备。更要命的是，流量增速在放缓，增长也似乎到了天花板。很多时候，企业往往花了大量的钱，却远远达不到预期的效果，还要受各种大平台的限制。因此，越来越多的企业逐渐意识到，构建自己的私域流量，就成了至关重要的营销方式。这里说的私域流量指的是品牌或个人自主拥有的、无须付费的、可反复利用的、能随时触达用户的流量。就好比是自己的一块根据地，能随时随地地将流量和用户掌握在自己手中，自己有独立的支配权。我们可以通过加顾客微信、拉微信群、朋友圈影响、创建微信公众号、微信小程序来组合营销，不断通过用户的沉淀，做好留存，再基于用户画像精准分析会员的购买习惯、下单金额、下单频次等数据，对会员进行打标签分类，根据需要对不同的人群制定合适的营销活动进行刺激，以此提高复购率。然后，不断裂变、传播，让私域流量做到事半功倍。相对来说，私域流量可以帮企业迅速降低推广营销成本。企业需要迅速抓住这一波流量红利，在风口下，尽快布局，完成私域流量的归集，让自己立于不败之地。

私域流量中有一个非常重要的板块，就是社群。因为就目前的实际情况来看，绝大多数的私域都是依托微信这个社区来连接粉丝的。而在整个微信生态下面，社群可以用来做引流、裂变、成交等一系列动作，现在甚至还可以通过微信社群直接做电商直播。

关于社群零售策略有很多种，其中比较通用的方法就是先利用个人号引流，然后通过朋友圈营销、种草，不断刺激用户，最后再利用拼团、优惠福利等手段，在社群里完成销售成交。在这个过程中，个人号主要负责引流工作，朋友圈则主要是品牌、产品曝光、刺激用户，而社群则主要来营造活动气氛，烘托出一种抢购的氛围，完成收割，同时进一步实现裂变（见图6.3.1）。

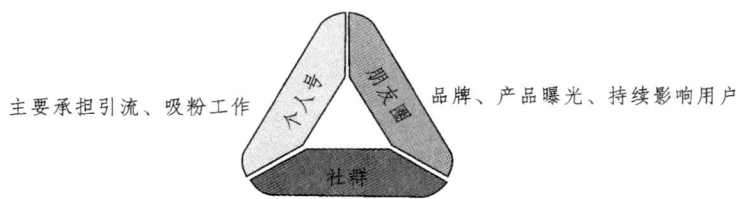

图6.3.1 个人号、朋友圈、社群社交零售策略

随着社群直播电商的发展，整个社群运营的链路也发生了一些变化，其中最主要的氛围感的营造以及成交行为，被转移到了直播间，而社群主要承担了裂变的作用。

常见的社群一般可以划分为以下3大类（见图6.3.2）：

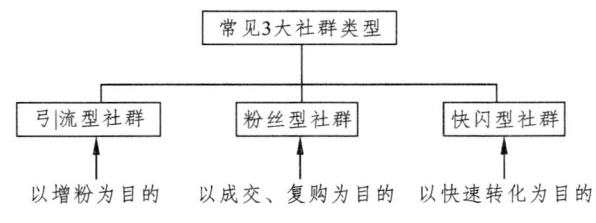

图6.3.2 常见社群类型分类

引流型社群：以增粉为目的，主要承接流量。

粉丝型社群：通过内容运营等手段，实现用户成交转化和复购。

快闪型社群：在较短的时间内，通过剧本引导用户完成指定动作，从而完成产品/服务的体验，实现转化成交。

其中，引流型社群主要是以增粉为目的，而粉丝型社群和快闪型社群，则是以成交转化为目的。很多企业做社群，之所以失败，很大一部分原因就是最开始的社群定位没有做好，甚至不清楚自己做的社群属于哪一类。不同类型社群，在具体运营策略上是完全不同的。

6.3.1 引流型社群的运营策略

引流型社群主要以增粉为目的，它并不是用来成交的。引流型社群最大的意义是快速地跟用户建立连接，通过设置的诱饵，去引导用户入群，并且为下一步转化群做好储备工作。

1. 诱饵设计

但凡是引流型社群，就一定会涉及一个关键词：诱饵，就是我们常说的"钩子"，就是要给客户一个无法拒绝的理由，从而吸引用户进入社群。所以诱饵的设置，对于引流型社群来说非常重要，是引流型社群能够裂变的核心。

设置诱饵的第一个原则就是这个钩子一定要跟产品相关。卖水果的诱饵就是水果，做化妆品的诱饵就是某款产品，知识付费类的，如课程售卖，就用免费的电子书、试听课等来作为钩子。总而言之，诱饵是要跟产品、内容有关，否则引流一大堆非目标用户，就没有什么意义。

设置诱饵的第二个原则就是及时发放福利。裂变效果最好的时间段，通常都是在第一批用户收到好处之后。这里有个互惠原则存在，用户在收到好处之后，通常会更加积极地去进行活动宣传，每次第一波产品发出去，客户收到以后，整体的裂变量就会开始进入涨幅期。在做裂变的时候，一定要做好统计工作，当用户达到要求了，就要第一时间把福利送出去，让用户尽快收到。

2. 诱饵包装

诱饵设置好之后，还需要对诱饵进行包装（见图 6.3.3）。很多时候，出于成本的考虑，企业不可能送太过昂贵的东西。如果通过包装，夸大其内在价值，并利用文案进行价值描述，从用户的心理角度来让这个诱饵有更进一步的价值体现。

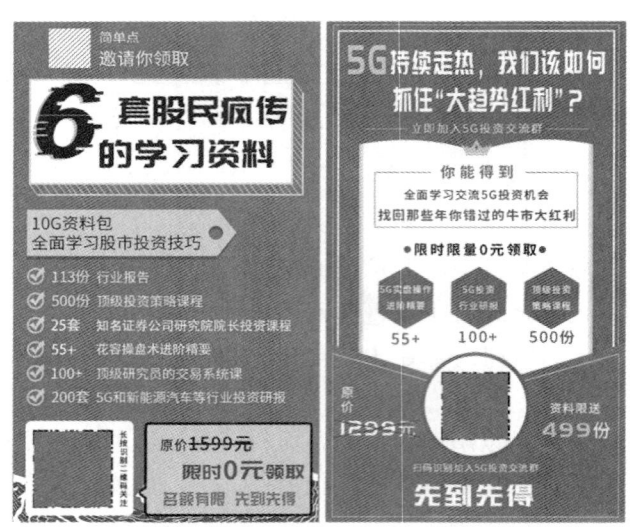

图 6.3.3　诱饵包装示例

关于诱饵包装的具体话术，重点突出 3 个关键点。一是体现用户身份，站在用户的角度说话，让话术看上去像是用户自己说的话，而不是特别官方；二是突出具体的好处，话术要突出活动的具体好处，并且越多越好；三是真的有效果，要求去强调活动的真实性，让用户对活动产生信任。

3. 确定拉人进群的方式

诱饵设计并包装好之后，我们还需确定拉人进群的方式。不同的方式方法适用于不同的行业，具体的方法可以分为 3 种。一是直接邀请进群，也就是由种子用户拉人进群，拉满一定人数可以享受一定福利。这种方式，对于运营者来说，主要是统计人头数，可以利用一些工具来实现。二是发朋友圈邀请进群，也就是让种子用户把群二维码和相关文案发在朋友圈，从而来领取福利，利用朋友圈来邀人进群。这种方式相较于第一种来说，对于客户的压力相对较小，比较重视用户体验，一个种子用户发朋友圈，通常可以邀请到 3~5 个好友进群。三是群内满×人，所有人都可以领取福利（如抽奖、瓜分红包等）。这也是一种拉人进群的方式，在社群运营早期这种方法被用得较多。但是它有几个致命缺点：首先就是用户类型不可控，如裂变了 300 人的群，但是真正符合目标用户的没几个；其次就是对于群内部分用户来说，会存在不公平的现象，如有些用户在群人数还比较少的时候，不会主动去拉人，只有当群人数达到一定数量时才会行动，从而造成付出和收入不成正比。正因为这两个原因，现在用这种方式的越来越少了。

以上 3 种方式，各有优缺点。第一种会有一定的骚扰，很多人对这种方式，在心理上也会有一定的抵触，但是效果肯定是最好的；第二种相对"佛系"，用户体验、目标用户的精准度比较占优，毕竟都是自己主动扫码进来的。一般来说，如果产品是刚需类的，如生活日用品、水果生鲜这类用户需求量比较大，可以采用第一种，而像知识付费、课程售卖这类产品，需要在一定程度上保护用户体验，可以采用第二种。第三种方式，跟活动进行搭配，有一定效果，尤其是社群直播发展起来之后，利用直播进行宣传，同时再安排人在群里、直播间进行不断的刺激，效果就会非常明显。在实际运营过程中，第一种和第三种结合，效果应该是最好的。

当确定好诱饵、明确拉人进群的方式之后，就可以正式开始实操了。引流型社群大致可分为 3 个步骤。

第一步：诱饵准备。

诱饵准备需要设置好诱饵内容，包括具体的福利、分享文案、话术等，另外，还需准备具体裂变工具。在当下社群运营中，绝大多数情况都是需要依靠工具来有效提升运营工作的。尤其是当裂变效果特别好的时候，如果没有工具的帮助，一方面运营人会被累死，另一方面也可能存在很大的风险，让一个原本很成功的活动，最终被毁掉。

目前比较常用的裂变工具有很多，有些需要收费，有些可以免费试用，关键是要弄清楚，是用企业微信号去裂变还是用公众号去裂变，这两个会有一些不同，使用的工具也不一样。需要注意的是，千万不要用个人号去裂变，因为风险特别大，不小心就会被封号。

第二步：建群。

首先，要给群取一个名字，一般要跟产品、福利或者活动内容相关。另外有个小技巧，在具体的编号上面，不要从 1 开始，而要从 6、7 开始。这样在最开始用户不多的情况下，也会让人觉得这个活动已经有很多人参与了，给人一种活动热门的假想。

其次，要确定种子用户和活跃用户。种子用户，是任何裂变活动的基础，它决定了一场裂变活动的起始状。种子用户数量越多,类型越精准,最终的活动效果就会越好。活跃用户,通常也叫作气氛组,一般都是由公司同事等小伙伴组成,主要是起到营造氛围、活跃用户的作用。

最后,撰写群公告,主要包括这个群存在的目的、对用户有什么价值,以及不准乱发广告等群规则。

第三步:分享邀请。

首先,由种子用户去做第一轮裂变(见图6.3.4)。第一轮裂变的关键是激发更多种子用户的参与积极性。如果种子用户数量不太多的情况下,通常是由内部人员一个个私信,让种子用户尽可能地参与活动。正常情况下,10个种子用户最终可以裂变出300个左右的量级。

其次,关注种子用户拉人进群的效果。除了激发种子用户参与积极性之外,运营人还需要时刻关注裂变情况,根据效果不断调整拉人的方式,以及文案话术的优化等。在这个阶段,运营人最主要的精力就是在分享、邀请这件事上。

图 6.3.4 种子用户裂变过程

第四步:福利兑现。

福利兑现主要由社群管理员或者客服来完成。具体内容是完成任务后的审核,当用户完成任务后,要第一时间在群里公布,并及时兑现好处。第一波完成任务的用户,越快收到好处,对于裂变的整体效果就越好。当群里的人数达到一定的规模,运营人应该把更多的精力放在群内部管理,随时关注群状态,及时回复问题咨询,制止广告行为等。

引流型社群在具体执行过程中,还需注意以下几点:

一是引流型社群在活动结束后,会选择解散。引流型社群跟核心粉丝群的区别是,后者的用户都曾经购买过你的产品或服务,对于产品和公司有一定信任度,而前者绝大多数用户对你是不信任的,为了不必要的风险,一般是解散该群。

二是引流型社群不能只为了引流而引流。虽然现阶段用户对公司和产品还不够信任,但至少该用户是潜在目标,虽然引流群解散了,但是还需为接下来的转化工作做准备,如通过个人号的朋友圈打造,去持续影响用户,再配合大促、拼团等活动或者直播等形式,去完成进一步的转化。

6.3.2 粉丝型社群的运营策略

引流型社群的核心目的是增粉、获客、承接流量。粉丝型社群和快闪型社群都是以成交转化为目的的,属于成交型社群。虽然粉丝型社群和快闪型社群都以成交为目的,但还是有本质区别。粉丝型社群的最终目的是为实现成交销售,并产生更多复购用户。快闪型社群,则是在较短时间内,通过短期剧本来引导用户完成指定动作,从而体验产品或服务,并最终实现成交。

粉丝型社群运营策略可分为5个部分:社群定位、制定群规则、角色分工、社群活动策划以及激励和互动。

1. 社群定位

任何社群在正式运营前,都需要先定位。粉丝型社群类型上虽然已经明确,但还需明确这个社群,对于目标用户来说有什么价值,具体定位方法上可分为两步。

第一步,明确用户画像,如卖服装的,可根据卖的男装或女装,来确定用户性别、年龄段等。第二步,找出目标用户的共同目标,如追求性价比、有趣好玩等。这个共同目标就是社群的价值输出方向。

2. 制定社群规则

确定社群定位之后,就要开始制定群规则,告诉用户,这个群里能做什么、不能做什么。在制定群规则之后,发布时最好带上社群能提供的价值,这样用户在接收的过程中也会相对比较容易。群规则一般会放在群公告里。群公告一般先说清楚群福利(能提供的价值),再讲清楚群规则,最后补充相应惩罚机制(如踢出等),即利益前置。

关于要求用户更改群昵称,对于企业来说非常有利,但在实际运营过程中,很难做到让所有人都更改,所以这个要求可以有,但未必一定要强制,不同行业的群,对于昵称的更改未必有很大影响。作为群管理员,需要去了解群里的每一个成员,最好通过表格把成员信息汇总,便于后期一对一沟通的时候,做到心中有数。

3. 角色分工

粉丝型社群是一个长期运营的社群,需要依靠内容来输出价值。合理的角色分工,可以使群保持合理的活跃性。角色分工对于粉丝型社群非常重要,可以划分成3类。

第一类是KOL,也就是意见领袖,或者说是具有较强吸引力的个人IP。这类人在内容、知识方面具有一定的权威性,或者具备让人信服的点,是作为社群核心价值输出的主要贡献者。比如:知识付费课程售卖类的社群,会有一个拥有较强背书的讲师,来作为群里的KOL;完美日记通过打造一个虚拟的人物——小丸子,来作为个人IP的存在。

第二类是KOC,也就是消费者意见领袖。这类人明面上是用户,在相关领域内也有一定的认知和见识，有时会代替群主主动回答其他用户的一些问题。KOC 一般在社群运营的初期可以通过企业员工潜伏来扮演，当运营到一定阶段的时候，需要主动去挖掘真实用户中有潜力的人，努力把他们培养成 KOC，对于双方都有利。对于用户来说，可以获得一定的成就感。而对于企业来说，通过对 KOC 的培养，一方面可以进一步加强企业与用户之间的关系；另一方面 KOC 可以配合 KOL 或者群主，带动社群运营的整体节奏，促使更多用户完成转化。

第三类是活跃小分队。如果说一个社群一般搭配一个 KOL，3~5 名 KOC 的话，那么活跃小分队通常可以安排 10~15 名（以社群 200~300 人为例）。活跃小分队的作用主要是活跃社群，在活动、促销的时候营造氛围，即心理学中的羊群效应。在现今几乎所有的商业活动中，都存在着这类人。活跃小分队可适当分组，从而避免每次都是这么几个人在努力营造氛围的尴尬情景。

以上这 3 类人，对于成交型社群非常重要，角色相互之间的分工、彼此配合，平时进行有价值内容的输出，活动促销的时候营造氛围、给予决策意见，可以把绝大多数的用户代入到社群的节奏中来，最后实现目标转化。

4. 社群活动策划

活动策划是社群运营中最重要的一个环节，几乎所有社群转化都是通过活动来实现的，没有活动基本等同于没有转化。社群活动大致分为促销型活动、内容分享型活动以及主题活动。

促销型活动主要是通过营造抢购氛围来实现销售转化的，直接跟成交型社群的终极目的挂钩，常见的形式有拼团、限时抢购、满额立减等。

内容分享型活动主要是让用户体验到社群价值，如大咖分享、话题交流会等。

主题活动是为了增加用户黏性，通过核心价值输出来提升用户对社群、产品的依赖。

对于社群活动来说，更为重要的是活动时间上的安排，也就是社群 SOP（Standard Operating Procedure，标准作业程序）。社群目标用户、参与活动的人数等已经不需要过多考虑，需要考虑的是节奏问题，但这个节奏又区别于所谓的预热期、启动期、高潮期和收尾期，它是以用户生活习惯为出发点去设计的。

表 6.3.1　社群活动时间安排表

时间	内容	社群互动	目的	动作
7:00—8:30	早安文案：正能量、心情、热点话题、幽默笑话等	5~10 分钟互动聊天	给用户留下印象，让用户记住你	公众号推文、微博、朋友圈等
11:00—12:30	互动话题、主题分享	引导用户聊天、产品知识输出	建立印象和联系、强化对产品感知	视频号、公众号推文
16:30—17:30	今日促销活动信息	小互动、发券领红包等	活动预热	群内互动、社群价值输出、客户问题解答

续表

时间	内容	社群互动	目的	动作
19:00—19:30	直播预告、强化社群价值、引导互动		强化社群价值	全员出动、烘托活动氛围
20:00—21:00	直播促销开始		完成转化	
21:00—22:00	加好友	用户私聊	核心用户沉淀	不同客服添加不同客户

如表 6.3.1 所示，把社群 3 种类型的活动浓缩到一天，在实际运营过程中，根据行业不同，可以把时间轴拉长。通常用户上午比较容易接受正能量的内容，而相对比较抗拒带有营销性质的广告。上午阶段，社群除了做一些早安问候，还可以推一些有正能量的内容，同时适当在群里做互动，主要是让用户关注到你。

上午快下班以及中午休息的这段时间里，可以做一些小主题分享类的内容，通过互动话题，来引导群内成员进行相互交流，同时输出产品知识、利益等，让用户强化对产品的感知。

下午快下班的时候，可以发布一些今日促销活动的信息，引导用户通过报名参加、发朋友圈领取红包等，为接下来晚上的促销活动做预热工作。因为在这个时间段，人们工作一天后，身心很疲惫，而购物是很好的一种缓解压力的方式，如果产品是生活日用品、瓜果蔬菜类的，就非常容易激发用户的购物欲望。

晚上促销活动通过社群直播作为载体，在 19:00 到 19:30 进行直播预告，同时管理员、KOC、活跃小分队等各个角色同时出动，引导用户互动，营造活动抢购氛围。促销活动结束之后，客服人员开始加好友，不管是否购买产品，都可以主动添加，其目的是做好用户沉淀。

上述案例把时间浓缩成一天，比较适合生活日用品、零食、瓜果蔬菜类的产品，用户基本上每天都会有需求；而课程售卖、美妆、服饰、电子产品类的产品可以把时间轴拉长，如以 3~5 天为一个周期进行社群活动策划。

5. 激励和互动

粉丝型社群最好的激励办法就是社群运营三板斧：价值内容、情感互动和福利。

福利最直接有效，毕竟人都是趋利的。情感互动，最常见的是早晚及节日问候，可以根据具体的产品、行业来确定，原则上不能过于频繁，容易造成反感。价值内容输出做得比较好的是知识付费类的社群，可以通过大咖分享、话题讨论、主题交流等形式来体现，像美妆行业、服饰行业的，也可以以变美、爱美等作为切入点来进行内容输出。

6.3.3 快闪型社群的运营策略

快闪，是一种短暂的行为艺术。快闪型社群可以理解为，在较短的时间里进行某些具体行为，最终实现成交目的。想要运营好快闪型社群最核心的是要有剧本，跟短视频内容拍摄一样，需要有一个剧本来输出整体运营策略。

1. 斑马 AI 课案例解析

斑马 AI 课是一个针对 3~8 岁孩子打造的学习平台，涉及的内容比较丰富。斑马 AI 课的社群，基本上都是通过快闪型社群的形式来实现成交的。下面简单拆解一下整个流程。

第一阶段：斑马 AI 课的客单价差不多在 2 000 多元，这个价格对于大多数用户来说，是一个比较高的客单价，所以斑马 AI 课首先是在前端设计了一款低价引流的产品，即引流型社群的运营策略中讲过的：诱饵和钩子。通过推广低价引流产品，把所有付费购买用户拉到一个群里，然后根据引流课程的内容，安排群内成员学习。整体的流程，大致可以分为以下几个步骤：

（1）开营仪式，由班主任介绍群内信息、学习计划等。

（2）引导学员做自我介绍，目的就是了解学员的基本情况。

（3）安排学习内容，包括每天学习安排、学习总结以及预告第二天的内容，同时对部分成员提出的问题、学习中的困惑给予解答。

（4）运营人员引导，让群内成员对学习过程进行分享。

以上整个过程就是强化用户体验和感受课程价值、建立信赖感的过程。同时，斑马 AI 课还设置了一个奖励机制——完课奖励，每当学员听完所有课程之后，可以得到一个代金券，分享出去之后，好友和自己都会获得购课优惠。这个可以有效刺激学员听完全部课程，从而体验到产品价值。

第二阶段：斑马 AI 课的运营人员开始跟群成员进行私聊，提供一对一的服务。一手抓社群、一手抓私聊。运营人员的私聊，既能满足用户被尊重的需求，又能让运营掌握客户需求，从而进一步深挖，为成交转化做情感方面的铺垫。待引流课完成之后，需要通过私聊实现成交转化，一般是告诉用户，后面还有什么样的课程，能够提供什么样的服务，等等。

斑马 AI 课还有一个家长课堂，其实就是一场直播。具体做法就是先进行直播活动预告，同时配合奖励机制，即一套虚拟的斑马币，用户可以去兑换奖品，以此来激发用户参加家长课堂。同时，斑马 AI 课通过激励手段，让每一个用户去群里面进行晒单，包括学习心得、参加活动后获得的福利等。通过以上直播活动、私信邀请、群内分享等一整套动作下来，用户黏性有了，产品体验有了，接下来最重要的就是转化成交。

第三阶段：斑马 AI 课会通过一个活动，比如现在购买可以享受某种优惠的形式来制造紧迫感，促成用户成交。

首先通过直播教育客户；其次通过私信做成交；最后让已经成交的用户，在社群里进行第二次晒单（包括抢到优惠福利、低价购买到系列课的内容、晒单奖励等）。这样一套攻略，可以让还在观望、犹豫的用户下定决心付款购买。

通过分析斑马 AI 课的社群运营流程（见图 6.3.5）可知，首先是跟客户建立信赖感，然后是对客户进行教育，接着是追踪成交、激励政策、引导分享，最后实现批量成交、转化。由此可以总结出快闪型社群的剧本创作核心。

第一阶段：建立信赖感，所有成交前提都是因为用户产生了信赖。

第二阶段：促成转化，快速实现客户成交。

第三阶段：持续追销。

根据统计，斑马 AI 课的转化率在 60%以上。每次一个群成交之后，运营人员就会把成交用户拉走，剩下极少的用户会立刻解散。

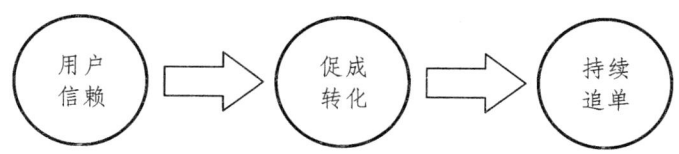

图 6.3.5 斑马 AI 课的社群运营流程

资料来源：3 大类型社群运营玩法全攻略：快速成交闪购群运营策略[EB/OL].pai 爷运营，https://baijiahao.baidu.com/s?id=1704882571400650504&wfr=spider&for，2021-07-12.

2. 快闪型社群的关键点

运营快闪型社群一定要有引流产品，即诱饵和钩子。在具体设计引流产品时，主要是满足强关联和极致体验，至于是免费还是低价付费，可以根据行业特征来决定。快闪型社群的核心是短、平、快，利用短期剧本，在较短的时间实现成交转化。在运营的过程中不要贪图长效，当遇到明显短期内无法成交的客户，就果断沉淀到个人号，不要试图实现当下交易，否则会造成人力资源的浪费。

本章小结

社交零售是基于消费者对商品品质、品牌要求进一步提高，对产品使用体验更为严苛的情况下，中国经济向高质量、高科技转型衍生出的"新零售"商业模式。社交零售企业直面用户的痛点，通过重视人、提供货、创造场、构建圈打造高效社交零售生态圈。数据爆炸时代，新奇内容、品牌公众号/小程序、KOL/KOC、社群和社交拼购成为影响消费者决策的社交零售热点；不同人群的社交零售行为有明显区别，女性更容易被他人影响、被KOL/KOC 种草，男性对性价比和产品功能更感兴趣，小镇新青年喜爱社交与裂变、非常在意产品颜值，高线银发族会主动裂变、活跃程度不亚于年轻人。社群零售通用方法是先利用个人号引流，再通过朋友圈营销、种草，不断刺激用户，最后再利用拼团、优惠福利等手段，在社群里完成销售成交。

【课程思政】

东方甄选为啥火？俞敏洪"应有此报"

东方甄选为什么会大火特火？市场观察家说，国人审美提高，知识经济来袭，它填充了市场空白；互联网圈说，它给已经退潮的"网红"带货续了命、改变了靠嘴和脸来带货的现状；网友们觉得，我买大米是因为我感动。

东方甄选确实从某种程度上改变了以往"网红"带货那种电视购物一样的画风，为充斥着浮躁和物欲、低俗感官刺激的直播带货圈带来了一股清流，很多网友甚至说，看过了东方甄选的带货，再进别的直播间就看不下去了。诸如此类的分析和评价都颇有道理，东方甄选能大火，其中根由究竟在哪里？

  首先是家国情怀。现在很多年轻网友也许不清楚新东方的来龙去脉，这个企业从创立开始，就承载了一代代学子的希望。如今的中国已经是当之无愧的经济、政治强国，但新东方创立的1993年，我们国家还很落后。俞敏洪的创业发轫是英语教育，而他的合伙人徐小平做的是出国辅导。今天的我们很难感受到20世纪90年代那种向往出国的浪潮，而这种追求的背后，一是个人价值的实现，二是师夷长技以制夷的精神。新东方的学子中出了多少留学归来的人才难以计数，这个量级是百万、千万计的。这并不是说每一个归国学子都是詹天佑、钱学森，肯定也有很多人留在了国外。但无可否认的是，新东方的崛起和我们国家的崛起是同步的，是存在一定程度的共振的。

  俞敏洪和新东方30年来一直在做教育，从这方面来看，俞敏洪确实是有家国情怀的。一个曾经市值近3 000亿的企业，历经了那么多赚钱的风口不动心，矢志不移搞教育，就连在破产的边缘，也要把课桌椅捐献给贫困地区的学校，这样的企业和企业家确实当得起一句"有家国精神"。

  其次是守正创新。创新和创业不难，难的是守正创新，也就是一边坚持做正确的事，一边保持奋斗的精神。60岁的俞敏洪面临政策的暴击、市值狂跌2 000亿、被迫裁员40 000人，一生心血几乎归零的境地，有人劝他算了吧，新东方也算是生于辉煌死于辉煌，但俞敏洪回答说，"我觉得还不到时候"。平平淡淡的回答，蕴藏着火山一样的力量，生命不息奋斗不止，俞敏洪自己就是创业精神的代言人。

  在人民网评论东方甄选的文章中，末尾用了一首打油诗，最后两句是：知识带货非易事，守正创新方可长。俞敏洪和新东方，这么多年来不是没有过负面新闻，但从来没有人说新东方作恶，也没有人认为俞敏洪是抢老百姓饭碗的资本家，就连搞直播也不忘做教育的本心，所以俞敏洪和新东方确实也担得起"守正创新"这4个字。

  最后是书生意气，或者说读书人的精神。读书人的气质是遮掩不住的，就连做生意也一样。读书人的典型表现是，不管你喜不喜欢我的观点，但我一定要发言。某种程度上看，俞敏洪的大嘴特点不符合成功企业家的要求，得让公关人士头疼死。但俞敏洪的"大嘴"符合读书人的特征，未必大众不爱听什么，就要三缄其口不说什么。言论的对错且不提，但这样的人是很真实的，不是常见的那种时时处处都爱惜羽毛的所谓成功人士。也许你看不出这样的创始人特质对企业有什么裨益，听起来好像只能起到反效果。但新东方的基因里如果缺乏这样的浪漫和真实的特质，它就无法在30年中取信于国人，而如果没有"新东方是个不错的企业"这样的公众认知，今天的东方甄选也无法获得这样的成功。新东方的"人设"立住了，网友才不需要顾虑信任问题。

  东方甄选大火而特火，俞敏洪和新东方"应有此报"。今天的东方甄选看似是命运偶然的馈赠，然而一切都出于30年来种下的善因。

  资料来源：东方甄选为啥火？俞敏洪"应有此报"[EB/OL].花朵财经，https://baijiahao.baidu.com/s?id=1736236263557496579&wfr=spider&for=pc.202.

 思考与讨论：
 1.东方甄选为什么会大火特火？
 2.俞敏洪的家国情怀是什么？

参考文献

[1] 李忠美. 新零售营运管理[M]. 北京：人民邮电出版社，2020.

[2] 赵明晓，等. 连锁经营原理与实务[M]. 大连：东北财经大学出版社，2018.

[3] 居长志，等. 门店数字化运营与管理教程[M]. 北京：中国人民大学出版社，2021.

[4] 赵卫华. 改革开放40年我国消费领域的七大变化[N]. 北京：北京日报，2018-11-26.

[5] 三浦展. 第四消费时代[M]. 北京：东方出版社，2022.

[6] 肖涧松. 消费心理学[M]. 北京：高等教育出版社，2018.

[7] 肖涧松. 现代市场营销[M]. 北京：高等教育出版社，2017.

[8] 2021CCFA连锁餐饮创新案例集[EB/OL]. 中国连锁经营协会，https://www.del，iwenku.com/p-9068075.html.

[9] 2022CCFA生活服务业优秀实践案例集[EB/OL]. 中国连锁经营协会，https://www.sgpjbg.com/baogao/74833.html.

[10] 斯蒂芬·罗宾斯.《管理学（第11版）》学习指导[M]. 北京：中国人民大学出版社，2013.

[11] 李忠美. 新零售运营管理（慕课版）[M]. 北京：人民邮电出版社，2020.

[12] 顾颐. 决战数字化运营：策略与实战[M]. 北京：电子工业出版社出版，2018.

[13] 李卫华，陈琦. 零售数据分析与应用[M]. 北京：高等教育出版社，2016.

[14] 达莱尔·哈夫. 统计数字会撒谎[M]. 靳琰，武钰璟，译. 北京：中信出版社，2018.

[15] 腾讯研究院.构建智慧零售完整图景：2018年智慧零售白皮书[M]. 杭州：浙江出版集团数字传媒有限公司，2018.

[16] 刘亚男，谢文芳，李志宏.Excel商务数据处理与分析（微课版）[M]. 北京：人民邮电出版社，2019.

[17] 柳杨，张良均.Excel数据分析与可视化[M]. 北京：人民邮电出版社，2020.

[18] 宋天龙. 电商流量数据化运营[M]. 北京：机械工业出版社，2021.

[19] 阿利斯泰尔·克罗尔，本杰明·尤科维奇. 精益数据分析[M]. 韩知白，王鹤达，译. 北京：人民邮电出版社，2015.

[20] 蒋绍忠. 数据、模型与决策：基于 Excel 的建模与商务应用[M]. 北京：北京大学出版社，2010.

[21] 桑文锋. 数据驱动：从方法到实践[M]. 北京：电子工业出版社，2018.

[22] 于久贺. 小数据：玩转数据与精准营销[M]. 北京：人民邮电出版社，2016.

[23] 丁兆领. 智慧零售整体解决方案[M]. 北京：地震出版社，2020.

[24] 中国连锁经营协会校企合作委员会. 数字化营销[M]. 北京：高等教育出版社，2018.

[25] 勾俊伟. 新媒体运营：产品运营+内容运营+用户运营+活动运营[M]. 北京：人民邮电出版社，2018.

[26] 零一. Python 商业数据分析：零售和电子商务案例详解[M]. 北京：电子工业出版社，2021.

[27] 中国商业联合会数据分析专业委员会.CDA 数据分析实务[M]. 北京：电子工业出版社，2016.

[28] 刘婷. 新零售网红经济环境下企业的营销思路探析[J]. 商展经济，2022（18）.

[29] 杜可崴. 5G 时代下社交电商新零售发展的研究分析[J]. 商场现代化，2022（15）.

[30] 翟紫剑. 移动社交电商背景下零售商业模式分析[J]. 商业经济研究，2022（2）.

[31] 张佳敏. 基于网红经济的"内容类社交电商"研究[D]. 湖南：湘潭大学，2020.

[32] 品牌零售企业数字化运营的方法论及实践[EB/OL].神策数据用户行为洞察研究院，https://baijiahao.baidu.com/s?id=1708403081344580036&wfr=spider&for=pc，2021-08-28.

[33] 史雁军.数字化客户管理：数据智能时代如何洞察、连接、转化和赢得价值客户[M]. 北京：清华大学出版社，2018.